Joachim Schmidt-Salzer

Produkthaftung im französischen, belgischen, deutschen, schweizerischen, englischen, kanadischen und us-amerikanischen Recht sowie in rechtspolitischer Sicht

Produkthaftung

im französischen, belgischen, deutschen, schweizerischen, englischen, kanadischen und us-amerikanischen Recht sowie in rechtspolitischer Sicht

von

Dr. Joachim Schmidt-Salzer

Rechtsanwalt in Braunschweig

1975

J. Schweitzer Verlag · Berlin

ISBN 3 8059 0425 8

Satz und Druck: Mercedes-Druck, Berlin – Bindearbeiten: Wübben, Berlin –
Printed in Germany

Meinem verehrten Seniorpartner,
Rechtsanwalt und Notar
Dr. ERICH MEYERHOFF,
der mir neue Horizonte eröffnete

Inhaltsverzeichnis

Inhaltsübersicht

Abkürzungsverzeichnis

2^d	Second Series
A	Atlantic Reporter
a.a.O.	am angegebenen Ort
AcP	Archiv für die civilistische Praxis
AllER	All English Law Reports
BB	Betriebs-Berater
BG	(Schweizerisches) Bundesgericht
BG E	Entscheidungssammlung des schweizerischen Bundesgerichts
BGH	Bundesgerichtshof
BGHZ	Entscheidungen des Bundesgerichtshofs
Bull. Cass.	Bulletin des arrêts de la Cour de Cassation (francaise)
Cal	California Reports
C. App	Cour d'Appel
Cass. belge	Cour de Cassation (belge)
Cass. fr.	Cour de Cassation (francaise)
D.	Dalloz
D. Hebd.	Dalloz, Recueil Hebdomadaire de Jurisprudence
D. Jur.	Dalloz Jurisprudence
DomLR	Dominion Law Reports
D. Som.	Dalloz, Sommaires
F	Federal Reporter
FSupp	Federal Supplement
GP	Gazette du Palais
JPA	Jurisprudence du Port d'Anvers
JT	Journal des Tribunaux
KB	King's Bench
KG	Kammergericht
LG	Landgericht
m.w.N.	mit weiteren Nachweisen
NE	North Eastern Reporter

NJW	Neue Juristische Wochenschrift
NW	North Western Reporter
NYS	New York Supplement
OLG	Oberlandesgericht
P	Pacific Reporter
QB	Queen's Bench
Pas.	Pasinomie (belge)
RCrDrBelge	Revue Critique du Droit Belge
RG	Reichsgericht
RTrimDrCiv	Revue Trimestrielle de Droit Civil
Rz.	Randziffer
S.	Sirey
SE	South Eastern Reporter
SO	Southern Reporter
VersR	Versicherungsrecht
ZBJV	Zeitschrift für den Bernischen Juristenverein

I. Einleitung

1 Der Begriff der Produkthaftung kennzeichnet eine an Produktschäden anknüpfende Schadenersatzhaftung. Produktschäden sind Schäden, die durch fehlerhafte Produkte ausgelöst wurden. Der Begriff umfaßt

- Personenschäden
- Sachschäden
- (primäre) Vermögensschäden wie z. B. entgangener Gewinn, entstandene Betriebskosten (z. B. Stillstand einer Transferstraße wegen Ausfalls eines Aggregats), Reparaturkosten
- (sekundäre) Vermögensschäden, die als Folge eines Personen- oder Sachschadens entstanden sind.

2 Insbesondere das französische, das us-amerikanische und das deutsche Recht weisen eine äußerst umfangreiche und bereits sehr detaillierte Rechtsprechung zu diesem Bereich des Haftungsrechts auf. Dazu kommt das in anderen Ländern zur Verfügung stehende Entscheidungsmaterial.

Rechtstatsächlich gesehen ergibt sich bereits aus der Auswertung des französischen, des us-amerikanischen oder des deutschen Rechts, erst recht aber aus einer rechtsvergleichenden Gesamtauswertung ein immenses Erkenntnismaterial über die praktisch auftretenden Fragestellungen.

Rechtsvergleichend gesehen ergibt die Analyse der in den einzelnen Rechtsordnungen entwickelten Institute und Normen ein breites Spektrum von rechtspolitisch verwertbaren Erkenntnissen über Lösungsmöglichkeiten und funktionelle Zusammenhänge.

3 In allen Rechtsordnungen haben sich die besonderen rechtsgestaltenden Faktoren des betreffenden Landes niedergeschlagen, so daß sich z. B. das angloSächsische Gewährleistungs- und Schadensersatzrecht in strukturell anderen

Bahnen und Kategorien entwickelt hat als das deutsche Recht. Trotzdem sind aber doch jedenfalls im Bereich des außervertraglichen Haftungsrechts die individuellen Momente der einzelnen Rechtsordnungen von relativ geringer praktischer Bedeutung. Während z. B. vor allem das Erbrecht jeweils durch innenpolitische und Zeitströmungen der einzelnen Länder geprägt ist und sich deshalb häufig hinsichtlich identischer Sachprobleme äußerst unterschiedliche Sachlösungen finden, ist gerade im Bereich der Produkthaftung die rechtsgestaltende Kraft der inneren Sachgesetzlichkeit und der sozialen und soziologischen Problemstellung weitgehend in allen Industrieländern identisch gewesen. Trotz aller – im Detail häufig durchaus wesentlichen – Unterschiede haben doch die Industrieländer das von ihnen allen vorgefundene Sachproblem der Haftungsverteilung für Produktschäden im wesentlichen mittels funktionell vergleichbarer Gedankengänge gelöst, indem ganz überwiegend das Verschuldensprinzip den Ausgangspunkt ergab. Die rechtlichen Sorgfaltspflichten hängen aber entscheidend von den tatsächlichen Möglichkeiten des Handelns ab. Diese sind bei Staaten vergleichbarer technischer Entwicklungsstufen weitgehend identisch. Das vom Verschuldensrecht vorgefundene Rechtstatsachenmaterial war also in dem hier behandelten Bereich weitgehend vergleichbar, so daß daraufhin auch die aufgrund des Verschuldensprinzips in den einzelnen Rechtsordnungen herausgearbeiteten Problemlösungen in vielen Fragenbereichen vergleichbar sind. Zwar scheinen die rechtlichen Kategorien, die in den einzelnen Ländern zur technischen Verwirklichung der Problemlösungen herangezogen werden, oft sehr verschiedenartig zu sein. Dies betrifft aber nur die äußere Form. Der sachliche Gehalt, nämlich das Ergebnis, daß für bestimmte Schaden- bzw. Verursachungskonstellationen bestimmte Haftungsverteilungen eingreifen, ist aber jedenfalls im Bereich des außervertraglichen Haftungsrechts vergleichbar.

4 Diese funktionelle Vergleichbarkeit der Problemlösungen zeigt sich z. B. im prozessualen Bereich an Erscheinungen wie (a) dem Anscheinsbeweis und der Beweislastumkehr des deutschen Rechts, (b) der Prämisse spondet peritiam artis des französischen Kaufvertragsrechts und (c) der Parömie res ipsa loquitur des us-amerikanischen Rechts: trotz rechtstechnisch unterschiedlicher Qualifizierbarkeit dieser Erscheinungen sind die ihnen rechtspolitisch zugewiesenen Funktionen und auch die damit erzielten Sachlösungen vergleichbar.

II. Aufgabenstellung dieser Arbeit

5 Die folgenden Untersuchungen sollen in erster Linie einen Überblick über den Stand des Produkthaftungsrechts in den im Titel genannten Ländern geben, um dem Leser eine Beurteilung der Haftungsrisiken bei Exporten in diese Länder bzw. von Anspruchsmöglichkeiten bei Importen aus diesen Ländern zu gestatten.

Aus der Darstellung ausgeklammert wurden allerdings die konkreten Sachlösungen, zu denen die Anwendung des Verschuldensprinzips in den einzelnen Ländern geführt hat, d.h. die Darstellung, welche konkreten Sorgfaltspflichten z.B. dem Hersteller hinsichtlich der Fabrikation, dem Endhersteller hinsichtlich benutzter fremdproduzierter Einzelteile oder dem Vertriebshändler fremdproduzierter Erzeugnisse obliegen. In diesen Fragen der konkreten Auswirkungen einer Produktverschuldenshaftung ist das deutsche Deliktsrecht rechtsvergleichend gesehen am weitestentwickelten. Dies gilt vor allem für den Bereich der Haftungsverteilung und Interdependenzen bei arbeitsteiliger Herstellung, der im deutschen Recht sehr weit entwickelt[1], in allen anderen Rechtsordnungen aber noch relativ rudimentär und undifferenziert ist. Das deutsche Recht hat hier bereits sehr klare Pflichtenkreise herausgearbeitet. Die zur Zeit noch nicht entschiedenen Fragestellungen können mittels Interpolation von den vorliegenden Entscheidungen her mit ausreichender Sicherheit bzw. Vorhersehbarkeit der gerichtlichen Entscheidung beantwortet werden. Insoweit kann man m.E. bei rechtsvergleichender Analyse davon ausgehen, daß das deutsche Produkthaftung-Verschuldensrecht in den Kernfragen, welche Sorgfaltsanforderungen in welchen Situationen gestellt werden, zur Zeit den optimalen Überblick bzw. Einblick gewährt.

6 Hinzu kommt, daß das Produkt-Verschuldensrecht so differenziert ist, daß die bei Veröffentlichungen zu diesem Themenkreis weitgehend übliche Wie-

1 Vgl. unten, Rz. 100ff.

dergabe einer gewissen Zahl von „Grundpflichten“ (z. B.: „Der Hersteller muß dem Produkt Instruktionen beigeben, in denen auf die mit dem Produkt verbundenen Gefahren und die Abwendungsmöglichkeiten klar und ausreichend hingewiesen wird“) m. E. eine schreckliche Vereinfachung darstellt. Die praktische Erfahrung im Bereich des Produkt-Haftungsrechts belegt, daß hier im wahrsten Sinne des Wortes jeder Fall für sich unter Beachtung sämtlicher Umstände bewertet werden muß, d. h. daß bereits kleine Akzentverschiebungen im Sachverhalt zu abweichenden rechtlichen Folgerungen führen können. Angesichts dieser Sachlage kommt den Umständen des Einzelfalles gerade im Bereich des Produkthaftungsrechts eine entscheidende Bedeutung zu. Deshalb sind derartige „Grundpflichten“ nicht mehr und nicht weniger als eine erste Arbeitshilfe, die den Zugang zur Problemerfassung und zur Problemlösung ermöglicht. Wegen der in der Praxis sehr oft entscheidenden Bedeutung der konkreten Einzelfallumstände genügt es aber nicht, daß der Einzelfall unter diese „Grundpflichten“ lediglich subsumiert wird. Vielmehr ist es erforderlich, daß diese „Grundpflichten“ fortgeschrieben und mittels wertender Beurteilung in Relation zu den konkreten Einzelfallumständen gesetzt werden.

7 Die Erklärung für diese entscheidende Bedeutung der Einzelfallumstände ergibt sich daraus, daß in allen Industrieländern der Gesetzgeber nur für relativ wenig Bereiche (z. B. Arzneimittelrecht) konkrete Sachnormen erlassen hat. Mit Ausnahme dieser relativ wenigen Bereiche arbeiten alle Industrieländer hier mit einer Verschuldens-Generalklausel. Für das deutsche Recht ist diese teilweise ungeschrieben in § 823 Abs. 1 BGB enthaltene Generalklausel folgendermaßen zu formulieren:

> Jedermann muß sich so verhalten, daß nicht in seinem Herrschaftsbereich Ursachen für eine Verletzung deliktsrechtlich geschützter Rechtsgüter Dritter gesetzt werden. Er muß im Rahmen des ihm Möglichen Maßnahmen treffen, um Gefahren für jene Rechtsgüter zu vermeiden. Bei vorsätzlicher oder fahrlässiger Verletzung dieser Pflicht haftet er dem Geschädigten auf Schadensersatz.

Im sachlichen Kern entspricht dies auch dem Stand der deliktsrechtlichen Verschuldenshaftung in den übrigen Industriestaaten und besteht lediglich hinsichtlich der Frage, ob auch unmittelbare Vermögensschäden Gegenstand des deliktsrechtlichen Schutzes sind, ein Unterschied[2]. Hält man sich vor Augen, daß eine derartige Generalklausel praktisch nur ein Bewertungskonzept ergibt, dessen praktische Aussage erst vom konkreten Sachverhalt her ermittelt werden kann, dann wird daraus ersichtlich, daß mit der Generalklausel stets das Gebot einer wertenden Erfassung und Beurteilung sämtlicher Umstände des konkreten Einzelfalles verbunden ist.

8 Aus dieser Erkenntnis ergab sich für den Gang der Darstellung die Ausgangskonstellation, daß eine Wiedergabe einzelner Entscheidungen zum Produkt-Verschuldensrecht der betreffenden Länder letztlich denjenigen, der ein konkretes Problem lösen muß, nicht sehr viel weiterführt, sondern daß damit im Gegenteil sogar in gewissem Umfang jene Gefahr einer gefährlichen Vereinfachung bzw. Perspektiven-Verkürzung verbunden ist. Andererseits ergibt aber das deutsche Recht der Produkt-Verschuldenshaftung bereits sehr weit entwickelte Beurteilungsmaßstäbe und werden die Entscheidungen, die die deutschen Gerichte im Rahmen der Produkt-Verschuldenshaftung trafen, durch entsprechende Entscheidungen von Gerichten anderer Länder bestätigt. Bei rechtsvergleichender Betrachtung kann man deshalb m. E. hinsichtlich der Produktverschuldenshaftung tatsächlich davon ausgehen, daß die Industriestaaten weitgehend zu parallelen Problemlösungen gekommen sind. Dies wiederum ergibt m. E. die Rechtfertigung dafür, dem deutschen Recht zur Produktverschuldenshaftung gewissermaßen eine Pilotenfunktion zuzuerkennen: Ebenso wie die deutschen Entscheidungen in diesem Bereich durch Entscheidungen ausländischer Gerichte zu vergleichbaren Sachverhaltskonstellationen bestätigt werden, können die deutschen Entscheidungen als Erkenntnismaterial für die Lösung von Fragen der Produkt-Verschuldenshaftung in den anderen Rechtsordnungen herangezogen werden.

9 Zum deutschen Produkthaftungsrecht[3] liegt aber bereits meine Monographie PRODUKTHAFTUNG[4] vor, die dieses System der produkthaftungsrechtlichen Pflichten (unter Verwertung auch ausländischer Entscheidungen zur

---

[2] Die an sich unterschiedlichen Kausalitätstheorien (z. B. Adäquanztheorie, causa remota, usw.) wirken sich nur in Grenzfällen aus.

[3] Dazu siehe im einzelnen in Kürze *Schmidt-Salzer*, Entscheidungssammlung zum Produkthaftungsrecht.

[4] Heidelberg 1972.

Produkt-Verschuldenshaftung) entwickelt. Da in dieser Arbeit eine bereits weitgehend nuancierte, die Differenziertheit der Einzelprobleme umreißende Analyse vorliegt, erschien es mir aus den vorstehend dargelegten Sachgründen zweckmäßig, in den Länderberichten die Darstellung des konkreten Standes der Produkt-Verschuldenshaftung auszuklammern. Deshalb ist die folgende Darstellung des Rechtsstandes in den einzelnen Ländern auf die Fragen beschränkt, die ein ausländischer Betrachter vor allem beachten muß und die gewissermaßen die allgemeinen oder besonderen Vorfragen vor der Erörterung der konkreten Pflichtensituation darstellen und kommt den angeschnittenen Einzelfragen nur eine beispielhafte Bedeutung zu.

10 Im Rahmen des Europarates laufen Reformarbeiten für eine überstaatliche, rechtsvereinheitlichende Regelung des Produkthaftungsrechts: mittels zwischenstaatlicher Vereinbarungen sollen diese Sachregelungen dann zum Bestandteil der einzelnen Rechtsordnungen gemacht werden. Im Hinblick hierauf wird im Anschluß an den darstellenden und analysierenden Teil eine rechtsvergleichende Gesamtbilanz gezogen, die dann in rechtspolitische Folgerungen umgesetzt wird.

Trotz der erwähnten Ausklammerung ist dies möglich. Gerade im Bereich des Produkthaftungsrechts steckt der Teufel im Detail der konkreten Anwendung der Haftungsnorm auf die – fast immer sehr komplexen – Einzelfallumstände. Das Recht findet gerade hier wegen der zunehmenden Arbeitsteiligkeit der Produktherstellung und des Produktvertriebes sehr komplexe Sachverhalte vor. Bereits aus rechtstechnischen Gründen können deshalb gesetzlich nur in sehr begrenztem Umfang konkrete Sachnormen festgelegt werden (mit denen unvermeidlicherweise stets Lücken verbunden sind). Deshalb wird hier stets die Generalklausel-Technik die praktisch größere Bedeutung haben. Das aber hat zur Folge, daß man zwar nicht qualitativ, aber doch deskriptiv und analysierend zwischen (der hier behandelten) Grundsatzproblematik und (der hier weitgehend ausgeklammerten) Anwendungsproblematik unterscheiden kann und aus Gründen der Arbeitsökonomie und der Auswertbarkeit für den Leser auch muß.

III. Der potentielle Anwendungsbereich des Produkthaftungsrechts

11 Eine Auswertung des rechtsvergleichend erfaßbaren Entscheidungsmaterials ergibt, daß der Themenbereich der Produkthaftung potentiell folgende Personen bzw. Unternehmen umfaßt:

Als Anspruchsberechtigte kommen alle diejenigen in Betracht, die Produktschäden erlitten haben. Dies umfaßt

- den Endverbraucher bzw. Endbenutzer (im folgenden: BENUTZER), der das Produkt tatsächlich zur Verwirklichung bestimmter Aufgaben einsetzt
- den Personenkreis, der sich im unmittelbaren Verantwortungsbereich des Benutzers aufhält, also vor allem einerseits im privaten Bereich Familienmitglieder und Gäste, andererseits im geschäftlichen Bereich Mitarbeiter aller Stufen
- außenstehende Dritte (sog. bystander im Sinn der us-amerikanischen Terminologie), die mit dem Produkt selbst nichts zu tun haben, die aber in den „Strahlungsbereich" des vom Benutzer eingesetzten Produkts geraten sind und dadurch einen Schaden erlitten haben (z. B. Verletzung eines Passanten durch Versagen der Steuerung eines Kraftfahrzeugs).

12 Als Anspruchsverpflichtete, d.h. als zum Ersatz des Produktschadens verpflichtete Personen bzw. Unternehmen sind alle diejenigen in Betracht zu ziehen, die mit dem Produkt in Berührung gekommen sind.

Dies umfaßt

- den Herstellungsbereich (Zulieferer, Hersteller von Zwischenprodukten, Hersteller des Endproduktes sowie die in die einzelnen Fertigungs-

abschnitte eingeschalteten Auftragsunternehmen wie Konstruktionsbüros, Testunternehmen, Lohnfertiger, usw.)
- den Vertriebsbereich (Importeure, Großhändler, Zwischenhändler, Detaillisten)
- den Service-Bereich (Kundendienst und Reparaturwerkstätten).

13 Darüber hinaus umfaßt aber das Produkt-Haftungsrecht auch – was weitgehend bei der Behandlung dieses Problemkreises aus den Augen verloren wird – den Produktbenutzer selbst.

Dies ergibt sich zunächst einmal daraus, daß zwischen den Herstellerpflichten und den Benutzerpflichten ein enger Zusammenhang, d.h. eine Fülle von Querverbindungen bzw. Wechselwirkungen besteht: Der Hersteller muß die berechtigten Verhaltenserwartungen des Benutzers respektieren; in welchem Umfang die Verhaltenserwartungen des Benutzers aber berechtigt sind, hängt entscheidend von den Verhaltenserwartungen des Herstellers ab, indem dieser bei dem Benutzer je nach Sachlage ein gewisses Wissen, eine gewisse Sorgfalt, Erfahrung, usw. berechtigtermaßen voraussetzen darf. Insoweit sind die Sorgfaltspflichten des Herstellers nie abstrakt faßbar. Man muß vielmehr sagen, daß sie stets das Ergebnis einer Abwägung der beiderseitigen berechtigten Verhaltenserwartungen sind.

14 Denkbar sind hinsichtlich der Verantwortungsverteilung zwischen Hersteller und Benutzer drei Grundkonstellationen:

- Alleinverantwortung des Herstellers / keine Verantwortung des Benutzers
- Verantwortung des Herstellers / Mitverantwortung des Benutzers
- keine Verantwortung des Herstellers / Alleinverantwortung des Benutzers.

15 Das Problem stellt sich zunächst einmal auf der Ebene der Pflichtenbestimmung selbst. Anschließend stellt es sich noch einmal auf der Ebene des Mitverschuldens. Beide Fragenbereiche müssen scharf voneinander getrennt werden. Bringt der Hersteller z.B. ein neues Produkt auf den Markt, dessen Anwendung vom Benutzer ein spezielles technisches Wissen verlangt, das wegen der Neuheit des Produkts noch nicht als vorhanden vorausgesetzt werden kann, treffen den Hersteller intensive Sorgfaltspflichten, die sich praktisch vor allem im Bereich der Instruktionen niederschlagen, indem hier

von dem Hersteller eine sehr weitgehende, die geringe Anwendungstechnologie des Benutzers berücksichtigende Aufklärung verlangt wird. Ist die Schadensursache im (noch nicht vorhandenen) Anwendungswissen des Benutzers zu sehen, trifft den Benutzer keine Verantwortung, den Hersteller aber eine Alleinverantwortung (z. B. für die Ordnungsmäßigkeit der Instruktionen). Eine andere Frage ist dann, ob der Hersteller seine demnach bestehende Sorgfaltspflicht schuldhaft verletzt hat. Dies kann im Einzelfall zu verneinen sein.

Kann dagegen der Hersteller voraussetzen, daß der durchschnittliche Benutzer bestimmte Anwendungsprobleme erkennt, so muß er nicht besonders darauf hinweisen[1]. Hier bestehen also insoweit von vornherein keine Sorgfaltspflichten des Herstellers. Vielmehr bestehen hier Sorgfaltspflichten des Benutzers. Er muß die aus seiner Sicht erkennbaren Anwendungsprobleme beachten und die sich daraus ergebenden Vorsorgemaßnahmen treffen. Auch hier ist im Anschluß an die konkrete Bestimmung der Sorgfaltspflichten zu prüfen, ob sie der Benutzer schuldhaft verletzt hat.

16 Weiterhin können sowohl dem Hersteller als auch dem Benutzer Sorgfaltspflichten obliegen, indem der Hersteller auf bestimmte Gefahren hinweisen muß, die bei dem Einsatz des Produkts bestehen und der Benutzer seinerseits bestimmte Vorsorgemaßnahmen treffen muß. Haben beide schuldhaft die ihnen obliegenden Sorgfaltspflichten verletzt, entsteht dann das Problem, welche Bedeutung dem Mitverschulden für die Haftungsregelung zukommt. Die z. B. § 254 des deutschen BGB zugrundeliegende moderne und sachgerechte Lösung einer Verschuldensabwägung ist keineswegs allgemeines Gedankengut aller Industriestaaten.

17 Weiterhin ist die Verantwortung des Benutzers gegenüber dem außenstehenden Dritten zu beachten. Haben sowohl der Hersteller als auch der Benutzer Sorgfaltspflichten verletzt, kann der Dritte beide auf Schadensersatz verklagen und kann auch der Benutzer selbst insoweit Schuldner eines Produkthaftungsanspruchs werden.

18 Demzufolge sind die erwähnten drei Grundkonstellationen für die Abwägung der dem Hersteller einerseits, dem Benutzer andererseits obliegenden Pflich-

---

1 *BGH,* 14. 4. 59, VersR 59/104, 105 (Seilhexe).

ten folgendermaßen zu vervollständigen:

- Alleinverantwortung des Herstellers / keine Verantwortung des Benutzers: volle Haftung des Herstellers gegenüber dem Benutzer sowie gegenüber dem außenstehenden Dritten
- Verantwortung des Herstellers / Mitverantwortung des Benutzers: Problem der Haftungsteilung zwischen Hersteller und Benutzer bei Schadensersatzansprüchen des Benutzers gegen den Hersteller; gesamtschuldnerische Haftung des Herstellers und des Benutzers gegenüber dem außenstehenden Dritten sowie Regreßproblem wie zuvor
- keine Verantwortung des Herstellers / Alleinverantwortung des Benutzers: keine Haftung des Herstellers gegenüber dem außenstehenden Dritten, sondern Alleinverantwortung des Benutzers

19 Das Rechtsverhältnis zwischen dem Anspruchsberechtigten und dem als Anspruchsverpflichteten in Betracht kommenden Unternehmer kann sich aus einem direkten sozialen Kontakt ergeben. Rechtstechnisch ist dies in allen Rechtsordnungen durch das Vertragsrecht geregelt.

Das Rechtsverhältnis kann sich aber auch ohne direkten sozialen Kontakt rein aus der Beziehung des potentiellen Anspruchsverpflichteten zum Produkt sowie der Tatsache, daß das Produkt zur Schadensursache wurde, ergeben. Dieser Bereich ist durch das Deliktsrecht geregelt (responsabilité civile délictuelle, negligence, liability in tort). Ergänzend kann aber auch im direkten sozialen Kontakt neben dem Vertragsrecht ein deliktsrechtliches Rechtsverhältnis bestehen, so daß sich das Problem der Anspruchskonkurrenz ergibt.

IV. Französisches Recht

1. Die vertragsrechtliche Haftung

20 Das französische Produkthaftungsrecht[1] unterscheidet nach gewissen anfänglichen Schwankungen[2] scharf[3] zwischen der vertragsrechtlichen und der deliktsrechtlichen Haftung des Verkäufers[4].

---

1 Dazu siehe vor allem *Ficker,* Die Schadensersatzpflicht des Verkäufers und seiner Vormänner bei Sachmängeln in der französischen Rechtsprechung, 1962; *Ferid,* Das französische Zivilrecht, Band I, 1971, S. 635 ff.; *Lorenz,* in: Die Haftung des Warenherstellers, Verhandlungen der Fachgruppe für Zivilrechtsvergleichung anläßlich der Tagung für Rechtsvergleichung in Kiel vom 8. bis 11. September 1965, 1966, S. 19–27; *Mazeaud,* 53 (1955) RevTrimDrCiv 611 ff.; *Malinvaud,* J.C.P. 1968. I. 2153 sowie G.P. 1973. II. 463 ff.; *Overstake,* 70 (1972) RevTrimDrCiv 485 ff.; *Bigot,* La responsabilite civile „produits livres", J.C.P. 1973, S. 457 ff.; *Reichard,* AwD 1971 S. 207 ff.

2 Vgl. z. B. *Cass.,* 19. 10. 37, Sirey 1938. I. 19; *C. App. Lyon,* 24. 7. 1877, Sirey 1878. II. 1, 4; *C. App. Paris,* 18. 2. 57, J.C.P. 1957. II. 9944 (Deliktsanspruch trotz Kaufvertrages).

3 Vgl. z. B. *Cass.,* 7. 10. 40, Dalloz Hebd. 1940/180; *C. App. Douai,* 10. 12. 63, G.P. 1964. I. 231; *Malinvaud* (G.P., a. a. O.) ist der Auffassung, im Ergebnis würden sich beide Haftungsbereiche weitgehend decken. Wie im einzelnen im folgenden dargelegt wird, ist diese Auffassung aber nicht zutreffend. Da Malinvaud gerade in der entscheidenden Frage der Beweisregelung seine Beurteilung der französischen Rechtsprechung nicht positiv belegt und andererseits die seiner Beurteilung entgegenstehenden Entscheidungen nicht zitiert, vermittelt diese Stellungnahme einen gefährlich irreführenden Eindruck des französischen Rechts, der nicht dadurch besser wird, daß der Bericht des UNIDROIT im Ergebnis und in der Methode der Darstellung den gleichen Fehler begeht.

4 Läge nach deutschem Recht ein Werkvertrag vor, zu dessen Erfüllung der Unternehmer den Stoff liefert, wird dies im französischen Recht als Kaufvertrag mit den entsprechenden gewährleistungsrechtlichen Folgen behandelt: *Cass.,* 20. 3. 1873, Dalloz 1873. I. 140; *Ferid,* a. a. O., S. 727. Auch für sonstige Werkverträge (z. B. Bau eines Hauses) gilt im französischen Recht das Kaufrecht und damit die Haftung gemäß Art. 1645 Cc: *Cass.,* 27. 3. 69, Dalloz 1969 S. 633 m. Anm. *Jestaz.*

a) Die Haftung des nichtprofessionellen Verkäufers

21 Hinsichtlich der Haftung gegenüber dem Vertragspartner unterscheidet das französische Recht zwischen der Haftung des professionellen Verkäufers einerseits, der Haftung des nichtprofessionellen Verkäufers andererseits.

Der nichtprofessionelle Verkäufer haftet grundsätzlich nur auf Wandlung bzw. Minderung (Art. 1644 Cc). Nur ausnahmsweise haftet er auf Schadensersatz, wenn er den Fehler der verkauften Sache kannte (Art. 1645), wobei hier der Käufer den vollen Verschuldensnachweis zu erbringen hat[5]. Eine Unterscheidung zwischen dem Gewährleistungsschaden und dem Mangelfolgeschaden, der durch die Mängel der verkauften Sache an dritten Rechtsgütern des Käufers ausgelöst wurde, wird hierbei nicht vorgenommen[6].

b) Die Haftung des professionellen Verkäufers

22 Handelt es sich dagegen um einen professionellen Hersteller-Verkäufer[1] oder um einen professionellen Händler-Verkäufer[2], so geht die französische Rechtsprechung davon aus, daß die professionellen Verkäufer „gehalten sind, Mängel der von ihnen verkauften Sachen zu kennen“ (tenu de connaitre les vices); mittels der Parömien unusquiusque peritus est debet artis suae bzw. spondet peritiam artis[3] wird davon ausgegangen, daß der professionelle Verkäufer im Rahmen seines gewerblichen Handelns die Fehler der Sachen ken-

---

5 *Overstake,* 70 (1972) RevTrimDrCiv 485, 501; *Cass.,* 4. 2. 63, J.C.P. 1963. II. 13159.

6 *H. Mazeaud,* 53 (1955) RevTrimDrCiv 611 und 613.

1 *Cass. com.,* 20. 1. 70, J.C.P. 1972. II. 17280; *Cass. com.,* 27. 4. 71, Dalloz 1971 Som. 144; *Cass.,* 3. 12. 73, J.C.P. 1974. II. 29; *C. App. Lyon,* 7. 3. 68, J.C.P. 1969. IV. 120.

2 *Cass.,* 21. 7. 70, Dalloz 1970 Som. 204; *Cass. com.,* 27. 10. 70, J.C.P. 1971. II. 16655.

3 *C. App. Aix,* 4. 1. 1872, Dalloz 1873. II. 55, 56.

nen müsse[4] bzw. vermutet, daß er sie gekannt habe[5]. Anschließend wird dann derjenige Verkäufer, der aufgrund seiner gewerblichen Tätigkeit den Mangel kennen mußte, demjenigen Verkäufer gleichgestellt (assimilé), der den Mangel tatsächlich kannte[6]. Mittels dieses Kennenmüssens und der Assimilation des Kennenmüssens mit dem tatsächlichen Kennen schafft die französische Rechtsprechung die tatbestandliche Voraussetzung für die Anwendung der Schadensersatzhaftung des Art. 1645 Cc: z. B. ein Fabrikant müsse sich vergewissern, daß die bei der Herstellung benutzten Materialien die erforderlichen Qualitätsmerkmale aufweisen; wird ein mangelhaftes Material benutzt, stelle dies ein schweres Verschulden (faute lourde) dar[7], selbst wenn es sich um ein fremdproduziertes zugeliefertes Einzelteil handelt[8].

23 Diese Kenntnisvermutung stellt nicht nur eine Umkehr der Beweislast dar. Handelt es sich um einen Konstruktions- oder um einen Fabrikationsfehler, bietet sich zwar beim Händler-Verkäufer der Gegenbeweis an, daß er den Fehler nicht kannte und nicht zu kennen brauchte[9]. Trotzdem läßt die französische Rechtsprechung diesen Gegenbeweis nicht zu[10]. Erst recht nicht

---

4 *Cass. com.*, 22. 5. 68, Bull. 1968. IV. No. 166, S. 148, 149; *Cass. com.*, 1. 7. 69, Bull. 1969. IV. No. 255, S. 243; *Cass. com.*, 27. 10. 70, J.C.P. 1971. II. 16655; *C. App. Douai*, 10. 12. 63, G.P. 1964. I. 231, 232.

5 *Cass.*, 17. 12. 68, Bull. 1968. I. No. 328, S. 247 f.; *Cass. com.*, 4. 6. 69, Bull. 1969. IV. No. 210, S. 202; *Cass.*, 22. 1. 74, Dalloz 1974 S. 288; *C. App. Rouen*, 20. 3. 59, Dalloz 1959 Som. 82; *C. App. Lyon*, 7. 3. 68, J.C.P. 1969. IV. 120.

6 *Cass.*, 24. 11. 54, J.C.P. 1955. II. 8565; *Cass.*, 19. 1. 65, Dalloz 1965 S. 389, 390; *Cass.*, 30. 1. 67, J.C.P. 1967. II. 15025; *Cass.*, 27. 3. 69, Bull. 1969. III. No. 278, S. 212; *Cass.*, 23. 6. 71, Dalloz 1971, S. 136.

7 *Cass. com.* 20. 3. 61, Bull. 1961. III. No. 148, S. 132; *Cass. com.* 22. 5. 68, Bull. 1968. IV. No. 167, S. 148, 149.

8 *Cass. com.* 22. 5. 68, Bull. 1968. IV. No. 166, S. 148, 149; *C. App. Paris*, 18. 11. 71, Dalloz 1972 Som. 128; *Trib. de Grande Instance de Bernay*, 18. 3. 64, Dalloz 1964 Som. 90 f.

9 Dafür vor allem *Cornu*, 61 (1963) RevTrimDrCiv 564, 565 und 63 (1965) 665, 667; *Ripert-Roblot*, Traite élémentaire de droit commercial, 6. Aufl., 1970, Bd. II. No. 2539. Siehe auch *Mazeaud*, 53 (1955) RevTrimDrCiv 611, 616 f.; *Overstake*, 70 (1972) RevTrim DrCiv 485, 505 f. Dazu siehe unten,

10 *Cass. com.* 1. 7. 69, Bull. 1969. V. No. 255, S. 243; *Cass. com.*, 18. 1. 72, Bull. 1972. IV. No. 26 S. 24 f.

wird dem Hersteller-Verkäufer der Gegenbeweis zugelassen, daß es sich um einen Fehler handele, den er nach dem Stand der Technik, insbesondere also z. B. der Qualitätskontrollmethoden, nicht erkennen konnte[11]. Z. B. müsse ein savoyardischer Käsehersteller für Kenntnisse einstehen, die im Zeitpunkt des Verkaufs auch spezialisierten Wissenschaftlern nicht zur Verfügung standen[12].

24 Allerdings umfaßt diese Schadensersatzhaftung nicht sämtliche Mängel. Vielmehr ist sie auf verdeckte Mängel (vice caché) begrenzt. Für offenkundige Fehler (vice apparent) greift der in Art. 1642 Cc festgelegte Ausschluß offenbarer Fehler im Gewährleistungshaftungsrecht durch.

25 Es genügt, daß der Fehler-[13] und der Kausalitätsnachweis[14] erbracht sind, d. h. daß eine Eigenschaft der Sache, die bereits im Zeitpunkt des Vertragsabschlusses gegeben war, zur Schadenursache wurde[15].

26 Sind der Fehler- und der Kausalitätsnachweis erbracht, braucht das Verschulden des professionellen Verkäufers nicht noch dargelegt zu werden[16]. Da der Entlastungsbeweis ausgeschlossen ist, handelt es sich hier nicht nur um eine einfache Vermutung[17], sondern um eine unwiderlegbare Vermutung der Kenntnis des Produktmangels[18]. Die sog. obligation en garantie des

---

11 *Cass. com.* 1. 7. 69, Bull. 1969. IV. No. 255, S. 243; *Cass.*, 20. 1. 70, J.C.P. 1972. II. 17280; *Cass.* 27. 4. 71, Dalloz 1971 Som. 144; *Cass.*, 15. 11. 71, Dalloz 1972 S. 211.

12 *Cass. com.*, 1. 7. 69, Bull. 1969. IV. No. 255, S. 243.

13 *Cass.*, 13. 12. 65, J.C.P. 1966. II. 14643; *Cass. com.*, 24. 1. 68, J.C.P. 1968. II. 15429; *Cass.*, 23. 6. 71, Dalloz 1971 Som. 191; *Cass.*, 21. 11. 72, J.C.P. 1973. IV. 10; *Cass. com.*, 10. 12. 73, J.C.P. 1974. II. 36.

14 *Cass.*, 11. 12. 61, Bull. 1961. I. No. 595, S. 474, 475; *Cass.*, 23. 6. 71, Dalloz 1971 Som. 191.

15 *Cass.*, 5. 1. 72, J.C.P. 1973. II. 17340.

16 Vgl. *Cass. com.*, 22. 5. 68, Bull. 1968. IV. No. 167, S. 148, 149.

17 So aber *Mazeaud-Juglart*, a. a. O., No. 988, S. 229.

18 *Overstake*, 70 (1972) RevTrimDrCiv 485, 502 f.

professionellen Hersteller-Verkäufers im französischen Vertragsrecht ist also dogmatisch als eine Verschuldenshaftung mit unwiderlegbar vermutetem (auch die Entwicklungsgefahren und -lücken[18a] umfassendem) Verschulden zu qualifizieren.

27 Auch die Haftung des professionellen Händler-Verkäufers stellt sich nach dem derzeitigen Stand der Rechtsprechung[19] als eine Verschuldenshaftung mit unwiderlegbar vermutetem Verschulden dar. Hier ergibt sich lediglich die Besonderheit, daß der professionelle Händler-Verkäufer nicht einer unwiderlegbar vermuteten Händler-Verschuldenshaftung, sondern einer unwiderlegbar vermuteten Quasi-Herstellerhaftung unterworfen wird.

ba) Materiellrechtliche Einzelfragen

28 Voraussetzung der Haftung gemäß Art. 1645 Cc ist zunächst, daß es sich um einen professionellen Verkäufer handelt, für den der betreffende Verkauf Ausübung seiner normalen gewerblichen Tätigkeit war, so daß er nach der Auffassung der französischen Rechtsprechung par sa profession mit den Eigenschaften der verkauften Sache vertraut sein mußte. Z. B. haftet ein Industrieunternehmen, das einen seiner gebrauchten Direktionswagen veräußert, nicht als professioneller Verkäufer[20], weil dieser Verkauf nicht innerhalb seiner profession liegt, während der professionelle Gebrauchtwagenverkäufer gemäß Art. 1645 kraft unwiderlegbar vermuteten Verschuldens haftet[21]. Weiterhin haftet z. B. eine Immobiliengesellschaft gemäß Art. 1645 Cc, wenn sie alte Häuser aufkauft, restauriert und dann als Eigentumswohnungen weiterverkauft für Schäden, die durch schadhafte Träger entstehen, weil sie als professionnel tätig wird[27]. Es ist also stets zu prüfen, ob der Verkäufer ein professionnel gerade des betreffenden Verkaufsvorganges ist[23].

18a Vgl. oben Rz. 23.

19 Anderer Ansicht teilweise die Literatur: vgl. oben, Fußn. 9.

20 *Cass.*, 31. 10. 62, Bull. 1962, I. No. 457, S. 391; *Cass.*, 4. 2. 63, J.C.P. 1963. II. 13159.

21 *Cass.*, 4. 11. 70, Sirey 1971/188; *C. App. Rouen*, 22. 2. 1974, Dalloz 1974, S. 68.

22 *Cass.*, 23. 6. 71, Dalloz 1971 S. 136; *Cass.*, 22. 1. 74, Dalloz 1974 S. 288.

23 Vgl. *Cass.*, 29. 1. 74, Dalloz 1974 S. 268.

29 Nicht dagegen ist es erforderlich, daß der Käufer Endverbraucher ist[24]: auch der Vertriebshändler kann gegen den Hersteller[25] oder der Endhersteller gegen den Zulieferer[26] diese Schadensersatzhaftung des professionellen Käufers geltend machen.

30 Weiterhin muß der Mangel verdeckt gewesen sein. Diese Frage ist der Angelpunkt des Anspruchssystems, das die französische Rechtsprechung im vertragsrechtlichen Bereich unter formeller Anknüpfung an Art. 1645 Cc entwickelt hat. Gemäß Art. 1642 Cc haftet der Verkäufer nicht für offenbare Fehler, von deren Vorhandensein sich der Käufer selbst überzeugen konnte. Ein Fehler ist offenbar, wenn ihn ein aufmerksamer Käufer bei Anwendung der im Rechtsverkehr erforderlichen Sorgfalt im Zeitpunkt der Übergabe erkennen konnte. Ein Fehler, den auch ein Fachmann bei ordnungsgemäßer Sorgfalt nicht entdecken konnte, ist also ein verdeckter Fehler[27] und löst die Schadensersatzhaftung aus. Erste Voraussetzung für einen Gewährleistungsanspruch des Käufers ist also, daß ihm der Fehler tatsächlich unbekannt war[28]. Zweite Voraussetzung ist, daß auch ein durchschnittlicher Käufer den Fehler bei Aufwendung der erforderlichen Sorgfalt nicht erkennen konnte. Demnach ist also der Käufer nicht verpflichtet, außergewöhnliche, langandauernde und minuziöse Untersuchungen[29] oder aber eine Demontage der Kaufsache[30] vorzunehmen.

Die für diese Rechtslage maßgebliche Überlegung ist, daß ein Käufer, der eine Ware trotz des offenbaren Fehlers akzeptiert, damit zum Ausdruck

24 So aber die vereinzelte Entscheidung *Cass. com.*, 4. 6. 69, Bull. 1969. IV. No. 210 S. 202.

25 *Cass. com.*, 27. 10. 70, J.C.P. 1971. II. 16655; *Cass.*, 23. 6. 71, Dalloz 1971 Som. 191 (in casu verneint).

26 *Trib. de Grande Inst. de Bernay*, 18. 3. 64, Dalloz 1964, Som. 90 f.

27 *Cass. com.*, 30. 11. 55, Bull. 1955. III. No. 350, S. 295; *Cass. com.*, 2. 7. 68, Bull. 1968. IV. No. 216, S. 198.

28 *Cass. com.*, 2. 7. 68, a. a. O.

29 *Cass.*, 15. 11. 27, Sirey 1928. I. 52, 53.

30 *Cass. com.*, 22. 5. 68, Bull. 1968. IV. No. 167, S. 148, 149; *Cass.*, 20. 4. 70, Dalloz 1970 Som. 168.

bringt, daß er die Ware trotz des Mangels als für seine Interessen brauchbar bewertet, so daß er deshalb keine Gewährleistungsansprüche geltend machen kann[31].

31 Der Schutz der Schadensersatzhaftung des professionellen Verkäufers wird also dem Käufer nur hinsichtlich verdeckter Fehler gewährt. Aus dieser tatbestandlichen Einschränkung auf verdeckte Fehler ergibt sich, daß das französische Vertragsrecht grundsätzlich das Caveat emptor-Prinzip beibehält und nur ergänzend dem Verkäufer zugunsten des Käufers eine Obhutsverpflichtung auferlegt: nur soweit der Käufer nicht selbst für seinen Schutz sorgen kann (weil ihm der Mangel nicht ersichtlich ist), wird das Risiko für Schäden, die durch Sachmängel ausgelöst wurden, dem Verkäufer auferlegt.

32 Der Fehlerbegriff umfaßt im allgemeinen die Eignung der Ware zum vertragsgemäßen Gebrauch unter normalen Einsatzbedingungen[32]. Die besonderen, im konkreten Fall bestehenden Einsatzbedingungen begründen nur dann eine Fehlerhaftigkeit, wenn ihre Beachtung Vertragsbestandteil war[33]. Handelt es sich um eine Ware, die bestimmte Gefahren aufweist, stellt dies keinen Fehler dar, wenn der Verkäufer darauf hingewiesen hat[34].

Hat dagegen der Verkäufer den Käufer auf diese Gefahr nicht hingewiesen (z. B. Erfordernis einer Ablagerung der frischgebrannten Steine vor dem Verbau) und mußte diese Gefahr dem Käufer nicht bekannt sein, liege ein verdeckter Mangel vor[35].

33 Die vertragsrechtliche Haftung des professionellen Verkäufers gilt nicht nur für Neuwaren, sondern auch für Gebrauchtwaren, wenn es sich um einen

---

31 *Mazeaud,* 53 (1955) RevTrimDrCiv 611, 613; *Malinvaud,* J.C.P. 1968, I. 19 ff., Nr. 15.

32 *Cass. com.,* 24. 1. 68, J.C.P. 1968. II. 15429; *Cass. com.,* 13. 3. 70, J.C.P. 1970. II. 16453 (Regreßentscheidung); *C. App. Paris,* 18. 11. 71, Dalloz 1972 Som. 128.

33 *Cass. com.,* 17. 3. 70, a. a. O. (Hauptentscheidung). Siehe auch *Trib. de Grande Instance de Beziers,* 15. 3. 72, J.C.P. 1972, I. 11015.

34 *Cass.,* 21. 7. 70, Dalloz 1970 Som. 204.

35 *Cass. com.,* 17. 6. 58, Bull. 1958. III. No. 250, S. 205.

professionellen Gebrauchtwarenhändler handelt[36]. Weiterhin gilt sie für den Verkauf von Naturprodukten[37].

34 Handelt es sich allerdings nicht um einen Verkauf, sondern um eine Vermietung, greift die Haftung gemäß Art. 1645 Cc nicht ein[38]. Demzufolge haftet der Händler, der einem Kunden einen mit einer kohlensäurehaltigen Flüssigkeit gefüllten Siphon vermietet, nicht für Fabrikationsfehler des Siphons[39]. Dafür haftet nur der Fabrikant im Rahmen der deliktsrechtlichen, voll nachzuweisenden Verschuldenshaftung[40]. Ebensowenig gilt die Haftung gemäß Art. 1645 Cc für Reparaturaufträge[41], die die französische Rechtsprechung als Dienstleistungsverträge qualifiziert[42].

35 Vertragliche Haftungsbeschränkungen bzw. -ausschlüsse[43] oder vertragliche Verkürzungen der Gewährleistungszeit[44] sind gegenüber dieser Haftung des professionellen Verkäufers unwirksam. Weiterhin ist auch eine vertragliche Beschränkung der Verantwortlichkeit auf eine Nachbesserung bzw. auf eine Ersatzlieferung unwirksam[45] sowie eine Beschränkung der Qualitätskontrollpflicht des Fabrikanten auf erkennbare Fehler[46].

---

36 *Cass. com.*, 4. 11. 70, Dalloz Jur. 1971/188; *Hemard*, 26 (1973) RevTrimDrCom 318 f.

37 *Cass.*, 17. 2. 65, Dalloz 1965/353 (Holz); *Cass.*, 30. 1. 67 J.C.P. 1967. II. 15025 (Stier); *Cass.*, 8. 11. 72, J.C.P. 1972. IV. 294 (Hühner); *C. App. Douai*, 5. 11. 73, Dalloz 1953/707 (Tiere).

38 *C. App. Paris*, 15. 11. 34, SemJur 1935/195.

39 *C. App. Paris*, a. a. O.

40 *C. App. Paris*, a. a. O.

41 *Cass. com.*, 30. 3. 71, Dalloz 1971, S. 136.

42 *Cass. com.*, 30. 3. 71, a. a. O.

43 *Cass. com.*, 20. 3. 61, Bull. 1961. III. Nr. 148 S. 132; *Cass. civ.*, 11. 12. 61, Bull. 1961. I. No. 595, S. 474, 475; *Cass. com.*, 22. 11. 66 Bull. 1966. III. No. 447, S. 395; *Cass. civ.*, 27. 3. 69, Bull. 1969. III. No. 278, S. 212; *Cass. com.* 4. 11. 70, Dalloz, Jur 1971/188; *Cass.*, 23. 6. 71, Dalloz 1971 S. 136; *Cass.*, 22. 1. 74, Dalloz 1974 S. 288.

44 *Cass. civ.*, 21. 3. 62, Bull. 1962. I. No. 174, S. 154; *Cass. com.*, 4. 6. 69, Bull. 1969. III. No. 210, S. 202 = Dalloz 1970 S. 51; *Cass.*, 28. 4. 71, Bull. 1971. I. No. 118.

45 *Cass. civ.*, 17. 5. 65, Bull. 1965, I. No. 324, S. 240.

46 *Cass. com.*, 29. 1. 74, Dalloz 1974 S. 268.

36 Geltend zu machen ist die Haftung gemäß Art. 1648 Cc innerhalb einer kurzen Frist (bref délai) nach Entdeckung des Fehlers durch den Käufer[47]. Im Gegensatz zum deutschen Recht (vgl. § 477 BGB) kommt es also nicht auf eine bestimmte Frist ab dem Vertragsabschluß oder dem Gefahrübergang an[48]. Wurde der Fehler erst nach drei Jahren entdeckt, läuft also die Frist zur Geltendmachung erst ab diesem Zeitpunkt[49]. Weiterhin läuft die Frist für den Regreßanspruch z. B. des Bauunternehmers gegen seinen Zulieferer erst ab seiner tatsächlichen Inanspruchnahme durch den Bauherrn[50].

37 Hinsichtlich der Frist selbst sind die französischen Gerichte im wesentlichen käuferfreundlich[51]. Z. B. wurde eine Frist von einem Monat zwischen Entdeckung und Klageeinreichung noch als ausreichend anerkannt[52] und wird berücksichtigt, ob der Verkäufer den Käufer mit Versprechungen, usw. hingehalten hat[53] und dem Käufer eine Zeit zur Durchführung gegebenenfalls auch zeitraubender Fehleranalysen eingeräumt[54]. Hat dagegen der Verkäufer klar und eindeutig eine Haftung abgelehnt, ist der Käufer zur baldigen Einreichung der Klage angehalten[55].

38 Die „kurze Frist" beinhaltet, daß das Gericht (in nur beschränkt revisibler Form[56]) unter Abwägung aller Umstände zu entscheiden hat, ob der Käufer innerhalb einer noch ausreichenden Frist die Schadensersatzklage eingereicht hat. Bei Anwendung der in der deutschen Fachdiskussion üblichen Terminologie müßte man deshalb die „kurze Frist" als einen sog. unbestimmten

---

47 *Cass.*, 5. 1. 72, J.C.P. 1973. II. 17340.

48 *Cass.*, 21. 12. 71, Bull. 1971. IV. No. 291; *Malinvaud*, Anmerkung zu *Cass.*, 5. 1. 72, J.C.P. 1973. II. 17340.

49 *Cass. com.*, 30. 11. 55, Bull. 1955. III. No. 350, S. 295; *Cass. com.*, 21. 12. 71, Bull. 1971. IV. No. 291.

50 *Cass. com.*, 17. 6. 58, Bull. 1958. III. No. 250, S. 205.

51 Vgl. *Hemard*, 25 (1972) RevTrimDrCom 987 f.

52 *Cass. com.*, 17. 6. 58, a. a. O.

53 *Hemard*, a. a. O., S. 153.

54 Vgl. *Hemard*, a. a. O., S. 987 f.

55 *C. App. Colmar*, 7. 12. 73, Dalloz 1974 Som 56.

56 *Cass.*, 2. 2. 71, Bull. 1971. IV. No. 35.

Rechtsbegriff qualifizieren. Die französischen Gerichte kommen hier aber den Käufern weitgehend entgegen, so daß gerade für einen deutschen Betrachter keineswegs Parallelen etwa zur deutschen Rechtsprechung über die Unverzüglichkeit der Irrtumsanfechtung (§ 122 BGB) oder gar der Rechtzeitigkeit der Mängelrüge (§ 377 BGB) bzw. des Widerspruchs gegen ein kaufmännisches Bestätigungsschreiben[57] gezogen werden sollten.

bb) Prozeßrechtliche Einzelfragen

39 Beweisrechtlich muß der Produktgeschädigte nachweisen, daß der Fehler, der den konkreten Schaden verursachte, im Zeitpunkt des Verkaufs vorlag[58]. Bei mehreren denkbaren Ursachen genügt es, daß die unwahrscheinlichen ausgeschaltet werden und daß die verbleibenden im Verantwortungsbereich des Beklagten liegen[59]. Andererseits reichen aber bloße Vermutungen über Schadensursachen nicht aus, sondern müssen die Unfallursachen konkret belegt werden[60].

40 Der Endverkäufer kann im Prozeß gegen den Käufer seinem Vorverkäufer den Streit verkünden (appel en garantie) und dieser wiederum seinem Vormann[61]. Im Prozeß des geschädigten Käufers gegen den Detaillisten wegen eines durch eine gelieferte Flasche ausgelösten Produkthaftungsfalles kann also z. B. der Detaillist dem Großhändler den Streit verkünden, der Großhändler dem Getränkehersteller und der Getränkehersteller dem Flaschenlieferanten[62].

41 Während der Endverkäufer A seinem Abnehmer X gegenüber für verdeckte Produktfehler aufgrund der unwiderlegbaren Vermutung, daß er sie gekannt habe, einstehen muß, kann A im Streitverkündungsprozeß mit seinem Liefe-

---

57 *BGH*, 20. 11. 1961, BB 1961 S. 1345.

58 *Cass. civ.*, 11. 12. 61, Bull. 1961. I. No. 595, S. 474, 475; *Cass. civ.*, 13. 12. 65, J.C.P. 1966. II. 14163; *Cass. com.*, 22. 11. 66, Bull. 1966, III. No. 447, S. 395; *C. App. Rouen*, 19. 2. 63, Sirey 1963. II. 297, 298.

59 *C. App. Douai*, 10. 12. 63, G.P. 1964. I. 231, 232.

60 *C. App. Paris*, 15. 11. 34, Sem.Jur. 1935/195.

61 Vgl. *C. App. Douai*, 10. 12. 63, G.P. 1964, I. 231 ff.

62 *C. App. Rouen*, a. a. O.

ranten B geltend machen, daß für ihn der Fehler (nicht offenbar, sondern) verdeckt war und daß ihm demzufolge der B auf Schadensersatz hafte[63].

42 Nur im Verhältnis zum Drittkäufer wird also dem professionellen Händler-Verkäufer die Kenntnis der gefährlichen Eigenschaften auferlegt: in seiner Rechtsstellung als Käufer gegenüber dem professionellen Hersteller-Verkäufer (oder einem vorgeschalteten professionellen Händler-Verkäufer) wird er nicht präjudiziert. Vielmehr kann er sich diesem gegenüber auf Art. 1645 Cc berufen. Anders formuliert: ob der Mangel *aus der Sicht des Käufers* einschließlich des professionellen Käufers offenbar oder verdeckt war, entscheidet die französische Rechtsprechung unter konkretem Abstellen auf die Prüfungspflichten und -möglichkeiten des Käufers unter Anlegung eines reasonable man-Standards. Die Frage dagegen, ob dem Käufer in seiner Eigenschaft als Verkäufer der Mangel bekannt war, wird hinsichtlich des professionellen Verkäufers ohne Eingehen auf die tatsächlich gegebenen Prüfungsmöglichkeiten entschieden. Für Zwischenhändler können sich also je nach ihrer prozessualen Rolle als Käufer- oder als Verkäufer-Partei unterschiedliche Situationen ergeben.

43 Voraussetzung für den Regreßanspruch ist aber stets, daß A im Streitverkündungsprozeß gegen B den Fehlernachweis erbringt[64]. Hat der Abnehmer X den Detaillisten A auf Schadensersatz verklagt wegen eines verdeckten Fehlers der verkauften und später explodierten Butangasflasche, dann muß A dem Lieferanten des Butangases nachweisen, daß die Explosionsursache nicht in seinem[65] oder im Benutzerbereich, sondern im Herstellerbereich lag. Er müßte also z. B. die Möglichkeit ausschließen, daß der X Benutzungsfehler begangen hat[66]. Dies kann mittels Indizien- und mittels des Anscheinsbeweises erfolgen. Scheidet z. B. die Möglichkeit von Benutzungsfehlern praktisch aus und verbleiben nur noch die Alternativen

63 *Cass.civ.*, 17. 12. 68, Bull. 1968, I. No. 328, S. 247 f.; *Cass. com.*, 27. 10. 70, J.C.P. 1971. II. 16655.

64 *Cass. civ.*, 28. 11. 66, Bull. 1966, I. No. 527, S. 398, 399; *Cass. civ.*, 21. 7. 70, Dalloz, Som. 1970/204; *C. App. Rouen*, a. a. O.

65 Vgl. zu einem derartigen Fall *Cass. com.*, 10. 12. 73, J.C.P. 1974. II. 36.

66 *C. App. Lyon*, 26. 2. 62, G.P. 1962, I. 401; *C. App. Douai*, a. a. O., S. 232.

– Fehler bei der Abfüllung
– Fehler des Gasgemisches
– Fehler des Behälters,

dann liegen alle Fehlerquellen im Bereich des Lieferanten bzw. der ihm vorgeschalteten Unternehmen. Im Verhältnis Detaillist/Lieferant ist damit der Fehlernachweis erbracht. Der Butangaslieferant B haftet dem Detaillisten A auf Schadensersatz und damit auf Ersatz der Beträge, die A dem X zahlen mußte nebst Zinsen und Auslagen[67]. Gegebenenfalls kann hier auch eine Haftungsteilung entsprechend dem Verhältnis eintreten, in dem der Benutzer den Schaden schuldhaft mitverursacht hatte[68].

44 B seinerseits kann den Flaschenhersteller C mittels Streitverkündung auf Schadensersatz verklagen. Er muß dann aber nachweisen, daß die Fehlerursache im Bereich des C gesetzt wurde[69], insbesondere also, daß gerade C die betreffende Flasche geliefert hat[70]. Handelt es sich um eine alte Flasche, die bereits mehrfach benutzt wurde, hätte sie der Butangaslieferant B vor der Wiederverwendung auf ihre Benutzbarkeit überprüfen müssen. Die Schadensursache liegt also primär im Bereich des B. Demzufolge ist der Nachweis, daß der Flaschenhersteller den Schaden durch Lieferung einer mangelhaften Flasche verursacht habe, nicht erbracht. Im Streitverkündungsprozeß ist also die Klage des Butangaslieferanten B gegen den Flaschenhersteller C abzuweisen[71].

45 Zusammengefaßt ist also folgendes festzuhalten: jedes der in die Warenherstellung oder in den Warenvertrieb eingeschalteten Unternehmen haftet seinem Abkäufer für verdeckte Mängel gemäß Art. 1645 Cc auf Schadensersatz. Unerheblich ist dabei, ob der Abkäufer Weiterverarbeiter, (weiterer) Vertriebshändler oder Endverbraucher ist. Regreßansprüche gemäß Art. 1645 Cc setzen ebenfalls den Nachweis voraus, daß der Fehler entweder durch den

---

67 *C. App. Lyon,* a. a. O., S. 402.

68 *Cass. civ.,* 21. 3. 62, Bull. 1962. I. No. 174, S. 154; *Cass. com.,* 4. 11. 70, Dalloz Jur. 1971/188; *C. App. Lyon,* a. a. O.

69 *C. App. Douai,* a. a. O., S. 233; *C. App. Lyon,* a. a. O., S. 401.

70 *C. App. Rouen,* a. a. O.

71 *C. App. Douai,* a. a. O., S. 233.

betreffenden Verkäufer oder aber durch ein noch früher in die Warenherstellung bzw. in den Warenvertrieb eingeschaltetes Unternehmen verursacht wurde.

46 Weiterhin kann der Letztkäufer unter Überspringung seines Verkäufers gegen einen Vorverkäufer[72] oder auch direkt gegen den Erstverkäufer[73] klagen (action directe). Die gedankliche Grundlage dieses vertragsrechtlichen Anspruchs gegen einen Nichtvertragspartner wird darin gesehen, daß die Garantiehaftung des Erstkäufers mit der Ware mitlaufe und an den jeweiligen Abkäufer weitergegeben werde[74]: la garantie est inhérente à l'objet même de la vente et appartient aux acheteurs successifs comme detenteurs de la chose en vertu d'un droit qui est propre à chacun d'eux[75].

47 Allerdings wurzelt dieser vertragsrechtliche Anspruch gerade nicht im Vertrag zwischen dem Letztverkäufer und dem Endverbraucher. Vielmehr handelt es sich hier um die Schadensersatzhaftung des professionellen Erstverkäufers für Mängel der Sache. Da dieser Anspruch gewissermaßen aus dem Veräußerungsvertrag des Erstverkäufers herausgelöst wird und mit der Ware mitläuft, bestimmt konsequenterweise der Vertrag zwischen dem Erstverkäufer und dem Erstkäufer die Ansprüche und Verpflichtungen des Erstverkäufers[76], also z. B. die Frage des Gerichtsstandes[77]. Weiterhin muß dies auch für die Ansprüche gegen Zwischenverkäufer gelten: werden sie gemäß Art. 1645 Cc verklagt, handelt es sich in dem betreffenden Prozeß um ihre Haftung für Mängel der Sache, so daß im Prozeß des Endverbrauchers gegen den Großhändler eine im Vertrag zwischen dem Großhändler und dem Detaillisten vereinbarte Gerichtstandklausel zu beachten wäre.

48 Da vertragliche Haftungsbegrenzungen gegenüber der Schadensersatzhaftung des professionellen Verkäufers unwirksam sind, besteht insoweit keine Ge-

---

72 *C. App. Paris,* 20. 6. 67, Dalloz 1968 Som. 60.

73 *Cass.,* 4. 2. 63, J.C.P. 1963. II. 13159; *Cass.,* 5. 1. 72, J.C.P. 1973. II. 17340 m. Anm. *Malinvaud, C. App. Lyon,* 7. 3. 68, J.C.P. 1969. IV. 120.

74 *Cornu,* a. a. O.; *Cass.* 12. 11. 1884, Dalloz 1885. I. 357, 358; *Cass. civ.,* 4. 2. 63, J.C.P. 1963. II. 13159; *C. App. Paris,* 20. 6. 67, Dalloz 1968 Som. 60; *C. App. Lyon,* a. a. O.

75 *Cass.,* 4. 2. 63, a. a. O.; *C. App. Paris,* a. a. O.; *C. App. Lyon,* a. a. O.

76 *C. App. Paris,* a. a. O.

77 *C. App. Paris,* a. a. O.

fahr einer Aushöhlung der der action directe zugedachten Aufgabe einer Vermeidung unnötiger Zwischen- und Regreßprozesse. Hindernisse können sich allerdings unter dem Gesichtspunkt der Offenkundigkeit des Fehlers[78] oder der Individualisierung des Fehlerbegriffs durch Einzelfallmomente[79] ergeben. Z. B. muß im Fall einer direkten Verklagung des Herstellers durch den Endverbraucher der Endverbraucher nachweisen, daß es sich bei der Veräußerung durch den Hersteller an den Erstabnehmer um einen verdeckten Fehler gehandelt hat[80]: war für den Erstkäufer der Mangel offenkundig, so haftete der Hersteller nicht gegenüber dem Erstkäufer und konnte infolgedessen die Hersteller-Haftung nicht über die verschiedenen Zwischenhändlerstationen mit der Ware bis zum Endverbraucher mitlaufen. Hier bliebe also dem Endverbraucher nur die Klage gegen einen der Vertriebshändler. Derartige Schadensersatzansprüche würden jeweils die Verantwortung des betreffenden Vertriebshändlers für Mängel der Ware betreffen. Kann der Endverbraucher nachweisen, daß für ihn der Mangel verdeckt war und daß dies auch für den Abnehmer des betreffenden Vertriebshändlers zutrifft, würde der Vertriebshändler der verschuldensunabhängigen Quasi-Herstellerhaftung für verdeckte Mängel unterliegen und wäre folglich der Klage stattzugeben.

49 Aus dem Grundkonzept, daß die Haftung des Hersteller-Verkäufers über die verschiedenen Vertriebshändler-Stationen mit der Ware bis zum Endverbraucher mitläuft, ergibt sich eigentlich als Konsequenz, daß zur Schlüssigkeit der Schadensersatzklage des Endverbrauchers gegen den direkt verklagten Zwischenmann oder Erstverkäufer die Darlegung einer ununterbrochenen Reihe von verdeckten Fehlern gehört. Die französische Rechtsprechung geht – in einer m. E. pragmatisch gerechtfertigten Art und Weise – aber auf diese Frage nicht ein: auch im Fall einer direkten Verklagung von Zwischenhändlern oder Hersteller-Verkäufern wird lediglich geprüft, ob der Mangel objektiv verdeckt war oder nicht. Auf die für die einzelnen Zwischenkäufer geltenden Beurteilungsmaßstäbe wird dabei nicht eingegangen.

50 Weiterhin kann die direkte Verklagbarkeit durch individualisierende Momente unterbrochen werden: kommt es im Rahmen des vom Erstverkäufer abgeschlossenen Veräußerungsvertrages nur auf die Eignung der

---

78 Dazu siehe oben, Rz. 24 und 30.

79 Dazu siehe oben, Rz. 32 sowie auch unten, Rz. 50.

80 *Cass.*, 5. 1. 72, J.C.P. 1973. II. 17340.

Sache zum normalerweise vorausgesetzten Gebrauch an, haftet der Hersteller-Verkäufer nicht dem Endverbraucher, dem der Detaillist in Kenntnis des konkreten, vom normalen Gebrauch abweichenden Verwendungszweckes die Sache verkauft hat[81].

51 Sieht man die gewährleistungsrechtliche Schadensersatzhaftung von dem prozessualen Aspekt her, daß die Herstellerhaftung des Erstverkäufers mit der Ware mitläuft, so wird erklärlich, daß die Quasi-Herstellerhaftung des Händler-Verkäufers gewissermaßen das rechtstechnische Mittel ist, um dieses Mitlaufen zu ermöglichen. Unter diesem Gesichtspunkt ist es unwahrscheinlich, daß die französische Rechtsprechung den Tendenzen in der Literatur folgt und dem Händler-Verkäufer die Widerlegung der Verschuldensvermutung einräumt[82], weil Konsequenz dieser Widerlegbarkeit der Verschuldensvermutung wäre, daß die Hersteller-Haftung gerade nicht mehr mit der Ware mitläuft, sondern daß jeder in die Warenherstellung oder in den Warenvertrieb Eingeschaltete kraft vermuteten Verschuldens haftet: da im Fall einer Widerlegbarkeit aber das Verschulden jeweils individuell zu sehen wäre, wäre Gegenstand eines Entlastungsbeweises des Händler-Verkäufers, daß er keinen Vertriebsfehler begangen hat (z. B. falsche Beratung, falsche Lagerung, usw.). Sämtliche dem Herstellungsbereich zuzuordnenden Fehlerquellen würden dagegen nicht Gegenstand des vom Händler-Verkäufer anzutretenden Entlastungsbeweises sein. Gerade diese Quasi-Herstellerhaftung des Händler-Verkäufers, die Unwiderlegbarkeit der Verschuldensvermutung sowie die Unwirksamkeit von Haftungsbegrenzungen im Bereich der Schadensersatzhaftung des professionellen Verkäufers sind also die rechtstechnischen Mittel, mit denen das französische Recht die unmittelbare vertragsrechtliche Verantwortung des Herstellers gegenüber dem Endverbraucher auch in den Fällen ermöglicht, in denen in den Vertrieb unabhängige Händler-Unternehmen eingeschaltet waren.

81 Vgl. *Cass. com.*, 13. 3. 70, J.C.P. 1970. II. 16453: die im Regreßprozeß getroffene Entscheidung gilt entsprechend für den Fall einer direkten Klage des Geschädigten gegen den Hersteller.

82 Ebenso *Overstake*, 70 (1972) RevTrimDrCiv 485, 507.

2. Die deliktsrechtliche Haftung

a) Die Verschuldenshaftung

52 Gegenüber Dritten, die nicht Vertragspartei sind, haftet der Verkäufer deliktsrechtlich gemäß Art. 1382 Cc für sein vorsätzliches Handeln (délit) bzw. gemäß Art. 1383 Cc für fahrlässiges Handeln (quasi-délit)[1]. Hierbei versteht die französische Rechtsprechung den Begriff der Vertragspartei restriktiv. Während z. B. die deutsche Rechtsprechung zum Schutzbereich des Vertrages[2] je nach Sachlage auch Familienmitglieder bzw. Mitarbeiter des Vertragspartners in den Schutzbereich des Kaufvertrages einbezieht, sieht die französische Rechtsprechung diese Personen als „Dritte" an[3]. Demzufolge profitieren sie nicht von dem durch die extensive Auslegung des Art. 1645 Cc gewährten Schutz. Während die verletzte Vertragspartei selbst gemäß Art. 1645 Cc den professionellen Verkäufer auf Schadensersatz in Anspruch nehmen kann, müssen die Familienmitglieder bzw. Mitarbeiter der geschädigten Vertragspartei eventuelle eigene Schadensersatzansprüche auf Art. 1382, 1383 Cc stützen[4].

53 In prozessualer Sicht muß der Produktgeschädigte sämtliche Voraussetzungen der deliktsrechtlichen Verschuldenshaftung nachweisen. Er muß also zunächst den Fehler- und den Kausalitätsnachweis erbringen. Dies kann auch lediglich mittelbar erfolgen, indem von zwei theoretisch in Betracht kommenden Ursachen (z. B. Bedienungsfehler oder Konstruktionsfehler) die unwahrscheinlichere ausgeschlossen wird[5] oder indem nachgewiesen wird, daß sämtliche vernünftigerweise in Betracht kommenden Ursachen im Verantwortungsbereich des Herstellers liegen[6].

---

1 *Cass.*, 22. 7. 31, Dalloz Hebd. 1931/508; *Cass.*, 7. 10. 40, Dalloz Hebd. 1940/180; *Cass.*, 5. 5. 59, J.C.P. 1959. II. 11159; *C. App. Poitiers*, 8. 11. 33, Sirey 1934. I. 4, 5; *C. App. Paris*, 18. 2. 57 J.C.P. 1957. II. 9944 = Sirey 57/105, 106; *C. App. Douai*, 10. 12. 63, G.P. 64. I. 231, 232.

2 Dazu vgl. unten, Rz. 88.

3 *C. App. Poitiers*, 23. 12. 69, G.P. 1970. II. 13, 15.

4 *Cass.*, 22. 7. 31, Dalloz Hebd. 1931/508; *Cass.*, 8. 3. 37, Dalloz 1938. I. 76, 78.

5 *C. App. Douai*, 10. 12. 63, G.P. 1964. I. 231, 232. Siehe auch *Cass.*, 7. 10. 40, Dollaz Hebd. 1940/180.

6 *C. App., Douai*, a. a. O.

54 Weiterhin muß der Geschädigte den Verschuldensnachweis erbringen[7]. Da es hier auf das individuelle Verschulden ankommt, haftet z. B. der Verkäufer oder Vermieter nicht für Herstellungsfehler[8] bzw. der Zulieferer nicht für Fehler des Endherstellers (z. B. zu häufiges Füllen von fremdproduzierten Flaschen durch den Abfüllbetrieb)[9]. Eine Beweiserleichterung etwa in dem Sinn, daß bei Vorliegen des Fehler- und des Kausalitätsnachweises das Verschulden des Verkäufers vermutet werde, erkennt die französische Rechtsprechung nicht an. Vielmehr wird konkret geprüft und begründet, ob ein Verschulden des Herstellers gegeben ist[10]. Z. B. wurde im Fall eines Allergieschadens von der *Cour de Cassation* überprüft, ob nach dem im Entscheidungszeitpunkt maßgeblichen Stand der Wissenschaften und Erkenntnisse die Eignung des bei der Herstellung eines Haarfärbemittels benutzten Bestandteiles zur Verursachung von schweren Hautallergien bekannt war und ob dies dem Hersteller im Hinblick auf seine Geschäftstätigkeit und auf die Art und Weise der Veröffentlichungen bekannt gewesen sein mußte[11].

55 Besteht allerdings zwischen Hersteller und Produktgeschädigtem ein Vertragsverhältnis (z. B. direkter Verkauf an den Endverbraucher), stellt sich die Frage, ob der Produktgeschädigte seinen Anspruch nicht auch auf den deliktsrechtlichen Anspruch stützen kann. Nach französischer Rechtsauf-

---

7 *Cass.*, 22. 7. 31, Dalloz Hebd. 1931/508; *Cass.*, 7. 10. 40, Dalloz Hebd. 1940/180; *Cass.*, 7. 11. 61, Dalloz 1962 S. 146; *Cass.*, 5. 6. 71, Dalloz 1971 Som. 191; *C. App. Poitiers*, 8. 11. 33, Sirey 34. II. 4, 5; *C. App. Paris*, 18. 2. 57, a. a. O.; *C. App. Poitiers*, 4. 12. 57, G.P. 1958. II. 76, 77; *C. App. Douai*, a. a. O.; *C. App. Poitiers*, 23. 12. 69, G.P. 1970. II. 13, 15; *Mazeaud*, 53 (1955) RevTrimDrCiv 611, 620; *Overstake*, 70 (1972) RevTrimDrCiv 485, 507; *Bigot*, a. a. O. (Rz. 20, Fußn. 1) Nr. 17 und 20; *Hübner*, Die Haftung des Gardien im französischen Zivilrecht, 1972, S. 92, m. w. N.; *Eujen/Müller-Freienfels*, AWD 72/503, 506. Anderer Ansicht ohne Fundstellennachweis *Malinvaud*, G.P. 1973. II. 463 ff.

8 *C. App. Paris*, 15. 11. 34, SemJur. 1935/195; *Bigot*, a. a. O., Nr. 25.

9 *C. App. Douai*, a. a. O., S. 233.

10 Vgl. *Cass.*, 7. 10. 40, Dalloz Hebd. 1940/180 f.; *Cass.*, 5. 5. 59 J.C.P. 1959. II. 11159; *C. App. Poitiers*, 4. 12. 57, G.P. 1958. I. 76 f.; *C. App. Dijon*, 4. 7. 58, J.C.P. II. 10174.

11 *Cass.*, 5. 5. 59, J.C.P. 1959. II. 11159. Siehe auch *C. App. Poitiers*, 4. 12. 57, G.P. 1958. I. 76 f. (Schweineserum) sowie *C. App. Paris*, 18. 2. 57, J.C.P. 1957. II. 9944 (Haarpflegemittel).

fassung ist dies nicht möglich (sog. règle de non-cumul)[12], weil allein das Vertragsrecht die Rechtsbeziehungen zwischen den Vertragspartnern bestimme (damit nicht die besonderen Wertungen des Vertragsrechts mittels der deliktsrechtlichen Generalklausel überspielt werden).

56 Angesichts dieser Regelung des Problems der Anspruchskonkurrenz besteht also im Verhältnis zwischen den Vertragsparteien selbst nur die Gewährleistungshaftung gemäß Art. 1641 ff. Cc. Im Verhältnis des Verkäufers zu geschädigten Dritten kommt dagegen nur die deliktsrechtliche Haftung in Betracht[13]. Da die vertragsrechtliche Schadensersatzhaftung dem Produktgeschädigten im Verhältnis zum professionellen Verkäufer günstiger ist[14], besteht im allgemeinen auch kein Anlaß zur Geltendmachung eines deliktsrechtlichen Schadensersatzanspruches. Dies ist aber gegenüber dem nichtprofessionellen Verkäufer der Fall, der gemäß Art. 1645 Cc nur bei positiver Kenntnis (also nicht schon bei fahrlässiger Unkenntnis) des Mangels auf Schadensersatz haftet: dem Grunde nach besteht also im Bereich des fahrlässigen Handelns im Verhältnis zum nichtprofessionellen Verkäufer ein Interesse an einer Geltendmachung des deliktrechtlichen Schadensersatzanspruches.

57 Im Verhältnis zum professionellen Verkäufer wird das Problem der Anspruchskonkurrenz zwischen vertragsrechtlichem und deliktsrechtlichem Schadensersatzanspruch vor allem im Zusammenhang mit dem Schadensumfang und mit der Verjährung aktuell[15].

58 Im französischen Vertragsrecht ist die Schadensersatzhaftung auf den im Zeitpunkt des Vertragsabschlusses vorhersehbaren Schaden begrenzt (Art. 1150 Cc)[16]. Das französische Deliktsrecht dagegen erkennt diese Begrenzung

---

12 *Cass.*, 22. 7. 31, Dalloz Hebd. 1931/508; *Cass.*, 7. 10. 40, Dalloz Hebd. 1940/180; *C. App. Douai*, 10. 12. 63, G.P. 1964. I. 231. Siehe dazu *Schlechtriem*, Vertragsordnung und außervertragliche Haftung, 1972, S. 63 ff.; *Ferid*, a. a. O. (Rz. 20, Fußn. 1) S. 823 ff.

13 Vgl. die in der vorigen Fußnote zitierten Entscheidungen.

14 Vgl. im einzelnen oben, Rz. 21.

15 Ergänzend ist vor allem noch auf die Fragen des anwendbaren Rechts und auf die der Gerichtszuständigkeit hinzuweisen, die hier aber wegen ihrer über das materielle Zivilrecht hinausgehenden Problematik ausgeklammert bleiben.

16 Vgl. dazu *König* in: Das Haager Einheitliche Kaufgesetz und das Deutsche Schuldrecht, 1973, S. 75 ff.

nicht an, so daß im überlappenden Bereich ein Interesse an der Geltendmachung des deliktsrechtlichen Schadensersatzanspruchs durch den Käufer besteht.

59 Weiterhin muß der gewährleistungsrechtliche Schadensersatzanspruch innerhalb einer kurzen Frist (bref délai) geltend gemacht werden (Art. 1648 Cc). Für den deliktsrechtlichen Schadensersatzanspruch gilt dagegen die normale, 30jährige Verjährungsfrist (Art. 2262 Code civil), so daß nach Verstreichen der „kurzen Frist“ ein Interesse an einer Geltendmachung des deliktsrechtlichen Schadensersatzanspruches besteht.

b) Die Gardien-Haftung

60 Gemäß Art. 1384 Abs. 1 Cc haftet man für Schäden, die durch Sachen entstanden sind, die man unter seiner Herrschaft hat (choses que l'on a sous sa garde). Diese Vorschrift ist dogmatisch als Gefährdungstatbestand zu qualifizieren[1], weil es auf das Verschulden des Gardien nicht ankommt, also z. B. eine Zurechnungsfähigkeit nicht erforderlich ist[2] und auch der Nachweis fehlenden Verschuldens ausgeschlossen ist[3]. Andererseits handelt es sich aber auch nur um einen Gefährdungstatbestand und nicht etwa um eine Kausalhaftung, weil der Gardien für normalerweise nicht vorhersehbare Ursachen (fait normalement imprévisible) nicht haftet[4]. Grundgedanke dieser Haftung ist, daß derjenige, der die Herrschaft über eine Sache hat, für die durch sie verursachten Schäden aufkommen muß, sofern er nicht den Nachweis erbringen kann, daß es sich um einen Fall höherer Gewalt handelte[5].

61 Auf den ersten Blick scheint diese Vorschrift im Bereich des Produkthaftungsrechts nicht anwendbar zu sein, weil die Besonderheit des Produkt-

1 *Hübner*, Die Haftung des Gardien im französischen Zivilrecht, 1972, S. 142; *Ferid*, a. a. O. (Rz. 20, Fußn. 1) S. 859.

2 *Hübner*, a. a. O., S. 85 ff. m. w. N.

3 *Hübner*, a. a. O., S. 142 m. w. N., insb. *Cass.*, 13. 2. 30, Dalloz 1930, I. 57.

4 *Hübner*, a. a. O., S. 110–140.

5 *Ferid*, a. a. O., S. 859.

haftungsrechts gerade darin besteht, daß der Schaden eintritt, nachdem der Hersteller das Produkt in den Verkehr gebracht, d.h. nachdem er es aus seinem Herrschaftsbereich weggegeben hat. Damit aber scheint die Sachherrschaft beendet und der Anwendungsbereich des Art. 1384 Abs. 1 Cc überschritten zu sein[6]. In der neueren Rechtsentwicklung scheint sich aber Art. 1384 Abs. 1 Cc als formal gerade noch positiv-rechtlicher Anknüpfungspunkt für eine Produktgefährdungshaftung zu entwickeln[7].

62 Die Sachherrschaft wird nach Ansicht der französischen Rechtsprechung gekennzeichnet durch die drei Ausübungsmodalitäten usage, direction und contrôle[8], d.h. Sachgebrauch, Einsatzbestimmung und Kontrollmöglichkeit: z.B. ist der Angestellte dann und soweit nicht gardien wie er im Rahmen seiner Aufgabe die Sache benutzt[9] (weil er nicht unabhängig, sondern nur abgeleitet über Art und Weise des Einsatzes entscheidet). Während z.B. das Eigentum lediglich die rechtliche Befugnis regelt, bezieht sich die garde auf die tatsächliche Sachherrschaft[10], so daß gegebenenfalls nicht der bestohlene Eigentümer, sondern der Dieb gardien ist und der Haftung aus Art. 1384 Abs. 1 Cc unterliegt[11]. Konsequenterweise können nicht mehrere Personen zugleich gardien einer Sache sein[12].

63 Die *Cour de Cassation* unterscheidet allerdings neuerdings zwischen einerseits der garde de la structure und andererseits der garde du comportement, d.h. zwischen der Verantwortung für die Eigenschaften der Sache einerseits, der Verantwortung für den Einsatz der Sache im konkreten Einzelfall anderer-

---

6 So *C. App. Paris*, 16. 12. 63, J.C.P. 1964, IV. 52; *Esmein*, Anm. zu *C. App. Paris*, 18. 2. 57, J.C.P. 1957. II. 9944; *Overstake*, 70 (1972) RevTrimDrCiv 485, 492 und 507; *Eujen/Müller-Freienfels*, AwD 72/503, 506. Ebenso im Ergebnis, aber mit anderer Begründung *Hübner*, a. a. O., S. 90 f.

7 Dafür *Durry*, 66 (1968) RevTrimDrCiv 163 f. und 68 (1970) 775. Vgl. dazu insb. *Cass.*, 5. 6. 71 (unten, Fußn. 66).

8 *Cass.*, 2. 12. 41, Sirey 1941. I. 217; *Cass.*, 4. 12. 73, J.C.P. 74. IV. 27.

9 *Hübner*, a. a. O., S. 75 und 102 ff.

10 *Hübner*, a. a. O., S. 76; *C. App. Poitiers*, 23. 12. 69, G.P. 1970. II. 13, 15.

11 *Cass.*, 2. 12. 41, Sirey 1941. I. 217.

12 *Hübner*, a. a. O., S. 77 f.

seits[13]: in Fällen, in denen der Besitzer praktisch keine Kontrollmöglichkeiten hat, werde der Begriff der garde jedes sachlichen Gehalts entkleidet und müsse man den wirklichen gardien unter den früheren Besitzern ermitteln[14]. Z.B. hinsichtlich einer Flasche mit flüssigem Sauerstoff, die ohne erkennbare Ursache während der Entladung durch einen Spediteur explodierte, hafte nicht der Spediteur, weil er nur gardien du comportement war: vielmehr hafte der Eigentümer, obwohl er eigentlich wegen der Einschaltung des Spediteurs nicht die unmittelbare Sachherrschaft ausübte, weil er gardien de la structure war[15].

64 Wenn der Eigentümer einem Dritten sein Kraftfahrzeug für kurze Zeit überläßt, habe der Dritte für Unfälle einzustehen, die auf sein Fahrverhalten zurückzuführen sind: für Unglücksfälle durch einen Lenkungsbruch dagegen sei der Eigentümer verantwortlich[16]. Holt jemand Bierflaschen bei einer Brauerei ab und wird er nach erfolgter Übergabe durch eine platzende Flasche verletzt, soll nicht der Fahrer, sondern die Brauerei haften, wenn der Fahrer keinen Handhabungsfehler begangen hat[17].

65 Entscheidendes Kriterium für einen Übergang der garde auch hinsichtlich der structure de la chose ist nach der neueren französischen Rechtsprechung, ob der andere tatsächlich in die Lage versetzt wurde, dem Schaden vorzubeugen, den die Sache verursachen kann[18]. Demnach war also im Fall der von dem Spediteur transportierten Sauerstoff-Flasche zu überprüfen, ob der Spediteur angesichts der besonderen Natur der beförderten Behältnisse (nature particulière des récipients transportés) in vollem Umfang die Möglichkeit erhalten habe, alle Eigenschaften der Sache zu kontrollieren (pou-

13 Dazu siehe *Tunc*, J.C.P. 1957, I. 1384; *Goldman* in: Melange Roubier, Paris 1961, Bd. 2, S. 51 ff.

14 *C. App. Poitiers*, a. a. O.

15 *Cass. com.*, 30. 6. 53, J.C.P. 1953. II. 7811; *Cass.*, 5. 1. 56, Dalloz 1957/261; *Cass.* 10. 6. 60, Dalloz 1960/609.

16 *Cass.*, 7. 12. 73, J.C.P. 1974. IV. 28.

17 *Cass*, 13. 2. 64, J.C.P. 1964. IV. 46.

18 *Cass.*, 5. 1. 56, a. a. O.: Le propriétaire de la chose ne cesse d'en être responsable que s'il est établi que celui à qui il l'a confiée a recu correlativement toute possibilité de prévenir lui-même le préjudice qu'elle peut causer.

voir de surveiller et de contrôler tous les éléments) und ob er einen auf absoluter Herrschaft aufbauenden Sachgebrauch gehabt habe (usage derivant d'une maitrise absolue)[19]

66 Konsequent weitergedacht, kann diese Entwicklung der Rechtsprechung zur Gardien-Haftung für die Produkthaftung bedeuten, daß den Benutzer zwar grundsätzlich die Anwendungsverantwortung trifft[20]. Wenn und soweit aber das Produkt als solches ordnungsgemäß eingesetzt wurde, d.h. außerhalb des Produkts liegende Schadenursachen praktisch entfallen[21] und lediglich Material- oder Konstruktionsfehler zur Schadenursache wurden, läge ein „Strukturfehler", d.h. eine schadenverursachende Eigenschaft des Produktes selbst vor. Mit dem Inverkehrbringen der Sache räumt der Hersteller zwar dem potentiellen Benutzer die volle Sachherrschaft ein; wenn und soweit es sich aber um Eigenschaften des Produkts handelt, die der potentielle Benutzer praktisch nicht erfassen, kontrollieren oder auf sonstige Art und Weise verantwortlich erfassen kann, könnte man davon ausgehen, daß der Benutzer insoweit die Sache nicht „beherrschen" kann und daß demzufolge insoweit eine Aufspaltung der Gardien-Verantwortlichkeit eingetreten ist[22]. Mit dieser Überlegung könnte man das Problem der Überforderung des durchschnittlichen Benutzers in seinen Beurteilungsmöglichkeiten lösen, indem im Umfang dieser Überforderung die Gardien-Verantwortlichkeit beim Hersteller verbleibt. Insoweit könnte also für den Bereich des französischen Rechts die Unterscheidung zwischen der garde de la structure und der garde du comportement im Verhältnis zwischen dem Hersteller und dem Endverbraucher zur Grundlage einer Verantwortung für Produktfehler werden[23].

---

19 *Cass.*, 5.1.56, a.a.O.

20 Vgl. z.B. *Cass.*, 4.2.63, J.C.P. 63. II. 13159 (Versagen der Lenkung eines Kraftfahrzeuges); *Cass.*, 4.12.73, J.C.P. 74. IV. 27 (Explosion einer Chlor-Flasche).

21 Vgl. *Cass.*, 5.6.71, Dalloz 1971 Som. 191 (wörtliches Zitat in der folgenden Fußnote.

22 In diesem Sinn *Cass.*, 5.6.71, Dalloz 1971 Som. 191: Gardien-Haftung der Brauerei, die Mehrwegflaschen auswäscht, kontrolliert und neu abfüllt, wenn "aucun des propriétaires ou détenteurs ultérieurs n'avait eu ensuite la possibilité de faire des vérifications".

23 *Durry*, 68 (1970) RevTrimDrCiv 775 und 71 (1973) RevTrimDrCiv 135 f.; *Malinvaud*, G.P., 1973. II. 463 ff.

67 Für eine Auslösung der Gardien-Haftung genügt der Nachweis, daß die Sache zur Schadenursache wurde[24]. Anstelle dieses direkten Kausalitätsnachweises genügt aber auch der indirekte Nachweis, daß außerhalb der Sache liegende Ursachen als Schadensursachen nicht in Betracht kommen[25], (weil nur dann entsprechend dem Grundgedanken der Gardien-Haftung der Rückschluß gerechtfertigt ist, daß die structure de la chose den Schaden verursachte[26]). In Fällen, in denen mehrere Herstellerunternehmen in Betracht kommen, muß der Nachweis geführt werden, daß gerade das beklagte Unternehmen hinsichtlich der Schadensursache die „Kontrolle" über die Sache hatte (z. B. das Abfüllunternehmen und nicht der Flaschen- oder der Getränkehersteller, wenn es sich um Abfüllfehler handelt)[27].

68 Folgt die französische Rechtsprechung dem Weg, den die Unterscheidung zwischen der garde de la structure und der garde du comportement vorzeichnet und zieht sie daraus Konsequenzen für das Produkthaftungsrecht, müßte sie konsequenterweise auch noch den weiteren Schritt vollziehen, daß im Verhältnis des Benutzers zu dem durch das Produkt geschädigten außenstehenden Dritten auch eine derartige Aufspaltung der Gardien-Haftung eintritt[28], d. h. daß dem außenstehenden Dritten für Sachmängel nicht der Benutzer (als der Eigentümer im Zeitpunkt der Schadensverursachung), sondern der Hersteller haftet.

69 Das Hauptproblem einer derartigen Weiterentwicklung der Gardien-Haftung und ihrer Anwendung auf den Bereich der Produkthaftung wird aber die Klärung der Frage sein, wie das Problem der Arbeitsteilung bei der Produktherstellung im Rahmen der Bestimmung des Gardien erfaßt wird. Konsequenterweise müßte als Gardien dasjenige Unternehmen angesehen werden,

---

24 *Cass.*, 19. 7. 72, J.C.P. 72. IV. 234.

25 *Cass.*, 5. 6. 71, Dalloz 1971, Som. 191; *Cass.* 4. 12. 73, J.C.P. 74. IV. 27.

26 *Durry*, 68 (1970) RevTrimDrCiv 774, 775.

27 *C. App. Poitiers*, 23. 12. 69, G.P. 1970 II. 13, 15.

28 So wohl *Cass.*, 5. 6. 71, a. a. O., Leitsatz 2: La garde d'une chose ayant ellemême un dynamisme propre et dangereux ne peut être attribué à un propriétaire ou détenteur ne possédant sur elle aucun pouvoir de contrôle et aucune possibilité de prévenir le dommage. Gardien sei vielmehr der Hersteller (in casu: Abfüller der Flasche).

das den konkret zur Schadenursache gewordenen Sachmangel verursacht hat. Demzufolge müßte der Produktgeschädigte jeweils den Nachweis erbringen, wer im Rahmen einer arbeitsteiligen Produktherstellung der wirklich Verantwortliche war[29]. Das aber würde bedeuten, daß Art. 1384 Abs. 1 Cc praktisch gerade das genommen wird, was für den Geschädigten der wesentliche Vorteil dieser Vorschrift war, nämlich die günstige prozessuale Situation[30]: Hat ein Dritter im Zusammenhang mit dem Einsatz des Produktes zur Erreichung eines bestimmten Verwendungszweckes einen Schaden erlitten, so konnte er nach der älteren französischen Rechtsprechung gemäß Art. 1384 Abs. 1 Cc von dem Benutzer Schadensersatz verlangen und konnte sich der Benutzer nur durch den Nachweis einer für ihn nicht vorhersehbaren Kausalkette entlasten[31]; aufgrund der neueren Rechtsprechung muß aber der geschädigte außenstehende Dritte damit rechnen, daß seine Schadensersatzklage gegen den Benutzer mit der Begründung abgewiesen wird, es handele sich um einen „Strukturfehler", für den die Gardien-Haftung nicht dem Benutzer, sondern dem Hersteller obliege. Verfolgt der geschädigte Dritte dann den Schadensersatzanspruch gegen den Hersteller, müßte er konsequenterweise im Fall der arbeitsteiligen Herstellung auch dem jeweilig in Anspruch genommenen Unternehmen nachweisen, daß es die Schadensursache unmittelbar gesetzt hat. Damit tritt aber eine derartige Fülle von Anwendungsproblemen auf, daß praktisch dem Gesichtspunkt des extensiven Geschädigtenschutzes nicht mehr Rechnung getragen wird, der seinerzeit die Grundlage für die Entwicklung der Rechtsprechung zu Art. 1384 Abs. 1 Cc war. Die französischen Gerichte könnten dieses Problem nur lösen, wenn sie (in Anlehnung an die gewährleistungsrechtliche Schadensersatzhaftung des professionellen Hersteller-Verkäufers) jedem in die Produktherstellung eingeschalteten Unternehmen extern gegenüber dem geschädigten Benutzer oder dem geschädigten außenstehenden Dritten die Gardien-Haftung auferlegen. Dies wäre aber nur vertretbar, wenn zugleich auch innerhalb der in die Produktherstellung eingeschalteten Unternehmen die Regreßproblematik gelöst wird. In praktischer Sicht ist deshalb davon auszugehen,

---

29 Vgl. *Malinvaud,* a. a. O. sowie *Durry,* 71 (1973) RevTrimDrCiv 135, 136 sowie *Cass.,* 5. 6. 71, a. a. O.: nicht der Hersteller der Flasche, sondern der Flaschenabfüllbetrieb sei gardien; der Flaschenhersteller könne nur aus Delikt haften (vgl. im einzelnen *C. App. Poitiers,* 23. 12. 69, G.P. 1970. II. 13, 15).

30 Vgl. dazu *Hübner,* a. a. O., S. 38 ff.

31 Vgl. oben, Rz. 60.

daß zwar die weitere Entwicklung der Rechtsprechung zur Gardien-Haftung beobachtet werden muß. Angesichts der Fülle und angesichts des fundamentalen Charakters der hier für den Bereich der Produkthaftung noch ungeklärten Fragen kann aber jedenfalls zur Zeit die Gardien-Haftung nicht als Weg zur Lösung des Produkthaftungs-Problems angesehen werden.

3. Die strafrechtliche Haftung

70 In der Praxis spielt in Frankreich die strafrechtliche Verantwortung des Warenherstellers eine erhebliche Rolle. Prozessual kann mit Strafverfahren zugleich ein zivilrechtlicher Schadensersatzanspruch der Geschädigten gegen den Hersteller verbunden werden. Während im deutschen Strafprozeßrecht das an sich vorgesehene sog. Adhäsionsverfahren praktisch nur eine äußerst geringe Rolle spielt und auch Strafverfahren über produkthaftungsrechtliche Fragen sehr selten sind, ist dies in Frankreich nicht der Fall[1].

4. Zusammenfassung

71 Zusammenfassend ist also zum französischen Recht festzuhalten, daß haftungsrechtlich eine Lücke zwischen dem Schutz des Käufers und dem Schutz außenstehender Dritter besteht: sowohl der Käufer als auch der Dritte müssen den Fehler- und den Kausalitätsnachweis erbringen: während der Dritte aber darüber hinaus für seinen deliktsrechtlichen Schadensersatzanspruch noch in vollem Umfang das Verschulden des Herstellers bzw. Verkäufers nachweisen muß, wird zugunsten des Käufers

[1] Vgl. statt aller *C. App. corr. Dijon*, 4.7.58, J.C.P. 1958. II. 10714; *C. App. Paris*, 31.5.67, Sirey 1968/643, 644; *Trib. correctionnel de la Seine*, 20.6.38, G.P. 1938. II. 420, 421; *Trib. corr. de la Seine*, 19.12.57, Sirey 1958/137, 142 (Stalinon). Siehe zur Grundsatzfrage *Ferid*, a.a.O. (Rz. 20, Fußn. 1) S. 827 f.

- dem professionellen Hersteller eine unwiderlegbar vermutete totale Herstellerverschuldenshaftung für sämtliche im gesamten Herstellungsbereich gesetzten Schadensursachen (einschließlich von Entwicklungsgefahren und -lücken)
- dem professionellen Händler eine unwiderlegbar vermutete totale Quasi-Herstellerhaftung für sämtliche dem Herstellerbereich zuzurechnenden Fehler

auferlegt. Der auf deliktsrechtliche Ansprüche angewiesene Dritte ist also gegenüber dem Käufer entscheidend benachteiligt.

72 Die offensichtlich in Entwicklung befindliche Rechtsprechung zur Gardien-Haftung schließt aber diese Lücke, wobei sie allerdings teilweise sogar noch darüber hinaus geht, weil es dort weder auf die professionelle Tätigkeit noch auf die Verdecktheit des Fehlers ankommt. Andererseits ist die Gardien-Haftung enger, weil sie auf den Hersteller begrenzt ist und folglich die Vertriebshändler nicht erfaßt. Abgesehen davon muß man aber sagen, daß das französische Recht jedenfalls für professionelle Hersteller sowohl im vertragsrechtlichen als auch im deliktsrechtlichen Bereich eine vom individuellen Verschulden unabhängige Produkthaftung anerkennt bzw. hinsichtlich des deliktsrechtlichen Bereichs jedenfalls sehr kurz vor dem generellen Durchbruch steht.

73 Im vertragsrechtlichen Bereich ist das Abstellen auf das Vorliegen eines verdeckten Fehlers eine zu radikale Alles- oder Nichts-Lösung, die bei offensichtlichen Fehlern von vornherein eine eventuelle Risikoverteilung entsprechend den einerseits beim Verkäufer, andererseits beim Käufer gesetzten Ursachen verhindert.

74 Im übrigen bestehen eindeutige funktionelle Zusammenhänge zwischen

- der Quasi-Herstellerhaftung der Vertriebshändler einschließlich der Verweigerung des Entlastungsnachweises
- dem Verbot von Haftungsbegrenzungsklauseln im Bereich der Schadensersatzhaftung des professionellen Verkäufers
- der action directe,

so daß m. E. keine dieser drei Erscheinungen aus dem Gesamtkonzept herausgelöst bzw. isoliert betrachtet werden darf.

V. Belgisches Recht

75 Auch die belgische Rechtsprechung geht im Ergebnis davon aus, daß innerhalb des Vertragsbereichs die deliktsrechtliche Haftung gegenüber der vertragsrechtlichen zurücktritt[1], so daß der Käufer einer mangelhaften Sache nur vertragsrechtliche Schadensersatzansprüche hat. Der geschädigte Dritte dagegen kann gemäß Art. 1382 Cc aus Delikt gegen den Verkäufer vorgehen[2], wobei auch hier Mitarbeiter des Endabnehmers nicht in den Schutzbereich des Vertrages einbezogen sind[3].

76 Im vertragsrechtlichen Bereich erkennt die belgische Rechtsprechung ebenso wie die französische an, daß gegenüber professionellen Verkäufern vermutet werde, daß sie die verdeckten Mängel der Sache kannten[4], wobei dies nicht nur für Hersteller-Verkäufer, sondern auch für Händler-Verkäufer gilt[5]. Im Gegensatz zur französischen Rechtsprechung lassen aber die belgischen Gerichte den Entlastungsnachweis zu[6], so daß Art. 1645 Cc hier nur in Rich-

1 *De Page,* Traite élémentaire de Droit Civil Belge, Bd. IV, 2. Aufl., 1951, S. 906.

2 *Cass. belge,* 12. 12. 58, RCrJur Belge 1960 S. 204, 207; *Cass. belge,* 3. 4. 59, JT 1960 S. 59; *Cass. belge,* 6. 10. 61, Pas. 1962. I. 152, 155; *Trib. d'Anvers,* 17. 2. 72, JPA 1972, S. 228, 230 f. und 247.

3 *Cass. belge,* 4. 5. 39, Pas. 1939. I. 223, 227.

4 *Cass. belge,* 4. 5. 39, Pas. 1939. I. 223, 225; *Cass. belge,* 3. 4. 59, RGrJur Belge 1960 S. 207, 211 f.; *Trib. d'Anvers,* 17. 2. 72 JPA 1972 S. 228, 230 und S. 245. In den Niederlanden dagegen ist bei einer dem Code civil entsprechenden gesetzlichen Regelung die Assimilationsthese der französischen und der belgischen Gerichte nicht anerkannt: *van Hecke,* RCrJur Belge 1960 S. 212, 214.

5 *Cass. belge,* 4. 5. 39, a. a. O., S. 225; *C. App. Bruxelles,* 5. 2. 69, JT 1969 S. 298.

6 *Cass. belge,* 13. 11. 59, JT 1960 S. 59; *Cass. belge,* 6. 10. 61, Pas. 1962. I. 152, 155.

tung auf eine Beweislastumkehr[7] ausgebaut wurde und letztlich doch geprüft wird, ob tatsächlich ein individuelles Verschulden vorlag[8]. Danach muß also z. B. ein Hersteller die von ihm konstruierten Geräte auf Funktionsfähigkeit und verdeckte Fehler überprüfen[9] und haftet er bei fahrlässiger Unkenntnis eines verdeckten Fehlers gemäß Art. 1645 auf Schadensersatz. Im Gegensatz zur französischen Rechtsprechung wäre aber ein Schadensersatzanspruch abzulehnen, wenn die betreffende Gefahr nach dem entscheidungserheblichen Stand der Technik noch nicht bekannt war (sog. Entwicklungsgefahr) oder wenn dagegen noch keine Abhilfemöglichkeiten bestanden (sog. Entwicklungslücke). Desgleichen muß aber auch ein Vertriebshändler, der bei seinem Kunden eine Anlage einbaut, die fremdproduzierte technische Anlage vor der Weiterveräußerung auf verdeckte Fehler hin überprüfen[10]. Ist dies nicht erfolgt, so hat im Regreßprozeß des Vertriebshändlers gegen den Hersteller gemäß Art. 1645 Cc den Schaden der Hersteller zu tragen[11]. Die Verjährung dieses Schadensersatzanspruches laufe erst ab dem Auftreten des Fehlers beim Endabnehmer[12]. Obwohl also der Vertriebshändler dem Endabnehmer dafür einstehen muß, daß er fahrlässig den Produktfehler bei der Montage nicht entdeckt hat, wird ihm deshalb im Verhältnis zum Vorverkäufer nicht entgegengehalten, daß er den Mangel habe kennen müssen. Neben der Frage der Gewährleistungshaftung seines Zulieferers kommt es auch für die Auslösung der Gewährleistungsfrist auf den Zeitpunkt der tatsächlichen Kenntniserlangung an.

77 Allerdings erkennen die belgischen Gerichte an, daß die deliktsrechtliche Haftung neben der vertragsrechtlichen besteht[13]. Demzufolge kann der Käu-

---

7 *Trib. d'Anvers,* 17. 2. 72, JPA 1972 S. 228, 245; *Renard,* 61 (1963) RevTrimDrCiv 184, 203; *van Hecke,* RCrJur Belge 1960 S. 212, 214.

8 *Cass. belge,* 4. 5. 39, a. a. O., S. 225 f.; *Cass. belge,* 6. 10. 61, a. a. O.

9 *Cass. belge,* 4. 5. 39, Pas. 1939. I. 223, 226; *Trib. d'Anvers,* 17. 2. 72, JPA 1972 S. 228, 245.

10 *Cass. belge,* 4. 5. 39, a. a. O.

11 *Cass. belge,* 4. 5. 39, a. a. O.

12 *Cass. belge,* 4. 5. 39, a. a. O., S. 227.

13 Vgl. *de Page,* a. a. O. (Fußn. 1) S. 896 ff.

fer auch nach Ablauf der vertragsrechtlichen Gewährleistungsfrist noch deliktsrechtliche Schadensersatzansprüche geltend machen[14].

78 Hinsichtlich von Freizeichnungsklauseln unterscheiden die belgischen Gerichte nicht zwischen formularmäßigen und individuell ausgehandelten Klauseln. Grundsätzlich ist eine Freizeichnung von der Haftung für das Verschulden von Mitarbeitern rechtswirksam[15]. Im Unterschied zur französischen Rechtsprechung ist nach neuerer belgischer Rechtsprechung auch die Freizeichnung von der Haftung für eigene grobe Fahrlässigkeit rechtswirksam[16]. Handelt es sich um eine in den (formularmäßigen oder individuell ausgehandelten) Verkaufsbedingungen eines professionellen Verkäufers enthaltene Haftungsfreizeichnung[17] oder zeitliche Haftungsbegrenzung[18] so wird noch entsprechend der französischen Rechtsprechung angenommen, daß sich der professionelle Verkäufer nicht von der Schadensersatzhaftung sachlich oder zeitlich freizeichnen kann. Hierbei wird aber m. E. übersehen, daß die belgische Rechtsprechung in zwei entscheidenden Punkten sich anders entwickelt hat als die französische. Einerseits wird entgegen der französischen Rechtsprechung dem professionellen Verkäufer die Widerlegung der Verschuldensvermutung eingeräumt[19]. Andererseits ist im Gegensatz zur französischen Rechtsprechung auch die Freizeichnung von der Haftung für eigene grobe Fahrlässigkeit rechtswirksam. Die französische Rechtsprechung beruht darauf, daß mittels einer doppelten unwiderlegbaren Vermutung davon ausgegangen wird, daß der professionelle Verkäufer tatsächlich die Mängel der Sache gekannt habe. Konsequenz ist, daß er vom juristischen Standpunkt aus eine Sache verkauft hat, von der er positiv wußte, daß sie einen Mangel aufwies. Demzufolge läge vom theoretischen Ausgangspunkt der französischen Rechtsprechung her eine Vorsatzhaftung vor. Die belgische Rechtsprechung dagegen kann nicht mit dem Gedanken der Vor-

---

14 *van Hecke,* RCrJur Belge 1960 S. 212, 216.

15 *Dalq,* RCrJurBelge 1968 S. 193, 199.

16 *Cass. belge,* 5. 1. 61, Pas. 61. I. 483, 485.

17 *Cass. belge,* 3. 4. 59 RCrJurBelge 1960 S. 207, 212; *C. App. Bruxelles,* 5. 2. 69, JT 1969 S. 298; *de Page,* a. a. O. (Fußn. 1) S. 206; *Simont-de Gavre,* RGrJur-Belge 1969 S. 535, 567.

18 *de Page,* a. a. O.

19 Vgl. oben, Rz. 76.

satzhaftung begründet werden. Da die belgische Rechtsprechung gerade die Widerlegung des Verschuldensnachweises zuläßt, ist Thema des Entlastungsbeweises nicht der Nachweis, daß der professionelle Verkäufer den Mangel tatsächlich nicht gekannt hat. Thema des Entlastungsnachweises ist vielmehr nicht mehr und nicht weniger als daß ihn an dem Mangel ein Verschulden nicht trifft. Dies aber umfaßt konsequenterweise auch den Bereich der Fahrlässigkeitshaftung. Da aber die belgischen Gerichte gerade anerkennen, daß eine Freizeichnung von der Haftung für eigene grobe Fahrlässigkeit rechtswirksam ist, muß man m. E. aus der Zulassung des Entlastungsnachweises einerseits, der Anerkennung derartiger Haftungsfreizeichnungen andererseits die Folgerung ziehen, daß auch die französische Rechtsprechung über die Unwirksamkeit von Haftungsfreizeichnungsklauseln gegenüber der Schadensersatzhaftung des professionellen Verkäufers nicht anwendbar sein kann.

79 Ebenso wie die französische Rechtsprechung erkennt auch die belgische einen direkten vertragsrechtlichen Anspruch des Endverbrauchers gegen den Erstverkäufer an[20], so daß im Einzelfall dahingestellt bleiben kann, ob die Klage des Endabnehmers auf einem eigenen deliktsrechtlichen oder auf einem vom Vorverkäufer übertragenen vertragsrechtlichen Anspruch beruht[21].

80 Zum deliktsrechtlichen Bereich ist zu sagen, daß die belgischen Gerichte im Bereich der Verschuldenshaftung eine Beweislastumkehr im Sinn einer Verschuldensvermutung zu Lasten des Herstellers nicht anerkennen[22]. Auch hier besteht also zwischen der vertragsrechtlichen und der deliktsrechtlichen Haftungslage der wesentliche praktische Unterschied, daß im Vertragsbereich gegenüber dem professionellen Verkäufer dessen Verschulden widerlegbar vermutet wird, während im deliktsrechtlichen Bereich auch der Verschuldensnachweis zu erbringen ist.

81 Die belgische Rechtsprechung zur Gardien-Haftung geht noch über die französische hinaus[23], weil sie auch im Fall höherer Gewalt dem gardien die

---

20 *C. App. Bruxelles,* 27. 11. 63, JT 1964 S. 74, 75; *de Page,* a. a. O., S. 214; *van Hecke,* RCrJurBelge 1960, S. 212, 216.

21 Vgl. *C. App. Bruxelles,* 27. 11. 63, JT 1964,S. 74, 75.

22 *Dalq,* RCrJurBelge 1968 S. 193, 204.

23 Vgl. *Dalq,* RCrJurBelge 1968 S. 193, 238 ff.

Schadensersatzhaftung auferlegt[24]. Andererseits hat die belgische Rechtsprechung aber bislang die Differenzierung zwischen der garde de la structure und der garde du comportement[25] noch nicht anerkannt, so daß die Gardien-Haftung im belgischen Recht (noch) kein Instrument zur Lösung der Produkthaftungsproblematik darstellt.

82 Gerade der Vergleich zum französischen Recht zeigt, daß es auch relativ unwahrscheinlich ist, daß die belgischen Gerichte die Gardien-Haftung in Richtung auf eine außervertragliche, verschuldensunabhängige Produkthaftung ausbauen werden. Im französischen Recht besteht jenes Spannungsverhältnis zwischen der verschuldensunabhängigen Haftung des Verkäufers gegenüber seinem Vertragspartner einerseits, der Verschuldenshaftung mit vollem Verschuldensnachweis im deliktsrechtlichen Bereich gegenüber den Familienmitgliedern oder Mitarbeitern des Käufers, den Endverbrauchern bzw. geschädigten Dritten andererseits, so daß es auf der Hand lag, daß die französische Rechtsprechung hier im Ergebnis zu einer gewissen Synchronisierung strebte. Im belgischen Recht besteht aber ein derartiges Spannungsverhältnis nur in einem sehr eingegrenzten Umfang, indem der Unterschied zwischen der vertragsrechtlichen und der deliktsrechtlichen Haftung darauf begrenzt ist, daß im vertragsrechtlichen Bereich das Verschulden vermutet wird. Wenn die belgischen Gerichte tatsächlich die Notwendigkeit zu einer Haftungssynchronisierung anerkennen, liegt es sehr viel näher, daß sie auch im deliktsrechtlichen Bereich etwa entsprechend dem Vorgehen des deutschen Bundesgerichtshofs eine Beweislastumkehr anerkennen als daß sie entsprechend dem französischen Modell die Gardien-Haftung als Mittel zur technischen Bewältigung der Produkthaftung ausbauen.

---

24 *Dalq*, a. a. O., S. 246.

25 Vgl. oben, Rz. 63.

VI. Deutsches Recht

1. Die Haftung für positive Vertragsverletzungen

83 Der Käufer und der Werkhersteller haften im deutschen Recht im Rahmen der sog. Haftung für positive Vertragsverletzungen für ihr Verschulden. Diese Haftung kann mit Ausnahme der Haftung für eigenen Vorsatz vertraglich ausgeschlossen werden (§ 276 BGB). Zwar erkennt das deutsche Recht an, daß für Allgemeine Geschäftsbedingungen relativ engere Wirksamkeitsgrenzen gelten als für individualvertraglich ausgehandelte Vertragsbestimmungen und daß bestimmte Sachregelungen unwirksam sind, wenn sie lediglich mittels AGB erfolgten[1]. Die Schadensersatzhaftung für positive Vertragsverletzungen kann aber nach ständiger Rechtsprechung auch mittels AGB rechtswirksam ausgeschlossen werden[2].

84 Im Werkvertragsrecht erkennt die deutsche Rechtsprechung eine Beweislastumkehr an[3]: hat der Geschädigte den Fehler- und den Kausalitätsnachweis erbracht, wird das Verschulden des Werkherstellers vermutet und muß er sich entlasten. Als dafür maßgebliche Überlegung wird angeführt, daß dem Werkhersteller eine Erfolgsverantwortung obliege und diese Erfolgsverantwortung nur ausnahmsweise entfalle; wegen dieses Ausnahmecharakters müsse der Werkhersteller als derjenige, der sich auf das fehlende Verschulden beruft, dies nachweisen[4]. Allerdings ist m. E. diese Begründung nur formal-

---

1 Vgl. statt aller *BGH,* 17. 2. 64, BGHZ 41 S. 151, 154; *Schmidt-Salzer,* Allgemeine Geschäftsbedingungen, 1971, Rz. 124.

2 *BGH,* 14. 10. 69, WM 1969 S. 1452, 1453; *BGH,* 9. 7. 70, NJW 1970, S. 2021, 2023; *BGH,* 11. 3. 71, VersR 1971 S. 644, 646.

3 Vgl. insbesondere *BGH,* 12. 10. 67, BGHZ 48 S. 310, 312 f.

4 *Stoll,* in: Festschrift F. v. Hippel, 1967, S. 517, 534 f.

juristisch. Die entscheidende Wertung, aus der sich diese Beweislastumkehr ergibt, ist m. E. folgende Überlegung: im Werkvertragsrecht werden die Sachen erst noch hergestellt; müßte der Werkbesteller dem Werkhersteller das Verschulden nachweisen, müßte er als Außenstehender den gesamten Prozeß der Werkherstellung nachträglich aufdecken, um das Verschulden substantiieren und nachweisen zu können; praktisch ist dies in den meisten Fällen ausgeschlossen und damit rechtlich unzumutbar. Andererseits müßte aber der Werkhersteller, falls er sich korrekt verhalten hat, den Vorgang der Werkherstellung „beherrschen" und müßte er deswegen in der Lage sein, im Schadensfall ohne weitere Schwierigkeiten den Nachweis zu erbringen, daß er nicht schuldhaft gehandelt hat[5]. Angesichts dieser idealtypischen Verteilung der Nachweis- bzw. Entlastungsmöglichkeiten ist es gerechtfertigt, im Werkvertragsrecht hinsichtlich des Verschuldens eine Beweislastumkehr anzuerkennen: die Beweislastregeln beruhen auf dem Grundgedanken, daß stets derjenige den Beweis anzutreten habe, dem er normalerweise am ehesten zumutbar ist: dieses Zumutbarkeitskriterium schlägt im Fall des Werkherstellers zu seinen Lasten aus, so daß er „näher dran ist", den Nachweis seines fehlenden Verschuldens zu führen. Mit diesem Gedankengang begründete der *Bundesgerichtshof* im Hühnerpest-Urteil die im Werkvertragsrecht anerkannte Beweislastumkehr[6], die das Gericht dann als gedankliches Vorbild für die Anerkennung der Beweislastumkehr auch im Deliktsrecht heranzog. Demzufolge ist die wirkliche Wertungsgrundlage in diesem Gedankengang zu sehen.

85 Im Kaufvertragsrecht dagegen wird grundsätzlich hinsichtlich des Verschuldensnachweises eine Beweislastumkehr nicht anerkannt. Vielmehr muß hier der Produktgeschädigte außer dem Fehler- und dem Kausalitätsnachweis auch den Verschuldensnachweis führen. Aufgrund des Bremsen-Urteils[7] sowie des Wasserversorgungs-Urteils[8] des *Bundesgerichtshofs* ist aber innerhalb des Kaufvertragsrechts zwischen dem Hersteller-Verkäufer und dem Händler-Verkäufer zu unterscheiden.

5 Vgl. *BGH,* 12.10.67, BGHZ 48 S. 310, 312 f.

6 *BGH,* 26.11.68, BGHZ 51 S. 91, 105 f.

7 *BGH,* 28.9.70, BB 70 S. 1414 f. = VersR 71 S. 81 ff. (Bremsen).

8 *BGH,* 4.10.72, VersR 1973 S. 33, 35 (Wasserversorgung).

86 Hat der Verkäufer die Sache selbst hergestellt, müßte der Käufer nachweisen, daß ein Herstellungsfehler die Schadensursache ergab und daß der Hersteller-Verkäufer dies zu vertreten hat. Hinsichtlich der schadensverursachenden Eigenschaft besteht also die gleiche Beweissituation wie bei Werkverträgen. Juristisch-konstruktiv stellt sie sich zwar andersartig dar. Da aber der produktgeschädigte Käufer hinsichtlich der vertragsrechtlichen Haftung des Verkäufers für Produktfehler den gesamten Herstellungsbereich aufrollen müßte, befindet er sich in einer Beweissituation, die der des Werkherstellers entspricht. Da auch die Beweismöglichkeiten des Hersteller-Verkäufers denen des Werkherstellers i.S. der §§ 631 ff. BGB entsprechen, ist es m.E. die konsequente Weiterführung und Vollendung des im werkvertragsrechtlichen Bereich aufgenommenen, im Hühnerpest-Urteil auf den Deliktsbereich erstreckten Gedankenganges, entsprechend den vorstehend zitierten Entscheidungen auch im kaufvertraglichen Bereich hinsichtlich der Haftung aus positiver Vertragsverletzung eine Beweislastumkehr anzuerkennen, wenn es sich um einen Hersteller-Verkäufer handelt.

87 Ein Händler-Verkäufer dagegen vertreibt nur fremdfabrizierte Produkte. Hinsichtlich seiner Haftung für positive Vertragsverletzungen ist demzufolge die Vergleichbarkeit der Bewertungssituation mit dem Werkhersteller nicht gegeben. Infolgedessen muß nach dem derzeitigen Stand der deutschen Rechtsprechung der Produktgeschädigte gegenüber dem Händler-Verkäufer außer dem Fehler- und dem Kausalitätsnachweis auch den Verschuldensnachweis erbringen.

88 Nach ständiger deutscher Rechtsprechung ist der Schutzbereich des Vertrages nicht auf den unmittelbaren Vertragspartner beschränkt. Vielmehr ist es anerkannt, daß die Schutzwirkung eines Vertrages sich auch auf Dritte erstrecken kann. Grundsatz ist allerdings, daß eine vertragsrechtliche Haftung nur zwischen den Parteien des betreffenden Vertrages besteht[9]. Die Grundlage für die nur ausnahmsweise[10] anerkannte Schutzwirkung von Verträgen zugunsten Dritter wird in einer Auslegung des Vertrages[11], d.h. im Sinne

---

9 *BGH*, 18.6.68, BB 1968 S. 928; *BGH*, 9.10.68, NJW 1969 S. 41; *BGH*, 26.11.68, BGHZ 51 S. 91, 96 (Hühnerpest).

10 *BGH*, 9.10.68, a.a.O.; *BGH*, 30.9.69, NJW 1969 S. 39, 40.

11 *BGH*, 22.1.68, BGHZ 49 S. 350, 354; *BGH*, 18.6.68, a.a.O.; *BGH*, 30.9.69, a.a.O.; *BGH*, 15.6.71, BB 1971 S. 877, 878.

der Vertragsparteien[12] bzw. im Sinngehalt des Vertrages[13] (und damit in der rechtlichen Wertung der durch den Vertrag begründeten beiderseitigen Rechte und Pflichten) gesehen. Entscheidend ist danach, ob der Gläubiger rechtlich oder zumindest moralisch für das Wohlergehen der betreffenden Personen verantwortlich ist[14] und er deswegen an der Einbeziehung „ein objektiv begründetes und dem Vertragsgegner bei näherer Überlegung erkennbares Interesse" hat[15] (genauer: wenn bei objektiver Beurteilung aus der Perspektive des Schuldners wegen einer erkennbaren, inhaltlich gleichgerichteten Verantwortung des Gläubigers der Sorgfaltspflicht gegenüber den betreffenden Personen ein berechtigtes Interesse des Gläubigers an einer Einbeziehung auch dieser Personen in den Schutzbereich des Vertrages besteht).

Es ist also nicht so, daß jedem, der infolge einer Sorgfaltsverletzung des Schuldners einen Schaden erlitten hat, aus dem Vertrag ein eigener Ersatzanspruch zustände[16]. Vielmehr muß der Gläubiger der vertraglichen Sorgfaltspflicht dem Dritten gegenüber rechtlich oder zumindest moralisch die gleichen Sorgfaltspflichten schulden wie er sie vom Partner des Grundvertrages verlangen kann. Dies trifft hinsichtlich der Schadensersatzhaftung des Verkäufers gegenüber den Arbeitnehmern seines Abnehmers zu, wenn die Sache zur Verarbeitung bestimmt ist[17]. Weiterhin trifft es für die Familienangehörigen des Endverbrauchers zu, wenn die Sache zu Ge- oder Verbrauch bestimmt ist[18]. Es trifft aber nicht zu für die weiteren Abnehmer des Erst-

---

12 *BGH*, 25.4.56, VersR 1956 S. 419 (Dreschmaschine); *BGH*, 9.10.68, a.a.O.

13 *BGH*, 30.9.69, a.a.O.; *BGH*, 15.6.71, BB 1971 S. 997 f.

14 *BGH*, 16.10.63, NJW 1964 S. 33, 34 f.; *BGH*, 18.6.68, a.a.O.; *BGH*, 9.10.68, a.a.O.; *BGH*, 26.11.68, a.a.O.

15 *BGH*, 25.4.56, VersR 1956 S. 419, 420 (Dreschmaschine); *BGH*, 15.5.59, JZ 1960 S. 124, 125.

16 *BGH*, 15.5.59, JZ 1960 S. 124, 125; *BGH*, 16.10.63, a.a.O.; *BGH*, 26.22.68, a.a.O.; *BGH*, 15.6.71, BB 1971 S. 977.

17 *BGH*, 25.4.56, VersR 1956 S. 419 (Dreschmaschine); *BGH*, 15.5.59, a.a.O.; *BGH*, 16.10.63, NJW 1964 S. 33, 34.

18 *BGH*, 15.5.59, JZ 1960 S. 124, 125; *BGH*, 16.10.63, a.a.O.; *BGH*, 22.1.68, a.a.O.; *BGH*, 10.11.70, NJW 1971 S. 241, 242.

käufers[19]. Demzufolge ist die deutsche Rechtsprechung zur Einbeziehung Dritter in die Schutzwirkung des Vertrages kein Instrument zur generellen Lösung des Problems der Produkthaftung, sondern erstreckt sie sich nur auf Arbeitnehmer bzw. Familienangehörige des Vertragspartners.

2. Die Verkäuferhaftung aus Eigenschaftszusicherungen

89 Seit dem sog. Kleber-Urteil[1] besteht im deutschen Recht Klarheit darüber, daß die Haftung des Verkäufers für zugesicherte Eigenschaften gegebenenfalls auch die Haftung für Mangelfolgeschäden umfassen kann. Diese Haftung ist eine verschuldensunabhängige Garantiehaftung[2]. Sie setzt das Vorliegen einer Eigenschaftszusicherung voraus.

90 Ob eine Eigenschaftszusicherung vorliegt, ist für jeden Einzelfall durch Auslegung zu ermitteln[3]. Es ist nicht erforderlich, daß die Eigenschaftszusicherung ausdrücklich erklärt wird. Vielmehr kann sie sich aus den Umständen des Einzelfalles ergeben[4]. Allerdings enthält nicht jede Warenbeschreibung automatisch eine Zusicherung der damit anklingenden verkehrsüblicherweise erwarteten Eigenschaften[5]. Weiterhin sind bloße Beschreibungen und Konkretisierungen des Vertragsgegenstandes von Eigenschaftszusicherungen abzusetzen. Die Angabe von DIN-Normen wird z. B. als bloße Beschreibung des Vertragsgegenstandes bewertet[6]. Eine Eigenschaftszusicherung dagegen

---

19 *BGH,* 18. 6. 68, NJW 1968 S. 1929, 1931; *BGH,* 26. 11. 68, BGHZ 51 S. 91, 96 (Hühnerpest).

1 *BGH,* 22. 5. 68, BGHZ 50 S. 200 ff. = NJW 1968 S. 1622 ff.

2 *BGH,* 5. 7. 72, BB 1972 S. 1069, 1070 (m. Anm. *Graf von Westphalen*) = NJW 1972 S. 1706 (Fensterlack).

3 *BGH,* 22. 5. 68, BGHZ 50 S. 200, 204.

4 *BGH,* 25. 9. 68, NJW 1968 S. 2238, 2239 (Treibstoff).

5 Vgl. *BGH,* 25. 9. 68, a. a. O.

6 *BGH,* 25. 9. 68, a. a. O.

wird z. B. angenommen, wenn eine gebrauchte Maschine als „einsatzbereit“[7] bzw. ein gebrauchtes Kraftfahrzeug als „fabrikneu“[8] verkauft wird oder wenn Erklärungen über die Leistungen von Maschinen bzw. über die Druckfestigkeit von Ziegelsteinen oder die Eignung der Sache für einen bestimmten Verwendungszweck abgegeben werden. Eine Eigenschaftszusicherung liegt also vor, wenn der Käufer „Ziegelsteine mit einer Druckfestigkeit von 350 kg je cm/q bestellt“[9] oder wenn der Käufer erklärt, daß der verkaufte Klebstoff für die Verklebung von Deckenplatten geeignet sei[10]. Nicht ausreichend für das Vorliegen einer Eigenschaftszusicherung ist es dagegen, wenn der Käufer nach dem Vorhandensein der Eigenschaften gefragt hat, weil daraus allein noch nicht mit der erforderlichen Klarheit zum Ausdruck kommt, daß er die Antwort als rechtlich verbindlich ansieht und weil nicht jede bei den Vertragsverhandlungen abgegebene Erklärung automatisch zum Vertragsinhalt wird. Vielmehr sind Eigenschaftszusicherungen von (rechtlich unverbindlichen) Anpreisungen zu unterscheiden und gilt nicht jede bei Gelegenheit der Vertragsverhandlungen abgegebene Erklärung als Zusicherung: es ist Sache des Käufers klarzustellen, ob und inwieweit die Erklärungen des Verkäufers nicht nur als seller's talks, sondern als rechtlich verbindliche Eigenschaftszusicherungen gelten. Bittet der Käufer z. B. ausdrücklich um fachkundigen Rat, bringt er damit klar zum Ausdruck, daß für ihn die Erklärungen des Verkäufers nicht nur unverbindliche Anpreisungen, sondern verbindliche Eigenschaftszusicherungen darstellen[11].

91 Liegt eine Eigenschaftszusicherung vor, erstreckt sich die Haftung dann und nur dann auf Mangelfolgeschäden, wenn die Zusicherung den Zweck verfolgt, den Käufer gegen die betreffenden Schäden abzusichern[12]. Dies ist im jeweiligen Einzelfall zu prüfen. Eine Zusicherung der Fabrikneuheit des verkauften Kraftfahrzeuges z. B. bezweckt im wesentlichen, dem Käufer den „ungestörten Genuß der Kaufsache“ zu verschaffen. Sie bezweckt dagegen keine

---

7 *BGH,* 2. 10. 68, BB 1968 S. 1263.

8 *OLG Karlsruhe,* 16. 6. 71, BB 1971 S. 1336, 1337.

9 *BGH,* 20. 12. 65, VersR 1966 S. 241, 242 (Ziegelsteine).

10 *BGH,* 22. 5. 68, BGHZ 50 S. 200 (Kleber).

11 *BGH,* 5. 7. 72, BB 1972 S. 1069, 1070 (Fensterlack).

12 *BGH,* 22. 5. 68, BGHZ 50 S. 200, 204 (Kleber).

Absicherung gegen Folgeschäden. Demzufolge erstreckt sich auch die Haftung aus § 463 BGB nicht auf Mangelfolgeschäden[13]. Handelt es sich dagegen um einen Klebstoff für die Befestigung von Deckenplatten, dann stellt sich im allgemeinen erst nach der Verwendung heraus, ob der Klebstoff die dafür erforderlichen Eigenschaften aufweist. Sichert der Verkäufer dem Käufer die Eignung des Klebstoffes zu dem betreffenden Verwendungszweck zu, dann verfolgt die Zusicherung den Zweck, den Käufer gegen die Schäden abzusichern, die aus einem Fehlen der Eigenschaft entstehen könnten. Demzufolge hat der Verkäufer hier dem Käufer die Schäden zu ersetzen, die durch eine Mangelhaftigkeit des Klebstoffes entstehen[14] (z.B. Personen- oder Sachschäden durch herabfallende Deckenplatten, Nachbesserungskosten).

92 Weiterhin umfaßt die Haftung aus § 463 BGB keineswegs sämtliche Mangelfolgeschäden. Da Grundlage dieser Haftung die Absicherungsfunktion ist, die der Verkäufer mit der Abgabe der Eigenschaftszusicherung übernommen hat, obliegt es dem Käufer den Umfang der benötigten Absicherung anzugeben: die Haftung für Eigenschaftszusicherungen ist also sachlich auf die Schäden begrenzt, mit denen der Verkäufer aufgrund der Vertragsverhandlungen rechnen mußte. Demzufolge haftet der Verkäufer nicht im Rahmen des § 463 BGB für einen im Einzelfall eingetretenen ungewöhnlichen Schaden (z.B. wenn der Käufer mit der gekauften Sache einen Prototyp baute, der ihm als Muster für ein eventuelles Großgeschäft mit einem Dritten dient und wenn ihm dieses Folgegeschäft wegen der tatsächlich fehlenden Eigenschaft entging).

93 Es richtet sich also nach dem Inhalt der Vertragsverhandlungen

- ob eine die Haftung für Begleitschäden umfassende Eigenschaftszusicherung vorliegt und
- welche Begleitschäden in welchem Umfang durch diese Garantieübernahme gedeckt werden.

94 Voraussetzung für eine Erstreckung der Zusicherung auf eine Haftung auch für Begleitschäden ist stets, daß die Zusicherung nach dem Inhalt der Ver-

---

13 *OLG Karlsruhe*, 16.6.71, BB 1971 S. 1336, 1337.

14 *BGH*, 22.5.68, BGHZ 50, S. 200, 204 f. (Kleber).

tragserklärungen bzw. bei rechtlicher Wertung der gesamten Umstände des Vertragsabschlusses mit Rücksicht auf die betreffenden Begleitschäden abgegeben wurde. Ist dies der Fall, umfaßt die Eigenschaftszusicherung eine Haftung für diejenigen (aber auch nur für diejenigen) Begleitschäden, mit denen der Verkäufer im Zeitpunkt des Vertragsabschlusses nach dem Inhalt der Vertragsverhandlungen rechnen mußte. Nur in diesem Umfang hat der Verkäufer eine Verantwortung für den Schutz der Interessen des Käufers übernommen.

95 Die Haftung des Verkäufers für Eigenschaftszusicherungen ist eine (verschuldensunabhängige) Garantiehaftung. Konsequenz daraus ist, daß sowohl der Hersteller-Verkäufer als auch der Händler-Verkäufer im Rahmen einer Haftung für Eigenschaftszusicherung grundsätzlich auch für Ausreißer und Entwicklungsgefahren[15] haften. Da allerdings die verschuldensunabhängige Garantiehaftung für Eigenschaftszusicherungen ihre Grundlage in den Erklärungen der Vertragsparteien findet, kann der Verkäufer z. B. das Ausreißer-Risiko rechtswirksam ausschließen, indem er zusichert, daß die Serie die betreffenden Eigenschaften aufweise und daß bei einem mangelhaften Einzelstück eine Ersatzlieferung erfolge. Weiterhin kann er Entwicklungsgefahren ausschließen, indem er zusichert, daß sein Produkt nach dem derzeitigen Stand der Technik, Wissenschaften, usw. für den beabsichtigten Verwendungszweck geeignet sei. Wird erst nach Auslieferung des Produkts entdeckt, daß unter bestimmten Umständen die zugesicherten Eigenschaften nicht vorliegen, würde also bei dieser Sachlage eine Schadensersatzhaftung gemäß § 463 BGB nicht bestehen.

96 Der Grundgedanke der (verschuldensunabhängigen) Garantiehaftung des Verkäufers aus Eigenschaftszusicherung ist also, daß er durch die Eigenschaftszusicherung im Käufer ein berechtigtes Vertrauen erweckt und daß er demzufolge innerhalb des durch die Eigenschaftszusicherung abgesteckten Rahmens dafür einstehen muß, wenn dieses Vertrauen nicht gerechtfertigt war.

97 Während die deutsche Rechtsprechung den Ausschluß der Schadensersatzhaftung durch AGB zuläßt, kann die Schadensersatzhaftung des Verkäufers aus Eigenschaftszusicherung nur in den Fällen rechtswirksam mittels AGB

---

15 *BGH*, 5. 7. 72, BB 1972 S. 1069 ff. (Fensterlack).

ausgeschlossen werden, in denen die Eigenschaftszusicherung dem Käufer lediglich den ungestörten Genuß der Kaufsache sichern sollte (wie es z. B. bei der Zusicherung der Fabrikneuheit eines Kraftfahrzeugs der Fall ist). In den Fällen dagegen, in denen sich die Haftung aus der Eigenschaftszusicherung auf Mangelfolgeschäden erstreckt, kann diese Schadensersatzhaftung nicht mittels AGB ausgeschlossen werden[16]. Die dafür maßgebliche Überlegung ist, daß der Verkäufer nicht das, was er in den individuellen Vereinbarungen zugesagt hat (nämlich Ersatz des bei Fehlen der zugesicherten Eigenschaften entstehenden Schadens) durch eine nur formularmäßige Klausel wieder rückgängig machen darf[17]. Vielmehr muß er gegenüber dem Käufer, der entsprechend den Vertragsverhandlungen ersichtlich mit der Eigenschaftszusicherung jene Haftungsübernahme verbindet, klarstellen, daß er eine Schadensersatzhaftung für das Vorhandensein der Eigenschaften nicht übernehmen will (wodurch im praktischen Endergebnis im Fall eines doch erfolgenden Vertragsabschlusses eine rechtlich relevante Eigenschaftszusicherung nicht vorliegt). Nimmt dagegen der Verkäufer diese Klarstellung gegenüber den Vertragsverhandlungen nicht vor, kann er sich hinsichtlich seiner Schadensersatzhaftung aus der Eigenschaftszusicherung nicht auf seine AGB berufen.

3. Die deliktsrechtliche Haftung

98 Das deutsche Deliktsrecht erkennt eine allgemeine Sorgfalts- bzw. Gefahrabwendungspflicht gegenüber Dritten an. Demzufolge müssen die in die Warenherstellung bzw. in den Warenvertrieb eingeschalteten Unternehmen dafür Sorge tragen, daß nicht in ihrem Risiko- bzw. Verantwortungsbereich Ursachen für eine Schädigung deliktsrechtlich geschützter Rechtsgüter Dritter gesetzt werden[1].

---

16 *BGH*, 22. 5. 68, BGHZ 50 S. 200, 207 f. = NJW 1968 S. 1622; 1624 f.; *BGH*, 6. 10. 71, BB 1972 S. 1160 m. Anm. *Schmidt-Salzer*.

17 Vgl. *Schmidt-Salzer*, BB 1972 S. 1160 f.

1 Vgl. im einzelnen *Schmidt-Salzer*, Produkthaftung, Rz. 136 f.

99 Prozessual muß der Produktgeschädigte zunächst einmal den Fehler- und den Kausalitätsnachweis führen. Dies kann auch unter Zuhilfenahme des Anscheinsbeweises erfolgen[2]. Sind diese beiden Nachweise erbracht, muß der Produktgeschädigte nach dem derzeitigen Stand der Rechtsprechung im Prozeß gegen einen Vertriebshändler auch dessen Verschulden nachweisen. Handelt es sich dagegen um einen industriellen Hersteller, greift aufgrund des Hühnerpest-Urteils des *Bundesgerichtshofs* vom 26. 11. 1968[3] eine Beweislastumkehr ein: das Verschulden des industriellen Herstellers wird vermutet; es ist seine Aufgabe, sich durch den Nachweis zu entlasten, daß ihn an dem konkreten Schadensfall kein Verschulden trifft. Im Rahmen dieses Entlastungsbeweises muß der Hersteller sich einerseits hinsichtlich der sachlichen Organisation des Unternehmens entlasten (Benutzung der erforderlichen Produktionsanlagen, Arbeitsverfahren, Kontrollen, Methoden, usw.). Andererseits muß er sich auch hinsichtlich der personellen Organisation entlasten und nachweisen, daß seine Mitarbeiter ordnungsgemäß ausgewählt, angeleitet und kontrolliert wurden[4]. Soweit Tätigkeiten an selbständige Auftragsunternehmen delegiert wurden oder aber fremdproduzierte Einzelteile benutzt werden, muß der Nachweis erbracht werden, daß die Lieferantenauswahl[5] ordnungsgemäß erfolgte.

4. Arbeitsteilung und Haftungsrecht

100 Hinsichtlich des Problemkreises einer haftungsrechtlichen Erfassung tatsächlicher Arbeitsteilungen ist zwischen der innerbetrieblichen Arbeitsteilung einerseits, der zwischenbetrieblichen Arbeitsteilung andererseits zu unterscheiden.

101 Im Fall der innerbetrieblichen Arbeitsteilung handelt es sich um den Einsatz von Mitarbeitern des Unternehmens bzw. von Verrichtungsgehilfen zur Durchführung bestimmter Tätigkeiten.

---

2 *BGH,* 1. 4. 1953, VersR 1953 S. 242 (Speiseöl); *BGH,* 28. 9. 70, BB 1970 S. 1414 f. = VersR 1971 S. 81 ff. (Bremsen).

3 *BGH,* 26. 11. 68, BGHZ 51 S. 91 ff. = NJW 1969 S. 269 ff. (Hühnerpest).

4 Vgl. dazu unten, Rz. 118 ff.

5 Vgl. dazu unten, Rz. 124 ff.

102 Hinsichtlich der zwischenbetrieblichen Arbeitsteilung ist zu unterscheiden zwischen vertikaler und horizontaler Arbeitsteilung.

Eine Arbeitsteilung im vertikalen Sinn liegt vor, wenn der Hersteller eines Produkts bei der Fabrikation ganz oder teilweise fremdproduzierte Einzelteile verwertet (sog. Assembling), die er weder konstruiert noch fabriziert hat, hinsichtlich derer er also nur weiterver- bzw. -bearbeitender oder einbauender Bezieher ist. Ein klassisches Beispiel dafür ist der Bezug von Reifen aus dem Serienprogramm eines Reifenherstellers durch einen Kraftfahrzeughersteller. Ein weiteres Beispiel: Lieferung von Schrauben an einen Bremsenhersteller, der dann die unter Verwendung der fremdproduzierten Schrauben montierten Bremsanlagen dem Kfz-Hersteller zum Einbau in dessen Fahrzeuge liefert. Die vertikale Arbeitsteilung wird demnach dadurch gekennzeichnet, daß der gesamte Prozeß der Warenherstellung auf der vorgeschalteten Stufe abgeschlossen ist: der nachgeschaltete Hersteller benutzt das an sich selbständige Vorprodukt (Reifen, Schraube, Bremsanlage), indem er es als Bestandteil seines eigenen, relativ komplexeren Produktes verwertet.

104 Im Fall der horizontalen Arbeitsteilung dagegen erfolgt eine Arbeitsteilung auf der betreffenden Produktionsstufe, indem an der Konstruktion und Fabrikation des Produkts mehrere Unternehmen beteiligt sind. Hier kommt eine Fülle von Fallgestaltungen in Betracht.

Ein klassischer Fall ist, daß ein Unternehmen die Konstruktionsunterlagen anfertigt: anstatt aber das Produkt selbst in eigenen Betriebswerkstätten herstellen zu lassen, überträgt es die Fertigung einem sog. Auftragsunternehmen. Eine Variante dieser Fallgestaltung ist es, wenn z. B. in die Versuchsphase selbständige Testunternehmen eingeschaltet werden. Hier liegt dann bereits innerhalb der Konstruktion eine Arbeitsteilung vor. Darüber hinaus erfolgt dann auch noch hinsichtlich der Fabrikation eine Arbeitsteilung.

Im umgekehrten Fall läßt sich ein typisches Herstellungsunternehmen ohne eigene Entwicklungsabteilung von einem Auftragsunternehmen bzw. Entwurfsbüro Konstruktionsunterlagen anfertigen, während es die Fabrikation selbst übernimmt. Im extremen Beispiel, das noch vielfältig differenziert werden kann, läßt sich ein Unternehmen von einem Entwurfsbüro die Konstruktionsunterlagen erstellen und beauftragt es ein Testinstitut mit der

Vornahme der Typenprüfungen, während es die Fabrikation einem dritten Auftragsunternehmen überträgt und dann das mittels Einschaltung dieser Unternehmen erhaltene Produkt unter eigener Marke in den Verkehr bringt.

105 Der Unterschied zwischen der vertikalen und der horizontalen Arbeitsteilung besteht also darin, daß bei der vertikalen Arbeitsteilung das Produkt mehrere Bearbeitungsstufen durchläuft. Vereinfacht dargestellt wird das Rohmaterial vom Erstunternehmer zum Erstfabrikat verarbeitet, vom Zweitunternehmer zum Zwischenprodukt und vom Drittunternehmer zum Endprodukt. Die auf den einzelnen Stufen tätig werdenden Unternehmer sind sowohl hinsichtlich der Konstruktion als auch hinsichtlich der Fabrikation jeweils selbständig und hinsichtlich der Art und Weise ihrer Tätigkeitsgestaltung nicht an die Anweisungen der vorangehenden oder nachfolgenden Unternehmer gebunden. Die horizontale Arbeitsteilung dagegen ist auf eine dieser Stufen begrenzt. Sie besagt, daß auf der betreffenden Stufe der tatsächliche Gesamtbereich der Warenherstellung nicht auf ein einzelnes Unternehmen konzentriert ist, das ein Vorfabrikat zu einem neuen Produkt ver- bzw. bearbeitet. Vielmehr wird hier auf einer bestimmten Bearbeitungsstufe der Gesamtkomplex der Herstellungstätigkeiten aufgeteilt, indem mindestens zwei Unternehmen bestimmte Funktionen übernehmen.

Im Bereich der tatsächlichen Arbeitsteilungen hat das deutsche Recht folgende Grundlinien herausgearbeitet:

a) Vertragsrecht

106 *aa) Innerbetriebliche Arbeitsteilung*

Für den Bereich der innerbetrieblichen Arbeitsteilung mittels Einsatzes von Erfüllungsgehilfen durch den Unternehmer ist in § 278 BGB ausdrücklich festgelegt, daß im vertragsrechtlichen Bereich der Schuldner ein Verschulden seiner Erfüllungsgehilfen im gleichen Umfang zu vertreten hat wie eigenes Verschulden. Demzufolge ist hier ein Entlastungsnachweis ausgeschlossen.

107 Vertraglich kann die Haftung für die Erfüllungsgehilfen ausgeschlossen werden. Im Gegensatz zur Haftung für eigenes Verschulden kann sich dabei der Schuldner auch von der Vorsatz-Haftung seiner Erfüllungsgehilfen freizeichnen (§ 278 Satz 2 BGB). Wenn und soweit es sich allerdings um „leitende Angestellte“ handelt, ist eine lediglich formularmäßig bzw. in Allgemeinen

Geschäftsbedingungen festgelegte Haftungsfreizeichnung insoweit unwirksam wie sie auch den Vorsatz und die grobe Fahrlässigkeit des leitenden Angestellten umfaßt[1]. Mittels formularmäßiger Klauseln kann also neben der auch hier zulässigen totalen Freizeichnung vom Verschulden sonstiger Mitarbeiter hinsichtlich der leitenden Angestellten eine Freizeichnung rechtswirksam nur hinsichtlich eines leichtfahrlässigen Verhaltens erfolgen. „Leitende Angestellte“ sind dabei diejenigen Mitarbeiter, deren Handeln kraft einer allgemeinen Ermächtigung rechtlich und tatsächlich dem des Unternehmers gleichwertig ist, d.h. Angestellte, die aufgrund der Betriebsorganisation im Innenverhältnis eine Anordnungs-, im Außenverhältnis eine Vertretungsbefugnis haben und die das Gesamtunternehmen oder Teile nach eigenem Ermessen zu lenken berufen sind[2].

ab) Zwischenbetriebliche Arbeitsteilung

108 Während im Bereich der innerbetrieblichen Arbeitsteilung die Frage der Anwendbarkeit des § 278 BGB keine Schwierigkeiten bereitet, kann sie in den Fällen zwischenbetrieblicher Arbeitsteilungen äußerst problematisch werden, weil hier fraglich werden kann, ob das eingeschaltete andere Unternehmen „Erfüllungsgehilfe“ im Sinne des § 278 BGB ist.

109 Ein auf den ersten Blick entscheidender Unterschied zum innerbetrieblichen Erfüllungsgehilfen scheint zu sein, daß in den Fällen einer zwischenbetrieblichen Arbeitsteilung das andere Unternehmen nicht weisungsgebunden ist und eigenverantwortlich tätig wird: Auf den ersten Blick scheint sich hier die Überlegung anzubieten, daß dem Schuldner das Handeln eines rechtlich selbständigen, eigenverantwortlichen und nicht weisungsgebundenen anderen Unternehmens nicht als eigener Verantwortungsbereich zugerechnet werden könne und daß deshalb in den Fällen einer zwischenbetrieblichen Arbeitsteilung § 278 BGB nicht anwendbar sei.

110 Die deutsche Rechtsprechung versteht aber § 278 BGB nicht in diesem Sinn. Es ist anerkannt, daß im Rahmen des § 278 BGB auch ein selbständiges Unternehmen Erfüllungsgehilfe des Schuldners sein kann[3]. Entscheidend sei

---

1 *BGH*, 29.10.62, BGHZ 38 S. 183, 185 f.; *BGH*, 9.7.70, NJW 70 S. 2021, 2023.

2 Vgl. *Schmidt-Salzer*, Allgemeine Geschäftsbedingungen, 1971, Rz. 187.

3 *RG*, 21.12.20, RGZ 101 S. 152, 153.

nicht, welche rechtlichen Beziehungen zwischen dem Schuldner und seinen Erfüllungsgehilfen bestehen[4]. Maßgebend sei vielmehr, ob der Dritte nach den rein tatsächlichen Vorgängen mit Willen des Schuldners bei der Erfüllung der dem Schuldner obliegenden Verbindlichkeiten als Hilfsperson tätig war[5]. Deshalb könne auch derjenige Erfüllungsgehilfe eines Dritten sein, der seine Tätigkeit entfaltet, um eigene Vertragspflichten gegenüber dem Dritten zu erfüllen[6]. Für die Frage, ob ein eingeschaltetes rechtlich selbständiges Unternehmen Erfüllungsgehilfe war, komme es entscheidend darauf an, ob die von dem eingeschalteten Unternehmen erbrachten Leistungen im vertraglichen Verantwortungsbereich des anderen lagen[7].

111 Entschieden wurde dies vor allem für den Bereich des Versendungskaufes: Hier sind die Verkäuferpflichten darauf beschränkt, die Ware auf den Weg zu bringen; deshalb geht die deutsche Rechtsprechung davon aus, daß der Spediteur nicht Erfüllungsgehilfe des Verkäufers ist[8]. Die Verpackung der Ware dagegen liege noch im Verantwortungsbereich des Verkäufers: Gibt der Verkäufer dem Spediteur Weisungen, die die Verpackung betreffen, dann handelt der Spediteur insoweit im Verantwortungsbereich des Verkäufers und demzufolge als Erfüllungsgehilfe im Sinn des § 278 BGB[9]. Handelt es sich z. B. um den Verkauf eines bereits rollenden Gutes, das der Verkäufer umdisponieren muß, dann liegt die Umdisponierung an den vom Käufer angegebenen Versendeort noch im Verantwortungsbereich des Verkäufers. Hinsichtlich der Ausführung der Umdisposition handelt also bei dieser Fallgestaltung der Spediteur im Verantwortungsbereich des Verkäufers und damit als dessen Erfüllungsgehilfe[10]. Das gleiche gilt für einen Werkunternehmer, der ab seinem Fabrikgelände liefert[11]. Hat dagegen der Werkunternehmer auch die Übersendung des Werkes zum Fabrikgelände des Bestellers

---

4 *BGH,* 21. 4. 54, BGHZ 13 S. 111, 113; *BGH,* 27. 3. 68, BGHZ 50 S. 32, 35.

5 *BGH,* 21. 4. 54, a. a. O., *BGH,* 27. 3. 68, a. a. O.

6 *BGH,* 21. 4. 54, BGHZ 13 S. 111, 114.

7 *BGH,* 27. 3. 68, BGHZ 50 S. 32, 36.

8 *RG,* 21. 10. 26, RGZ 115 S. 162, 164.

9 *RG,* 21. 10. 26, a. a. O.

10 *BGH,* 27. 3. 69, a. a. O.

11 Vgl. *RG,* 21. 12. 20, RGZ 101 S. 152, 153.

übernommen, dann handelt der von ihm eingeschaltete Spediteur dabei im Verantwortungsbereich des Werkunternehmers und ist er dessen Erfüllungsgehilfe[12].

112 Wendet man diese Entscheidungskriterien auf den Bereich des Produkthaftungsrechts an, so ist in den Fällen der zwischenbetrieblichen Arbeitsteilung stets eingehend zu prüfen, ob das eingeschaltete Unternehmen noch innerhalb oder bereits außerhalb des Verantwortungsbereichs des anderen Unternehmens handelte.

113 Ein Vertriebsunternehmen hat gerade nicht die Produktherstellung übernommen. Infolgedessen liegen die die Fertigung betreffenden Vorgänge außerhalb seines Verantwortungsbereichs und sind die in die Herstellung eingeschalteten Unternehmen nicht Erfüllungsgehilfen des Vertriebshändlers[13]. Ist also ein Installationsunternehmen mit der Lieferung und dem Einbau von Heizkörpern beauftragt, so ist es vertraglich nicht verpflichtet, diese Heizkörper selbst herzustellen. Vielmehr kann es sie auch von Dritthorstellern beziehen und ist es lediglich zur ordnungsgemäßen Auswahl der Hersteller sowie der Produkte verpflichtet[14]. Ist bei der Herstellung der im konkreten Fall von Dritthorstellern bezogenen Heizkörper ein Fabrikations- bzw. Qualitätskontrollfehler eingetreten, so liegt dies im gegebenen Beispiel nicht mehr im Verantwortungsbereich der Installations-Firma und ist infolgedessen die Lieferfirma nicht Erfüllungsgehilfe der Installationsfirma[15].

114 Handelt es sich um einen Vertrag über die Lieferung von Stoffen mit einer bestimmten „Ausrüstung", so schuldet der Verkäufer nach § 433 BGB nur die Übergabe und die Übereignung der Sache. Er schuldet dagegen nicht die Herstellung des Werkes und damit nicht die Ausrüstung. Er kann zwar die Sache herstellen oder anderweit herstellen lassen. Er kann sie aber auch

12 *RG,* 21. 12. 20, a. a. O.

13 *BGH,* 15. 3. 56, VersR 1956 S. 259 (Motorroller); *BGH,* 22. 2. 62, VersR 1962 S. 480, 481 (Heizkörper); *BGH,* 21. 6. 67, NJW 1967 S. 1903 (Trevira).

14 Vgl. zur Parallelproblematik der Auswahlhaftung des Versendung-Verkäufers hinsichtlich des eingeschalteten Spediteurs *RG,* 4. 5. 20, RGZ 99 S. 56, 58; *RG,* 21. 12. 20, RGZ 101 S. 152, 153.

15 *BGH,* 22. 2. 62, VersR 1962 S. 480 f. (Heizkörper).

seinem Vorrat schon hergestellter Sachen entnehmen. Im gegebenen Beispiel ist er also nicht verpflichtet, die Ausrüstung des Stoffes selbst vorzunehmen. Überträgt er die Ausrüstung der bereits bei ihm lagernden Stoffe einem dritten Unternehmen, bedient er sich folglich dieses Unternehmens nicht als seiner Hilfsperson. Infolgedessen muß der Verkäufer für etwaige Bearbeitungsfehler des Drittunternehmens nicht gemäß § 278 BGB einstehen[16], sondern kommt allenfalls ein Auswahlverschulden in Betracht.

115 Im kaufvertraglichen Bereich kommt es also im Ergebnis nicht darauf an, ob es sich um einen Hersteller- oder um einen Händler-Verkäufer handelt. Im Rahmen des § 278 BGB muß diese Unterscheidung unerheblich sein. Nach deutschem Recht besteht der entscheidende Unterschied zwischen Kaufrecht und Werkvertragsrecht gerade darin, daß der Verkäufer nicht zur Herstellung der Sache verpflichtet ist. Vertragsrechtlich stellt es sich folglich nur als einen Akt der Verkäufer-Organisation dar, ob der Verkäufer die Sache von einem Drittunternehmen bezieht oder selbst herstellen läßt[17].

Konsequenterweise muß der wichtige Bereich der industriellen Serienfertigung vertragsrechtlich in dem Sinn erfaßt werden, daß der Hersteller des Endprodukts nicht gemäß § 278 BGB für etwaige Konstruktions- oder Fabrikationsfehler der von ihm eingeschalteten Zulieferer bzw. Auftragsfertiger einzustehen hat. Analog der Rechtsprechung zur Auswahlhaftung des Versendungskäufers[18], obliegt hier dem Hersteller des Endprodukts vertragsrechtlich hinsichtlich der eingeschalteten Lieferanten nur eine Lieferanten-Auswahlhaftung. Entscheidungen darüber liegen für den Produkthaftungsbereich noch nicht vor. Die Grundsatzproblematik der vertragsrechtlichen Haftungsbeschränkungen bei Arbeitsteilungen ist aber einerseits im bereits dargelegten Bereich der Einschaltung von Spediteuren durch den Versendungsverkäufer, andererseits im Baurecht hinsichtlich der Verantwortlichkeiten Architekt/Statiker/Bauunternehmer[19] herausgearbeitet. Der gemeinsame Grundgedanke der einschlägigen Entscheidungen ist, daß jeder zunächst einmal für alle unmittelbar in seinem Bereich gesetzten Schadensursachen

---

16 *BGH,* 21. 6. 67, NJW 1967 S. 1903, 1904 (Trevira).

17 Vgl. *BGH,* 21. 6. 67, a. a. O.

18 Vgl. oben.

19 Vgl. dazu *BGH,* 4. 3. 71, BauR 71 S. 265 ff.; *OLG Stuttgart,* 16. 11. 72, BauR 73 S. 124 f.; *OLG Düsseldorf,* 8. 1. 73, BauR 73 S. 252 f.

haftet: darüber hinaus haftet er aber auch für die im Bereich Dritter gesetzten Schadensursachen, die er erkannt hat bzw. hätte erkennen können[20]. Im einzelnen kann deshalb auf die Ausführungen zur deliktsrechtlichen Lieferantenauswahlhaftung verwiesen werden[21].

115a Handelt es sich dagegen um einen Vertrag über die Lieferung einer noch herzustellenden Sache (sog. Werklieferungsvertrag), ist nach deutschem Recht zu unterscheiden.

116 Handelt es sich um vertretbare Sachen[22] (z. B. Vertrag über die Lieferung von Stoffen, die noch „auszurüsten" sind) gelten die Vorschriften des Kaufrechts entsprechend (§ 651 Abs. 1 Satz 2 BGB 1. Halbsatz). Damit gelten aber auch die obigen Ausführungen zur Nichtanwendbarkeit des § 278 BGB auf das Verschulden eingeschalteter Unternehmen[23]. Auch im Rahmen eines Werklieferungsvertrages über vertretbare Sachen wird also die Frage, ob der Werkunternehmer eine Eigenherstellung vornimmt oder aber Drittunternehmen einschaltet, lediglich als Organisationsakt gesehen[24]. Deshalb beschränkt sich gegebenenfalls auch die Haftung des Lieferanten auf die ordnungsgemäße Ausführung dieses Organisationsaktes. Im Fall einer Einschaltung von Drittunternehmen werden diese nicht als seine Erfüllungsgehilfen angesehen, sondern obliegt dem delegierenden Unternehmen nur eine Subunternehmer-Auswahlhaftung.

117 Handelt es sich dagegen um einen Werklieferungsvertrag über unvertretbare Sachen (z. B. Lieferung einer auf die speziellen Bedürfnisse des Bestellers zugeschnittenen Klimaanlage[25]) muß der Unternehmer für die Herstellung eintreten (§ 651 Abs. 1 Satz 2 BGB 2. Halbsatz). Übernimmt er die Herstel-

---

20 Vgl. insb. *BGH*, 4. 3. 71, a. a. O.

21 Rz. 127 ff.

22 Vgl. dazu *BGH*, 30. 6. 71, NJW 71 S. 1793, 1794; *BGH*, 22. 11. 73, BauR 74 S. 57 f.

23 So ausdrücklich *BGH*, 21. 6. 67, a. a. O. und *BGH*, 8. 5. 68, BB 68 S. 689 f.

24 Vgl. *BGH*, 21. 6. 67, a. a. O.

25 *BGH*, 22. 11. 73, a. a. O.

lung nicht selbst, sondern läßt er sie durch Auftragsunternehmen ausführen, handeln diese in seinem Verantwortungsbereich und sind sie infolgedessen seine Erfüllungsgehilfen[26].

b) Deliktsrecht

ba) Innerbetriebliche Arbeitsteilung

118 Im deliktsrechtlichen Bereich gilt dagegen die durch § 278 BGB für den vertragsrechtlichen Bereich festgelegte unmittelbare Zurechnung des Fremdhandelns nicht. Im Gegensatz z. B. zum anglo-amerikanischen[1] und zum französischen[2] Recht muß der Schuldner gemäß § 831 BGB für ein Verschulden seiner „Verrichtungsgehilfen" nicht wie für eigenes Handeln einstehen. Vielmehr liegt der Systematik des deutschen Deliktsrechts zugrunde, daß grundsätzlich derjenige verantwortlich ist, der tatsächlich gehandelt hat (§ 823 BGB). War er nur Verrichtungsgehilfe eines Dritten, tritt neben diese unmittelbare Handlungshaftung eine sog. Auswahl-Haftung des Dritten. Gemäß § 831 BGB wird im Rahmen dieser Auswahl-Haftung das Auswahlverschulden des Dritten vermutet und ist ihm der Entlastungsnachweis eingeräumt. Der Schuldvorwurf gegenüber dem Dritten besteht also darin, daß er einen nicht geeigneten bzw. nicht ausreichend zuverlässigen Verrichtungsgehilfen eingesetzt hat und daß ihn insoweit eine Mitverantwortung für den eingetretenen Schaden trifft. Gegenstand des Entlastungsnachweises ist folglich die Frage, ob der Dritte den Verrichtungsgehilfen ausreichend ausgewählt hat.

119 Bei formal am Wortlaut haftender Betrachtung würde dies bedeuten, daß der Dritte für die spätere Überwachung des Verrichtungsgehilfen nicht haftet. In ständiger Rechtsprechung gehen aber die deutschen Gerichte davon aus, daß der Verrichtungsgehilfe noch zur Zeit der Verrichtung, bei deren Ausführung ein Dritter zu Schaden gekommen ist, die Befähigung zur ordnungs-

---

26 *BGH*, 13. 12. 73, BauR 74 S. 134; *KG*, 6. 1. 70, BauR 70 S. 242. Siehe auch *BGH*, 22. 10. 69, NJW 70 S. 383, 385, Ziff. 2b (Beratung des Maschinenbauunternehmens durch Fachfirma über die Eigenschaften des zu verarbeitenden Produkts).

1 Vgl. unten, Rz. 180.

2 Art. 1384 Abs. 5 Code civil.

gemäßen Ausführung der Verrichtung besitzen müsse[3]. Dementsprechend müsse der Geschäftsherr nachweisen, daß er die ihm obliegende Sorgfalt in der Auswahl des Angestellten zur Zeit der Verrichtung ausgeübt hat[4]. Fallen daher die Einstellung des Verrichtungsgehilfen und die schadenbringende Verrichtung zeitlich auseinander, so müsse neben dem Beweis der sorgfältigen Auswahl weiterhin der Beweis einer fortdauernden wachsamen Aufsicht während der Dienstzeit erbracht werden: nur ein wohlbeaufsichtigtes Personal könne als wohlausgewählt betrachtet werden[5]. Entgegen dem Wortlaut erstreckt sich also der Anwendungsbereich des § 831 BGB nach dem Sinn und Zweck der Vorschrift sowohl auf die Auswahl als auch auf die laufende Leitung und Überwachung der Verrichtungsgehilfen.

120 In tatsächlicher Sicht ergeben sich hier allerdings Grenzen. Je größer ein Betrieb ist, umso weniger ist es möglich, daß der Geschäftsführer die Auswahl, Leitung und Überwachung persönlich durchführt. Praktisch ist eine Delegation dieser Tätigkeiten unvermeidbar. Das hat zur Folge, daß nicht der Geschäftsherr, sondern nur die von ihm zwischengeschalteten leitenden Angestellten mit der Tätigkeit des einzelnen Verrichtungsgehilfen in Berührung kommen, so daß sich die Frage stellt, in welchem Sinn der Geschäftsherr den durch § 831 BGB zugelassenen Entlastungsbeweis erbringen muß. § 831 BGB enthält nicht nur eine tatbestandliche Regelung der Voraussetzungen für den Eintritt der Haftung des Geschäftsherrn. Vielmehr stellt die Vorschrift darüber hinaus eine rechtspolitische Ordnungsentscheidung des Gesetzgebers dar, nämlich die bewußte Ablehnung des in Art. 1384 Abs. 5 des französischen Code Civil festgelegten absoluten Einstehenmüssens des Geschäftsherrn für das Verschulden seiner Verrichtungsgehilfen[6] und damit die positive Entscheidung, daß der Geschäftsherr deliktsrechtlich nur für ein Eigenverschulden fremden tatbestandsmäßigen und rechtswidrigen Handelns, nicht aber für Fremdverschulden haften soll. Diese gesetzgeberische Ordnungsentscheidung hat zur Folge, daß einerseits an die von dem Geschäftsherrn zu erfüllende Sorgfalt keine Anforderungen gestellt werden dürfen, die praktisch nicht erfüllbar sind (weil andernfalls faktisch das gerade

3 *RG*, 20.11.1902, RGZ 53 S. 53, 56.

4 *RG*, 14.12.11, RGZ 78 S. 107, 108 f.; *RG*, 25.2.15, RGZ 87 S. 1, 4.

5 *RG*, 25.2.15, a. a. O.; *RG*, 6.1.39, RGZ 159 S. 283, 291.

6 Vgl. *Seiler*, JZ 67 S. 525, 528.

abgelehnte absolute Einstehenmüssen einträte). Andererseits kann ein (Eigen-)Verschulden des Geschäftsherrn nur in dem Bereich angenommen werden, in dem er persönlich gehandelt hat, d.h. im Bereich der Auswahl, Leitung und Überwachung des zwischengeschalteten (ranghöchsten) Angestellten. Demzufolge kann jedenfalls nicht gefordert werden, daß sich der Inhaber eines Großbetriebes hinsichtlich der Auswahl, Leitung und Überwachung des schadenverursachenden Verrichtungsgehilfen gemäß § 831 BGB persönlich entlasten muß, sondern es muß genügen, daß er sich hinsichtlich der ordnungsgemäßen Auswahl, Leitung und Überwachung des (ranghöchsten) zwischengeschalteten Angestellten entlastet (sog. dezentralisierter Entlastungsbeweis)[7].

121 Aus der Erkenntnis heraus, daß der dezentralisierte Entlastungsbeweis aber doch zu relativ unbefriedigenden Folgerungen führen kann, hat die deutsche Rechtsprechung daneben noch weitere Sorgfaltspflichten des Unternehmers herausgearbeitet. Aufgrund der sog. Organisationshaftung für die allgemeine Oberaufsicht[8] haftet das Unternehmen dafür, daß die Geschäftsleitung die Arbeits- und Aufsichtsordnungen erlassen hat, die zur deliktsrechtlich ordentlichen Betriebsführung, d.h. zur Vermeidung der Verletzung deliktsrechtlich geschützter Rechtsgüter Dritter erforderlich sind. Demnach ist also ein Entlastungsvorbringen, das darauf hinausläuft, die gesamte Geschäftsführung sei einem zuverlässigen Geschäftsführer überlassen, unzulässig[9], weil sich der Betriebsinhaber nicht völlig von den deliktsrechtlichen Pflichten befreien darf, die mit der Betriebsführung verbunden sind[10].

122 Während also die Pflicht zur sorgfältigen Auswahl, Leitung und Überwachung des (ranghöchsten) zwischengeschalteten Angestellten die konkrete Betriebsorganisation betrifft, handelt es sich bei dem Organisationsverschulden um die generelle Betriebsorganisation. Ein berechtigter Grund für die Delegierung

---

7 *BGH*, 25.10.51, BGHZ 4 S. 1, 2; *BGH*, 28.10.58, VersR 59 S. 104, 105 (Seilschloß); *BGH*, 8.11.63, VersR 64 S. 297. Rechtspolitisch ist dies in der deutschen Literatur sehr umstritten; vgl. statt aller: *Helm*, AcP 166 (1966) S. 389, 395 f.; *Jakobs*, VersR 69 S. 1061, 1066.

8 *RG*, 20.1.12, Warn. 1912, Nr. 164, S. 177, 178; *RG*, 25.2.15, RGZ 87 S. 1, 4; *BGH*, 17.10.67, NJW 68 S. 247, 248, Ziff. II, 4 (Schubstrebe).

9 *BGH*, 8.11.63, VersR 64 S. 297.

10 *BGH*, 8.11.63, a.a.O.

dieser generellen Organisationspflicht besteht nicht, so daß diese Pflicht deliktsrechtlich nicht delegierbar ist[11]. Der Geschäftsherr haftet persönlich für ihre Erfüllung[12]. Er muß also den Sorgfaltsbeweis für seine eigene Tätigkeit erbringen. Systematisch liegt hier also eine Eigenhaftung für eigenes Handeln vor. Demzufolge ist sie nicht unter § 831 BGB einzuordnen, der lediglich die deliktsrechtliche Eigenhaftung für fremdes Handeln regelt, sondern unter § 823 BGB.

123 Im praktischen Ergebnis erreicht die deutsche Rechtsprechung, daß mittels dieser Kombination der in § 831 geregelten vermuteten Eigenhaftung für fremdes Verschulden und der aus § 823 BGB zu entnehmenden Eigenhaftung für eigenes Verschulden mit den Mitteln des Haftungsrechts eine Motivation im Hinblick auf eine straffe Betriebsorganisation ausgeübt wird: Grundsätzlich wird es zwar anerkannt, daß der Unternehmer eine innerbetriebliche Arbeitsteilung durchführt, indem vom Ansatz her scharf zwischen der Eigenverantwortung des Unternehmers für sein eigenes Handeln und seiner Verantwortung für das Handeln der innerbetrieblich eingeschalteten Verrichtungsgehilfen vorgenommen wird. Diese haftungsrechtliche Anerkennung der innerbetrieblichen Arbeitsteilung ist aber im praktischen Ergebnis so zugeschnitten, daß der Unternehmer im Rahmen seiner eigenen Steuerungsmöglichkeiten alles tun muß, um Personen- oder Sachschäden Dritter zu vermeiden: er muß einerseits persönlich den ranghöchsten nachgeschalteten Mitarbeiter auswählen, einweisen und laufend überwachen; andererseits kann er sich aber nicht damit begnügen, daß dieser Mitarbeiter dann seine Tätigkeit gewissermaßen eigenverantwortlich ordnungsgemäß ausübt; vielmehr muß der Unternehmer die Tätigkeit dieses Mitarbeiters und der übrigen nachgeschalteten Mitarbeiter mittels allgemeiner Arbeits- und Aufsichtsanordnungen so vorprogrammieren, daß von der Unternehmensleitung her alle erforderlichen und ausreichenden Maßnahmen zur Vermeidung von Personen- oder Sachschäden Dritter getroffen sind. Diese differenzierende Lösung beinhaltet also, daß dem Verschuldensgedanken und der damit verbundenen Begrenzung der Haftung auf den eigenen Handlungs- und Steuerungsbereich des Einzelnen in vollem Umfang Rechnung getragen wird. Andererseits begrenzt sie aber auch die Verantwortlichkeit auf diesen

---

11 *RG,* 25. 2. 15, a. a. O.; *BGH,* 8. 11. 63, a. a. O.; *BGH,* 17. 10. 67, a. a. O.

12 *BGH,* 17. 10. 67, a. a. O.

Bereich und bietet sie damit eine Motivation, daß diese Pflichten auch tatsächlich erfüllt werden, damit im Fall eines trotzdem eintretenden Schadens gegebenenfalls der Entlastungsnachweis erbracht und eine Haftung vermieden werden kann.

bb) Zwischenbetriebliche Arbeitsteilung

α) **Die Herstellerhaftung**

124 Im außervertraglichen Bereich ist in den Fällen der horizontalen bzw. vertikalen Arbeitsteilung das vorgeschaltete bzw. auf der betreffenden Produktionsstufe in die Warenherstellung eingeschaltete Drittunternehmen nicht Verrichtungsgehilfe i. S. des § 831 BGB, denn Verrichtungsgehilfe ist nur derjenige, der weisungsgebunden ist[13]. In den Fällen einer zwischenbetrieblichen Arbeitsteilung besteht aber gerade keine Weisungsgebundenheit. Deshalb kann dem Schuldner das Handeln des rechtlich selbständigen anderen Unternehmens nicht als eigener Verantwortungsbereich zugerechnet werden.

125 Vielmehr ist für die Fälle der zwischenbetrieblichen Arbeitsteilung davon auszugehen, daß im Rahmen einer Verschuldenshaftung eine Haftung nur eintreten kann, wenn der Betreffende sich nicht so verhalten hat wie er sich hätte verhalten müssen. Das, was die Rechtsordnung verlangt bzw. verlangen kann, hängt aber entscheidend von den tatsächlichen Handlungsmöglichkeiten des Betreffenden ab. War er nicht tatsächlich Hersteller, konnte er tatsächlich den Herstellungsprozeß nicht steuern und kann er folglich rechtlich einer Herstellerhaftung nicht unterliegen. Benutzt also im Fall der vertikalen Arbeitsteilung der Endhersteller bei der Geräteherstellung fremdproduzierte Einzelteile, so war er nicht Hersteller der Einzelteile und kann ihm auch eine Herstellerhaftung nicht obliegen[14]. Hinsichtlich der fremdproduzierten Einzelteile trifft ihn also weder eine Konstruktions- noch eine Fabrikationshaftung.

126 Das gleiche gilt für den Bereich der horizontalen Arbeitsteilung. Auch hier ist entscheidender Ausgangspunkt, daß einer Herstellerhaftung nur der unterliegen kann, der auch tatsächlich als Hersteller handelt. Erteilt also z. B. ein Kraftfahrzeug-Hersteller einem Auftragsunternehmen (z. B. Gießerei) auf

---

13 *Palandt-Thomas, BGB,* 32. Aufl. 1973, Anm. 3 zu I, 831.

14 *BGH,* 12. 2. 72, VersR 1972 S. 559, 560, Ziff. II, 1 (Förderkorb).

der Grundlage der von dem Kfz-Hersteller erstellten Konstruktionsunterlagen einen Fertigungsauftrag, dann ist „Hersteller“ im Sinne der Konstruktionshaftung der Kfz-Hersteller, während „Hersteller“ im Sinne der Fabrikationshaftung der Auftragsfertiger ist. Demzufolge trifft den Kfz-Hersteller keine Fabrikationshaftung, während dem Auftragsfertiger keine Konstruktionshaftung obliegt[14a].

β) **Die Lieferanten-Auswahlhaftung**

127 Neben den vorstehend dargelegten Regelungen der primären Herstellerhaftung ist aber in den Fällen der zwischenbetrieblichen Arbeitsteilung noch der Bereich der Mitverantwortung zu beachten.

128 Werden bei der Warenfertigung fremdproduzierte Einzelteile benutzt, so ist der Hersteller des Endproduktes zwar nicht tatsächlicher Hersteller der benutzten fremdproduzierten Einzelteile. Er ist aber Hersteller des Endproduktes. Demzufolge obliegt ihm hinsichtlich des Endproduktes selbst die Herstellerhaftung (sog. Assembler-Haftung)[15].

Diese Assembler-Haftung umfaßt zunächst einmal die Konstruktion und die Fabrikation des Endproduktes. Im Rahmen der Konstruktionshaftung muß sich der Assembler vergewissern, daß das Endprodukt den zu beachtenden Anforderungen genügt. Hängt eine bestimmte Eigenschaft des Endproduktes von den Eigenschaften der benutzten fremdproduzierten Einzelteile ab, muß der Assembler überprüfen, ob die zugekauften Einzelteile für eine Verwendung im Rahmen des Endproduktes geeignet sind[16]. Handelt es sich z. B. um ein Stahlteil, das der Assembler bearbeitet, muß er sicherstellen, daß die Stahlqualität ausreichend ist[17]. Da es sich hier um den Bereich der Konstruktionshaftung handelt, betreffen diese Pflichten allerdings nicht die einzelne Lieferung, sondern lediglich die Frage der generellen Eignung des zugelieferten Fremdproduktes für die Herstellung des eigenen Endprodukts. Kann z. B. ohne spezielle Tests nicht beurteilt werden, ob ein angebotenes fremdproduziertes Einzelteil konstruktionell den im Rahmen des Endpro-

---

14a *BGH*, 28. 10. 58, VersR 58 S. 104, 105 (Seilschloß).

15 *BGH*, 5. 7. 60, VersR 60 S. 855, 856 (Kondenstopf); *BGH*, 16. 2. 72, VersR 72 S. 559, 560, Ziff. II, 1 (Förderkorb).

16 *BGH*, 28. 2. 67, VersR 67 S. 498 f. (Plastikmasse-Behälter); *BGH*, 16. 2. 72, a. a. O.

17 *BGH*, 16. 2. 72, a. a. O.

duktes bestehenden Anforderungen entspricht, sind vor der Freigabe des betreffenden Einzelteils zur Verwendung bei der Serienfertigung Typenprüfungen vorzunehmen.

129 Im Rahmen der Fabrikationshaftung muß der Assembler zunächst sicherstellen, daß die Fertigung ausreichend geplant und organisiert ist, d.h. daß in seinem Unternehmen die Verarbeitung der fremdproduzierten Einzelteile zu einem neuen Endprodukt mittels ausreichender Arbeitsverfahren erfolgt[18]. Darüber hinaus muß der Assembler sicherstellen, daß auch die für die Fertigung benutzten fremdproduzierten Einzelteile fehlerfrei sind[19]. Da es sich hier um den Bereich der Fabrikationshaftung handelt, betrifft dies nicht die generelle Ordererteilung, sondern die einzelne Lieferung. Deshalb genügt es in diesem Rahmen nicht, daß der Assembler mittels Typenprüfung die generelle Eignung des fremdproduzierten Einzelteils für die Herstellung seines Produkts überprüft und dann einen Lieferauftrag erteilt hat. Vielmehr muß er darüber hinaus im Rahmen seiner Fabrikationshaftung für das Endprodukt sicherstellen, daß die einzelnen Lieferungen die Eigenschaften des der Ordererteilung zugrunde gelegten Musterstückes aufweisen.

130 Aus dieser Verpflichtung des Assemblers, im Rahmen seiner Fabrikationshaftung für das Endprodukt auch die Fehlerfreiheit der einzelnen benutzten fremdproduzierten Teile sicherzustellen, ergibt sich im Bereich der Fabrikationshaftung folgende Konstellation: Für Fehler des zugelieferten Einzelteils haftet primär der Lieferant als der tatsächliche Hersteller; daneben haftet aber auch der Assembler im Rahmen seiner Verantwortung für das Endprodukt. Bezugspunkt beider Haftungen sind also Fabrikationsfehler des zugelieferten Einzelteils. Dies bedeutet aber nicht, daß der Inhalt der Zulieferer- und der der Assembler-Haftung identisch wären. Da der Assembler gerade nicht tatsächlicher Hersteller des fremdproduzierten Einzelteils ist, kann von ihm grundsätzlich auch nicht die Vornahme von factory-type-Inspektionen verlangt werden. Die Qualitätskontrolle der Einzelteile obliegt als eine der Erscheinungsformen der Fabrikationshaftung dem Lieferanten als dem tatsächlichen Hersteller[20].

---

18 Vgl. z. B. *BGH*, 26. 11. 68, BGHZ 51 S. 91 (Hühnerpest).

19 *BGH*, 5. 7. 60, a. a. O.; *BGH*, 16. 2. 72, a. a. O.

20 *BGH*, 5. 7. 60, a. a. O.

131 Der Assembler muß lediglich im Rahmen seiner Hersteller-Haftung für das Endprodukt sicherstellen, daß es keine fehlerhaften Einzelteile enthält. Stellt er die Einzelteile selbst her, obliegt ihm auch für diese Teile die Konstruktions- und die Fabrikationshaftung. Handelt es sich aber um fremdproduzierte Einzelteile, so ist für deren Fertigung der Lieferant verantwortlich. Demzufolge kann es nicht auch zugleich Aufgabe des Assemblers sein, in vollem Umfang für die Einhaltung der im Rahmen der Fabrikationshaftung gestellten Anforderungen zu sorgen. Was aber dem Assembler tatsächlich möglich ist und infolgedessen auch von ihm rechtlich verlangt werden kann, ist, daß er sich davon überzeugt, daß aus seiner Sicht der Lieferant ständig eine ausreichende Gewähr für die Fehlerfreiheit der zugelieferten Einzelteile bietet[21]. Ist dies der Fall, hat der Assembler im Rahmen seines Verantwortungsbereichs alle Voraussetzungen dafür getroffen, daß die bezogenen fremdproduzierten Einzelteile fehlerfrei sind und bei der Herstellung des Endproduktes benutzt werden können. Unter dem Gesichtspunkt der Fabrikationshaftung des Assemblers für das Endprodukt, d.h. seiner Verantwortlichkeit für das einzelne Stück ist dann eine Wareneingangskontrolle oder eine dem Assembling vorgeschaltete Funktionskontrolle nicht mehr erforderlich[22].

132 Ist dagegen bei objektiver Bewertung aus der Sicht des Assemblers nicht die Gewähr dafür gegeben, daß der Lieferant mangelfreie Einzelteile liefert, verschärft sich die Verantwortung des Assemblers für das einzelne zugelieferte Einzelteil[23]. Ist es dem Assembler z.B. bekannt, daß im Bereich des Lieferanten die an sich erforderlichen Qualitätskontrollmaßnahmen tatsächlich nicht erfolgen, muß er bei weiterer Abnahme von Lieferungen in seinem Unternehmen die betreffenden Prüfungen vornehmen[24] oder auf sonstige Weise für die erforderliche Kontrolle sorgen.

133 Im Ergebnis ist also bei Verwendung fremdproduzierter Einzelteile durch den Hersteller des Endproduktes scharf zu unterscheiden zwischen (a) der Hersteller-Haftung für das einzelne Einzelteil und (b) der Hersteller-Haftung

---

21 *BGH,* 16.2.72, a.a.O.; *LG Kleve,* 26.2.64, Akt-Z. 2 0 157/62 (Schubstrebe II).

22 *BGH,* 5.7.60, a.a.O.

23 *BGH,* 5.7.60, a.a.O.

24 *BGH,* 5.7.60, a.a.O.

für das Endprodukt[25]. Da der Assembler gerade nicht tatsächlicher Hersteller ist, obliegt ihm grundsätzlich keine Herstellerhaftung für die benutzten Fremdprodukte. Diese liegt primär bei dem betreffenden Lieferanten. Den Assembler trifft lediglich die Hersteller-Haftung für das Endprodukt. Hinsichtlich benutzter fremdproduzierter Einzelteile schlägt sich diese Herstellerhaftung für das Endprodukt als Lieferanten-Auswahlhaftung nieder. Erfüllt der Lieferant nicht die Anforderungen dieser Auswahlhaftung, kann der Assembler im Rahmen seiner Fabrikationshaftung für das Endprodukt nicht davon ausgehen, daß hinsichtlich der betreffenden fremdproduzierten Teile die Anforderungen der Rechtsordnung an die Herstellerhaftung erfüllt sind. Demzufolge muß er aufgrund seiner Verantwortung für das Endprodukt dafür Sorge tragen, daß diesen Anforderungen hinsichtlich der fremdproduzierten Einzelteile entsprochen wird. Deshalb unterliegt aber der Assembler noch nicht einer Herstellerhaftung für die fremdproduzierten Einzelteile. Es verschärfen sich lediglich die ihm im Rahmen seiner Verantwortung für das Endprodukt obliegenden Gefahrabwendungspflichten[26].

134 Auch in den Fällen der horizontalen Arbeitsteilung ist von der Verantwortung für das Endprodukt auszugehen. Zwar obliegt in dem gegebenen Beispiel dem Kfz-Hersteller die Konstruktionshaftung und dem Auftragsfertiger die Fabrikationshaftung. Grundlage dieser Haftungsteilung ist aber, daß das Deliktsrecht an die tatsächlich erfolgende Arbeitsteilung anknüpft und sie grundsätzlich auch im Sinn einer Haftungsteilung anerkennt. Daraus folgt umgekehrt, daß auch eine tatsächlich erfolgende Zusammenarbeit grundsätzlich rechtlich im Sinn einer der Zusammenarbeit entsprechenden Mithaftung erheblich ist. Wenn und soweit also die Gießerei aufgrund ihres gießtechnischen Know How's den Hersteller zur Änderung der Konstruktion bzw. zur Änderung der Entscheidung über den zu verwendenden Werkstoff bestimmt, obliegt ihr insoweit die Mitverantwortung für die Ordnungsmäßigkeit der erteilten gießtechnischen Hinweise.

---

25 Die vorstehenden Ausführungen gelten entsprechend für die Fälle der Weiterbearbeitung oder Weiterverarbeitung von Vorprodukten. Handelt es sich bei dem „Endprodukt" nur um ein Zwischenprodukt, gelten die vorstehenden Ausführungen entsprechend für das Verhältnis zwischen dem Hersteller des Zwischenproduktes und dem Hersteller des an den Verbraucher ausgelieferten Endprodukts.

26 Vgl. *BGH,* 5. 7. 70, a. a. O.

135 Die entscheidende Frage ist hier, ob und inwieweit in dem gegebenen Beispiel die Gießerei haftungsrechtlich verpflichtet ist, den Kfz-Hersteller auf eventuelle gießtechnische Fehler der erhaltenen Konstruktionspläne hinzuweisen.

In diesem Zusammenhang ist die Entscheidung des *Reichsgerichts* vom 3. 4. 1940[27] von Interesse:

> Der Revision ist zuzugeben, daß die Beklagte nicht uneingeschränkt als Herstellerin des Unfallwagens anzusehen ist. Sie hat . . . die fertigen Teile des Wagenmodells sowie insbesondere auch des Bremsmodells von den amerikanischen Herstellerfirmen übernommen und . . . in Deutschland lediglich Teile zusammengesetzt und zusammengenietet. Unter diesen Umständen mag ihr nicht ohne weiteres zuzumuten sein, Untersuchungen und Erprobungen, die für die ursprüngliche Herstellung erforderlich sind, und die daher dem mit der Konstruktion sich selbst befassenden Fabrikunternehmen obliegen, zu wiederholen . . . Dadurch, daß die Beklagte nicht Herstellerin in dem angegebenen Sinn ist, wird sie aber noch nicht von jeder Verantwortung frei. . . . Auch der Verkäufer eines Kraftfahrzeuges muß die erforderliche Sorgfalt aufwenden, um zu verhüten, daß ein nicht verkehrssicherer und dadurch eine allgemeine Verkehrsgefahr bildender Kraftwagen in den Verkehr gegeben wird. Dies gilt umso mehr, als es sich hier um ein aus dem Ausland bezogenes Kraftfahrzeug handelt, das obendrein in Deutschland zusammengesetzt und montiert wird. Wenn der Beklagten auch nicht zur Last gelegt wird, daß sie die Montage selbst nicht ordnungsgemäß ausgeführt habe, so setzt doch schon dieses Montieren ein eingehendes Erfassen der Konstruktion und der ihr zugrundeliegenden Zeichnungen voraus; demgegenüber kann sich die Beklagte nicht damit entschuldigen, daß die Ausführung so einfach gewesen sei, daß sie im wesentlichen ungelernten Arbeitern habe übertragen werden können. Ebenso gab der Beklagten auch die regelmäßig gegenüber den Käufern letzter Hand von ihr übernommene Garantie Veranlassung, sich näher mit der Konstruktion der von ihr vertriebenen Fahrzeuge zu befassen. . . . Die oben erwähnten Umstände rechtfertigen die Annahme, daß die Beklagte nicht nur als Verkäuferin, sondern in gewissem Sinn und Umfang auch als Herstellerin anzusehen ist und daß ihr deshalb eine erhöhte Sorgfaltspflicht obgelegen hat.

---

27 DR 40, S. 1293 ff. (Bremsen).

Obwohl die Entscheidung einen Montage-Fall betrifft, kommt in ihr aber doch folgender Grundgedanke zum Ausdruck:

> Wer im Rahmen der arbeitsteilig organisierten Warenherstellung eine Tätigkeit übernimmt, für deren Ausübung eine Beschäftigung mit der Konstruktion und mit den ihr zugrunde liegenden Zeichnungen erforderlich ist, muß gegebenenfalls die Fehler der Konstruktion beachten, die für einen Fachmann seiner Tätigkeitsstufe bei Anwendung der erforderlichen Sorgfalt erkennbar sind und muß die nach Lage der Dinge erforderlichen Maßnahmen treffen.

136 Dies bedeutet im gegebenen Beispiel für die Gießerei, die von der Konstruktionsabteilung eines Kfz-Herstellers Konstruktionspläne für Gußteile erhalten hat, folgendes: Ist es für einen mit dem erforderlichen gießtechnischen Wissen ausgestatteten Fachmann ersichtlich, daß die Konstruktionspläne bzw. die Angaben über den zu verwendenden Werkstoff nach Lage der Dinge dazu führen können, daß das danach gegossene Stück fehlerhaft ist und Personen- oder Sachschäden auslöst, dann ist der Gießereifachmann verpflichtet, hierauf hinzuweisen. Diese Verpflichtung ist einerseits vertragsrechtlicher Natur und obliegt der Gießerei gegenüber dem Kfz-Hersteller aufgrund der Vertragsbeziehung. Andererseits ist diese Verpflichtung aber zugleich deliktsrechtlicher Natur und findet sie im Verhältnis zum Endabnehmer oder zum geschädigten Dritten ihre Grundlage in der allgemeinen deliktsrechtlichen Generalklausel. Unterläßt also die Gießerei den danach erforderlichen Hinweis auf Mängel der erhaltenen Konstruktionsunterlagen oder der Angaben über die zu verwendenden Werkstoffe, dann kann daraus neben einer vertragsrechtlichen Haftung gegenüber dem Kfz-Hersteller eine deliktsrechtliche Schadensersatzhaftung gegenüber dem dadurch geschädigten Dritten entstehen.

137 Zusammenfassend ist also an Hand des gegebenen Beispiels für die horizontale Arbeitsteilung hinsichtlich der Konstruktionshaftung folgendes festzuhalten:

– grundsätzlich obliegt die (positive) Konstruktionshaftung dem Kfz-Hersteller, d.h. muß er berechnen und erproben, welchen Belastungen die Gußteile ausgesetzt sein werden; die Entscheidung, ob überhaupt

Gußteile bzw. Gußteile welchen Werkstoffes (z.B. Stahlguß oder Temperguß) zum Einsatz kommen, obliegt also ausschließlich dem Kfz-Hersteller,

- die Gießerei dagegen ist verpflichtet, auf etwaige für sie erkennbare Mängel der von dem Kfz-Hersteller erhaltenen Konstruktionsunterlagen hinzuweisen; es obliegt ihr eine negative, auf ihren Tätigkeits- und Wissenbereich beschränkte Konstruktionsmithaftung. Erfolgen bei dieser Abstimmung zwischen Gießerei und Kfz-Hersteller Beratungsfehler, haftet die Gießerei dafür dem dadurch geschädigten Dritten. Unterläßt die Gießerei pflichtwidrig die gebotene Beratung, haftet sie ebenfalls, wenn und soweit dieses pflichtwidrige Unterlassen für den Schaden kausal wurde.

138 Entsprechendes gilt für die Fabrikationshaftung. Grundsätzlich obliegt es zwar im gegebenen Beispiel der Gießerei, organisatorisch dafür Sorge zu tragen, daß die Gußteile im Rahmen des nach dem Stand der Technik Möglichen fehlerfrei gegossen werden bzw. daß aufgrund der Qualitätskontrolle fehlerhafte Gußteile ermittelt und ausgesondert werden.

139 Die Beauftragung der Gießerei befreit aber den Kfz-Hersteller nicht von seiner Mitverantwortung für die Fabrikation. Im Bereich der Auftragsfertigung liegt das Schwergewicht hinsichtlich der Hersteller-Position im Konstruktionsbereich. Dies ergibt sich einerseits daraus, daß die Gießerei nach den erhaltenen Unterlagen tätig wird und grundsätzlich hinsichtlich des im Auftrag gefertigten Produktes keine Gestaltungsmöglichkeiten hat. Weiterhin folgt dies aus der vertraglichen Ausgestaltung des Fertigungsverhältnisses: In der Regel ist es dem Fertigungsunternehmen untersagt, die betreffenden Erzeugnisse an Dritte zu liefern und muß es die Konstruktionsunterlagen geheimhalten und bei Vertragsende herausgeben. Tatsächlich und rechtlich ist also das Fertigungsunternehmen nur ausführendes Organ, das gewissermaßen in den vom beauftragenden Unternehmen beherrschten Produktionsprozeß eingegliedert ist. Das Schwergewicht der tatsächlichen Steuerung dieser horizontalen Arbeitsteilung (und damit auch der Pflichten- und der Haftungsverteilung) liegt also bei den Konstruktionsunternehmen.

Daraus folgt, daß die Auslagerung der tatsächlichen Produktfertigung insoweit nur ein Akt der Tätigkeitsorganisation des beauftragenden Unternehmens ist und daß demzufolge die Auftragserteilung noch in seinem Pflichtenbereich liegt. Demzufolge hebt die Übertragung der Produktfertigung keineswegs die Beziehung zu dem hergestellten Produkt auf. Die Tatsache, daß die Auftragserteilung aufgrund der im eigenen Unternehmen erstellten und den Auftragsunternehmen übergebenen Konstruktionsunterlagen erfolgt, bedeutet, daß das beauftragende Unternehmen den Fertigungsprozeß steuert und daß ihm wegen dieser Steuerung auch eine gewisse Verantwortung für die Fabrikation obliegt.

140 Grundlage dieser Verantwortung ist die Auftragserteilung bzw. die dadurch erfolgende Übertragung der betreffenden Tätigkeit an ein selbständiges Unternehmen. Da es sich in dem gegebenen Beispiel in tatsächlicher Sicht um eine Delegation bestimmter Tätigkeiten an die Gießerei als Auftragsunternehmen handelt, obliegen dem Kfz-Hersteller hinsichtlich der Einzelheiten der Auftragserteilung Delegationspflichten.

141 Für die inhaltliche Präzisierung der Lieferanten-Auswahlhaftung bieten die Kriterien, die die deutsche Rechtsprechung im Zusammenhang mit der (innerbetrieblichen) Personalhaftung aus § 831 BGB entwickelt hat[28], eine gedankliche Leitlinie. Die im deutschen Recht durch § 831 BGB verwirklichte Lösung beruht auf dem Grundgedanken, daß den Unternehmer keine unmittelbare Verantwortung für die einzelne Verrichtung trifft. Diese primäre Verantwortung obliegt vielmehr gemäß § 823 BGB dem Verrichtungsgehilfen. Lediglich daneben besteht die sekundäre Haftung des Unternehmers für den Einsatz eines ausreichend qualifizierten und zuverlässigen Verrichtungsgehilfen, die sich konkret in die drei großen Bereiche (a) der Auswahl, (b) der Einweisung und (c) der laufenden Kontrolle gliedert. Während es sich im Bereich der Personalhaftung um eine innerbetriebliche Arbeitsteilung handelt, liegt allerdings bei der vertikalen und bei der horizontalen Arbeitsteilung eine zwischenbetriebliche Zusammenarbeit vor. Das Gemeinsame der innerbetrieblichen und der zwischenbetrieblichen Arbeitsteilung ist aber, daß der Hersteller bestimmte Tätigkeiten, die er bei einer einstufigen handwerklichen Tätigkeit selbst vornehmen müßte, einem Dritten überträgt. In beiden Fällen ist die übertragene Tätigkeit in die eigene Tätigkeit des Herstellers eingegliedert bzw. eine Teilvoraussetzung für die Herstellung des Produkts, das er dann als eigenes in den Verkehr bringt. Durch die Übertragung bestimmter Tätigkeiten entweder im innerbetrieblichen oder aber im zwischenbetrieblichen Bereich wird zwar das übertragene Unternehmen

---

28 Vgl. dazu oben, Rz. 118 ff.

von einer unmittelbaren Verantwortung für die ordnungsgemäße Ausführung der betreffenden Tätigkeit befreit. Es bleibt aber seine Verantwortung für das Endprodukt. Aufgrund dieser Verantwortung muß sowohl im inner- als auch im zwischenbetrieblichen Bereich eine ordnungsgemäße Auswahl erfolgen. Demzufolge decken sich die in beiden Bereichen strukturell bestehenden Pflichten und können grundsätzlich die aus § 831 BGB entwickelten Kriterien entsprechend auf die Lieferanten-Auswahlhaftung übertragen werden.

142 An dieser Stelle wird es von praktischer Bedeutung, daß die deliktsrechtliche Generalklausel[29] dem Schuldner die Freiheit in der Wahl seiner Maßnahmen läßt[30]. Ob er eine zur Gefahrabwendung erforderliche Handlung (a) höchstpersönlich ausführt oder (b) innerhalb seines Unternehmens durch seine Mitarbeiter (= innerbetriebliche Arbeitsteilung) oder aber (c) durch ein rechtlich selbständiges Zulieferer- oder Auftragsunternehmen (= vertikale bzw. horizontale Arbeitsteilung) ausführen läßt, ist vom Normzweck der Gefahrabwendungspflichten her nicht entscheidend. Entscheidend ist nur, daß der Schuldner im Rahmen seines Tätigkeits- und Verantwortungsbereichs dafür Vorsorge zu treffen hat, daß nicht Ursachen für eine Verletzung deliktsrechtlich geschützter Rechtsgüter Dritter gesetzt werden. Eine Vor- oder Einschaltung Dritter ist demnach nur dann eine Erfüllung der dem Betreffenden obliegenden Gefahrabwendungspflichten, wenn sie eine ausreichende Maßnahme darstellt. Dies ist nur dann der Fall, wenn sichergestellt ist, daß die von dem Dritten übernommenen Tätigkeiten tatsächlich ordnungsgemäß erfüllt werden.

143 Eine Einschaltung dritter Unternehmen ist also grundsätzlich zulässig. Der Betreffende muß aber dafür Sorge tragen, daß aus seiner Sicht hinsichtlich der Tätigkeit des Dritten die Gewähr gegeben ist, daß sie ordnungsgemäß ausgeführt wird. Dies setzt für den Bereich der zwischenbetrieblichen Arbeitsteilung voraus, daß der Assembler

- den Lieferanten ordnungsgemäß auswählt, bevor er ihm den Lieferauftrag erteilt

---

29 Vgl. oben, Rz. 7.

30 Vgl. im einzelnen *Schmidt-Salzer*, Produkthaftung, 1972, Rz. 28.

– die Pflichten des Lieferanten so konkret regelt, daß er berechtigtermaßen davon ausgehen kann, daß ihm Einzelstücke der geforderten Qualität geliefert werden
– den Lieferanten laufend überwacht, ob tatsächlich die im Zeitpunkt der Auftragserteilung gegebenen Voraussetzungen auch weiterhin zutreffen.

144 Der im Fall einer innerbetrieblichen Arbeitsteilung deliktsrechtlich gegebenen Auswahl-, Anleitungs- und Kontrollhaftung entspricht also im Bereich der zwischenbetrieblichen Arbeitsteilung die Auftragserteilung-, Vertragsgestaltungs- und Kontrollhaftung.

145 Deliktsrechtlich wird es also im Sinn einer grundsätzlichen Haftungsteilung anerkannt, wenn die tatsächliche Warenherstellung zwischen mehreren Unternehmen horizontal und/oder vertikal aufgeteilt ist: Jedes dieser Unternehmen haftet nur insoweit als Hersteller wie es auch tatsächlich als Hersteller tätig wurde. Damit ist es aber noch nicht von seiner Verantwortung für die Geschehnisse auf den vor- oder gleichgeschalteten Fertigungsstufen befreit. Macht sich ein Unternehmen die Vorteile der tatsächlichen Arbeitsteilung zunutze, so muß es doch sicherstellen, daß diese Arbeitsteilung nicht zu einer Verletzung der von der Rechtsordnung geforderten Sorgfaltsmaßstäbe führt. Demzufolge muß es (im Fall der vertikalen Arbeitsteilung) die eingeschalteten Zulieferer bzw. (im Fall der horizontalen Arbeitsteilung) die eingeschalteten Auftragsunternehmen so kontrollieren, daß aus seiner Sicht der einzelne Lieferant stets die Gewähr für die ordnungsgemäße Erfüllung der von ihm übernommenen Tätigkeiten bietet. Neben die (primäre) Hersteller-Haftung kann also je nach Sachlage eine Lieferantenauswahl- und -kontrollhaftung treten.

c) Arbeitsteilung zwischen Hersteller- und Vertriebsunternehmen

146 Die Sorgfaltsanforderungen, die einerseits im deliktsrechtlichen, andererseits im vertragsrechtlichen Verschuldensbereich gestellt werden, decken sich im wesentlichen, so daß hier eine zusammenfassende Darstellung möglich ist. Dagegen gelten die Ausführungen dieses Abschnitts nicht für die kaufvertragliche Haftung aus Eigenschaftszusicherungen (§ 463 BGB), da dort die Haftung gerade verschuldensunabhängig ist. Deshalb kann sich im Rahmen des § 463 BGB der Verkäufer z.B. nicht damit entlasten, daß er nicht Hersteller der Ware, sondern nur Vertriebshändler sei: sichert er das Vorhandensein bestimmter Eigenschaften zu, hat er dafür einzustehen und liegt es in seinem Risikobereich, wie er dies erreicht (z. B. durch eigene Wareneingangskontrollen, durch Einschaltung neutraler Testinstitute, o. ä.).

147 Hat eine Verschuldenshaftung zur Folge, daß eine tatsächliche Arbeitsteilung auch rechtlich anzuerkennen ist, dann folgt daraus auch für die Arbeitsteilung zwischen Hersteller und Vertriebshändler, daß weder der Hersteller für Vertriebsfehler noch der Vertriebshändler für Herstellerfehler[1] oder für Fehler vorgeschalteter Vertriebshändler[2] haftet. Weiterhin ist weder der Vertriebshändler Erfüllungs- bzw. Verrichtungsgehilfe des Herstellers noch ist der Hersteller[3] oder der vorgeschaltete Vertriebshändler[4] Erfüllungs- bzw. Verrichtungsgehilfe des Vertriebshändlers.

148 Haften demnach die Vertriebshändler weder unmittelbar noch kraft Zurechnung für Herstellungsfehler, so werden sie dadurch aber keineswegs von der Verantwortung für die (weiter-)vertriebenen Produkte frei[5]. Sie haften im Rahmen des ihnen aufgrund ihrer wirtschaftlichen Stellung im Warenvertrieb Möglichen für diejenigen Schadensursachen, die in ihrem Herrschaftsbereich gesetzt wurden[6]. Entsprechend der tatsächlichen Aufgabenteilung ist es auch haftungsrechtlich Sache nur des Herstellers, die Produkte mittels einer factory-type-Inspektion auf ihre gefahrenfreie Beschaffenheit zu untersuchen[7]. Den in den Warenvertrieb eingeschalteten Unternehmen bzw. Personen ist aber eine Hersteller-Kontrolle aufgrund ihrer wirtschaftlichen Ver-

---

1 *RG*, 27. 5. 10, JW 10 S. 748, 749 (Muskelstärkungsapparat); *BGH*, 15. 3. 56, VersR 56 S. 259 (Motorroller); *BGH*, 22. 2. 62, VersR 62 S. 480, 481 (Heizkörper); *BGH*, 25. 9. 68, NJW 68 S. 2238, 2240, a. E. (Treibstoff).

2 *OLG Köln*, 9. 12. 63, VersR 64 S. 541, 543 (Heizöl).

3 *RG*, 3. 4. 40, DR 40 S. 1293, 1294 (Kfz-Bremsen); *BGH*, 15. 3. 56, a. a. O.; *BGH*, 22. 2. 62, a. a. O.

4 *BGH*, 25. 9. 68, NJW 68 S. 2238, 2239 (Treibstoff); *OLG Köln*, 9. 12. 63, VersR 64 S. 541, 543 (Heizöl).

5 *RG*, 3. 4. 40, a. a. O.

6 *RG*, 3. 4. 40, a. a. O.; *BGH*, 21. 6. 67, NJW 67 S. 1903, 1904 f. (Trevira); *BGH*, 25. 9. 68, NJW 68 S. 2238, 2240 (Treibstoff); *OLG Hamburg*, 22. 6. 71, DAR 72 S. 16 (Reifen).

7 *BGH*, 5. 7. 60, VersR 60 S. 855, 856 (Kondenstopf).

teilerfunktion nicht möglich und demzufolge nicht zumutbar[8], so daß ihnen haftungsrechtlich keine Verpflichtungen zur Vornahme von factory-type-Inspektionen obliegt[9].

Die in den Warenvertrieb eingeschalteten Unternehmen haften also nicht für eine Kontrolle der von ihnen vertriebenen (fremdproduzierten) Produkte auf verdeckte Konstruktions- oder Fabrikationsfehler, weil derartige Fehler allenfalls bei Vornahme von factory-type-Inspektionen erkennbar wären. Ein Vertriebshändler für Heizöl[10] oder für Treibstoff[11] ist also grundsätzlich nicht verpflichtet, chemische Analysen vorzunehmen bzw. vornehmen zu lassen. Weiterhin ist m. E. ein Verkäufer originalverpackter Fleischkonserven haftungsrechtlich gegenüber dem geschädigten Endverbraucher zur Vornahme von Stichproben nicht verpflichtet[12], soweit er keine begründeten Zweifel bzw. keinen konkreten Anlaß hatte[13]. Selbst wenn dies gewährleistungsrechtlich im Rahmen der Untersuchungs- und Rügepflicht gemäß § 377 HGB erforderlich sein sollte, handelt es sich hierbei nur um eine im Verhältnis zwischen dem Lieferanten und seinem Abnehmer bestehende Obliegenheit. Eine haftungsrechtliche Pflicht zur Vornahme von Stichproben könnte dagegen nur bestehen, wenn das Vertriebsunternehmen zur Vornahme von factory-type-Inspektionen verpflichtet wäre. Da dies aber nicht der Fall ist, entfällt m. E. auch eine haftungsrechtliche Pflicht zur Vornahme von Stichproben originalverpackter Waren.

149 Den Vertriebsunternehmen tatsächlich möglich und damit rechtlich erforderlich ist dagegen eine Kontrolle der bezogenen und weiterveräußerten Waren auf ersichtliche Fehler[14].

---

8 *BGH,* 5. 7. 60, a. a. O.

9 *BGH,* 15. 3. 56, VersR 56 S. 259 (Motorroller); *BGH,* 5. 7. 60, a. a. O.; *BGH,* 25. 9. 68, NJW 68 S. 2238 (Treibstoff); *OLG Köln,* 9. 12. 63, VersR 64 S. 541, 543 (Heizöl).

10 *OLG Köln,* 9. 12. 63, VersR 64 S. 541, 543 (Heizöl).

11 *BGH,* 25. 9. 68, NJW 68 S. 2238, 2239 (Treibstoff).

12 So aber *RG,* 19. 4. 18, Recht 1918 Nr. 1363.

13 Vgl. dazu im folgenden.

14 *BGH,* 5. 3. 56, a. a. O.; *BGH,* 5. 7. 60, a. a. O.; *OLG Köln,* 9. 12. 63, VersR 64 S. 541, 543 (Heizöl).

150 Ob und inwieweit über den Bereich der offensichtlichen Fehler hinaus eine Händler-Pflicht zur Vornahme weiterer Überprüfungen besteht, kann nur nach Lage des Einzelfalles beurteilt werden. Der Vertriebshändler kann sich jedenfalls dann mit einer Überprüfung der Ware im Hinblick auf offensichtliche Fehler begnügen, wenn er sich auf die Zuverlässigkeit des Herstellers[15] bzw. des vorgeschalteten Vertriebshändlers[16] verlassen kann. Kann der Vertriebshändler dagegen dieses Vertrauen in die Zuverlässigkeit des Herstellers[17] nicht haben oder sprechen besondere Anhaltspunkte für das Vorliegen eines bestimmten Mangels[18], muß er weitere Überprüfungen vornehmen. Diese im Einzelfall entstehenden weitergehenden Untersuchungspflichten können je nach Sachlage den Hersteller-Untersuchungspflichten relativ nahekommen. Trotzdem ist hier entscheidend zu beachten, daß der Vertriebshändler gerade nicht Hersteller ist und daß infolgedessen von ihm auch nicht die Maßnahmen verlangt werden können, die ein Hersteller zu treffen hat. Vielmehr kann von dem Vertriebshändler nur eine Überprüfung der Ware und/oder der Zuverlässigkeit des Lieferanten mit Vertriebshändler-Mitteln verlangt werden.

151 Unabhängig von dieser Frage genereller Untersuchungspflichten muß der Vertriebshändler im Einzelfall gegebene Verdachtsmomente beachten[19], z. B. ob es hinsichtlich des betreffenden Produkts bereits mehrfach Beanstandungen wegen Konstruktions- oder Fabrikationsfehlern gegeben hat. Tatsächliche Grundlage dieser Pflicht ist, daß es sich bei Vorliegen derartiger Anhaltspunkte um Verdachtsmomente handelt, die aus der Perspektive des Vertriebshändlers ersichtlich werden: da die Vertriebshändler haftungsrechtlich für die in ihrem Bereich gesetzten Schadensursachen einstehen müssen, dürfen sie sich nicht über derartige Verdachtsmomente hinwegsetzen.

152 Neben dieser eventuellen Mitverantwortung des Vertriebshändlers für Herstellerfehler haften die Vertriebshändler für die in ihrem eigenen Bereich gesetzten Fehlerursachen. Z. B. hat ein Treibstoff-Verkäufer dafür zu sorgen,

---

[15] Vgl. *BGH,* 15. 3. 56, a. a. O.

[16] *OLG Köln,* 9. 12. 63, a. a. O.

[17] *BGH,* 15. 3. 56, a. a. O.

[18] *OLG Köln,* 9. 12. 63, a. a. O. Siehe auch *BGH,* 25. 9. 68, a. a. O.

[19] *BGH,* 5. 7. 60, a. a. O.

daß auf dem Transport keine Verschmutzung eintritt[20]. Ein Reifenhändler muß dafür Sorge tragen, daß die von ihm verkauften und montierten Reifen für den betreffenden Wagen geeignet sind[21]. Das bedeutet unter anderem, daß der Vertriebshändler vor allem die Leistungs- bzw. Grenzwertangaben, Gebrauchs- bzw. Bedienungsanleitungen, usw. des Herstellers beachten muß. Umgekehrt kann er sich auch grundsätzlich darauf verlassen[22], sofern er nicht (z. B. aufgrund ihm bekannt gewordener Schadensfälle) begründete Zweifel an der Richtigkeit der Herstellerangaben haben mußte.

153 Im Einzelfall kann sich allerdings ergeben, daß der Hersteller doch als Erfüllungsgehilfe des Vertriebshändlers anzusehen ist. Obliegt z. B. dem Vertriebshändler eine Instruktionspflicht[23] und bedient er sich zu ihrer Erfüllung der von dem Hersteller herausgegebenen Gebrauchsanleitungen, so integriert der Vertriebshändler damit die Gebrauchsanleitungen in seinen Verantwortungsbereich und muß er gemäß § 278 BGB für etwaige vom Hersteller verschuldete Umzulänglichkeiten der Gebrauchsanleitungen eintreten[24].

154 Umgekehrt hat im Fall einer Einschaltung von Zwischenhändlern das Hersteller-Unternehmen gerade nicht den Vertrieb übernommen. Eventuelle Vertriebsfehler (z. B. mangelhafte Beratung) liegen also grundsätzlich außerhalb seines Verantwortungsbereichs, so daß der Vertriebshändler nicht Erfüllungsgehilfe des Herstellers ist.

---

20 *BGH,* 25. 9. 68, NJW 68 S. 2238, 2239 (Treibstoff).

21 *OLG Hamburg,* 22. 6. 71, DAR 72 S. 16 (Reifen). Siehe weiterhin *BGH,* 22. 2. 62, VersR 62 S. 480, 481 Ziff. 4 (Heizkörper).

22 *BGH,* 22. 2. 62, a. a. O.

23 Vgl. dazu *BGH,* 5. 4. 67, E 47 S. 312, 315 f. (Betonmischanlage) = JZ 1968 S. 228 m. Anm. *Diederichsen* sowie *Schmidt-Salzer,* Produkthaftung, 1972, Rz. 323.

24 *BGH,* 5. 4. 67, a. a. O.

VII. Schweizerisches Recht

155 Im schweizerischen Kauf- und Werkvertragsrecht ist die Gewährleistungshaftung im eigentlichen Sinn einerseits, die sog. allgemeine[1] Schadensersatzhaftung gemäß Art. 97 OR andererseits zu unterscheiden.

156 Die Gewährleistungshaftung gibt dem Käufer das Recht auf Wandlung oder Minderung (Art. 205 OR). Darüber hinaus umfaßt sie gemäß Art. 208 Abs. 2 OR den verschuldensunabhängigen[2] Anspruch auf Ersatz des Schadens, der dem Käufer „unmittelbar durch die Lieferung fehlerhafter Ware" verursacht wurde. Gemäß Art. 208 Abs. 3 OR ist der Verkäufer verpflichtet, den weiteren Schaden zu ersetzen, sofern er nicht beweist, daß ihm keinerlei Verschulden zur Last fällt: Hinsichtlich des Mangelfolgeschadens wird also das Verschulden vermutet.

157 Unter den „unmittelbar verursachten Schaden" fallen[3] Ablade- und Lagerkosten, Transportkosten[4], Einbau- und Ausbaukosten[5] bzw. Montagekosten, erforderliche Mangelfeststellungskosten[6], Haftungskosten aus der Inanspruchnahme durch die eigenen Abnehmer, Schreib- und Telefonkosten sowie nach Durchführung der Wandlung und Rückerstattung der in fremder Währung gezahlten Kaufsumme eingetretene Kursverluste[7]. Nicht dagegen als

---

1 *Furrer,* Beitrag zur Lehre der Gewährleistung im Vertragsrecht, Zürich 1973, S. 79.

2 *Cour de Justice civile de Geneve,* 30. 5. 67, Semaine Judiciaire 91 (1969) 71, 74.

3 Vgl. *von Büren,* Schweizerisches Obligationenrecht, Besonderer Teil, Zürich 1972, S. 42.

4 *Cour de Justice civile de Geneve,* a. a. O., S. 75.

5 *Cour de Justice civile de Geneve,* a. a. O.

6 *Cour de Justice civile de Geneve,* a. a. O., S. 76.

7 *BG,* 22. 2. 71, E 47.II.82, 85.

„unmittelbar verursacht“ werden der Erwerbsausfall wegen der Unbrauchbarkeit der gelieferten Sache[8] oder der entgangene Gewinn aus einer Weiterveräußerung[9] oder aus Folgeaufträgen[9a] angesehen, die unter den Voraussetzungen des Art. 97 Abs. 1 OR ersetzt werden[9b]. Ebenso wenig wird der durch den Sachmangel ausgelöste Sach- oder Personenschaden des Käufers als unmittelbar durch die Sache verursachter Schaden qualifiziert[10], weil hier eine reine Kausalhaftung, wie sie durch Art. 208 Abs. 2 OR festgelegt ist, als unerträglich empfunden wird[11]. Deshalb wird hinsichtlich dieser Schäden nur eine Haftung gemäß Art. 208 Abs. 3 OR befürwortet, d.h. ist zur Auslösung der Schadensersatzhaftung ein Verschulden des Verkäufers erforderlich, das allerdings vermutet wird. Das Grundkonzept dieser Unterscheidung zwischen unmittelbar und mittelbar verursachtem Schaden ist, daß der Verkäufer zwar nicht die Sollbeschaffenheit schuldet (so daß er z.B. zur Nachbesserung nicht verpflichtet ist)[12], daß er aber andererseits den Käufer, der in die Ware ein gewisses Vertrauen gesetzt hat, nicht schuldhaft zu Schaden bringen dürfe[13]. Ein objektives Abgrenzungskriterium zwischen dem unmittelbaren und dem mittelbaren Schaden hat die schweizerische Rechtsprechung noch nicht entwickelt[14]. Vorgeschlagen wird deshalb, daß der Richter durch Abstellen auf die Intensität des adäquaten Kausalzusammenhangs bestimmen soll, welcher Schaden als unmittelbar und welcher als mittelbar verursacht zu gelten habe[15].

158 Bei der Lieferung beweglicher Sachen beträgt die Gewährleistungsfrist gemäß Art. 210 OR ein Jahr nach Ablieferung. Gemäß Art. 201 OR hat der Käufer

8 *BG*, 17.11.53, E 79.II.376, 381.

9 *von Büren*, a.a.O.

9a *BG*, 26.4.56, E 82.II.136, 139.

9b *BG*, 26.4.56, a.a.O.

10 *von Büren*, a.a.O.

11 *von Büren*, a.a.O.

12 *von Büren*, a.a.O., S. 43.

13 *von Büren*, a.a.O., S.19.

14 *Furrer*, a.a.O., S. 26.

15 *Furrer*, a.a.O., S. 27 und 68.

die Ware zu untersuchen, „sobald es nach dem üblichen Geschäftsgang tunlich ist“ und, falls sich Mängel ergeben, „sofort“ Anzeige zu machen, andernfalls die Ware hinsichtlich der erkennbaren Mängel als genehmigt gilt. Mängel, die bei der übungsmäßigen Untersuchung nicht erkennbar waren, sind sofort nach Entdeckung anzuzeigen.

159 Die in Art. 208 OR festgelegten Schadensersatzansprüche sind aufgrund ihrer systematischen Stellung als gewährleistungsrechtliche Schadensersatzansprüche zu qualifizieren und infolgedessen von der Einhaltung der Prüfungs- und Rügefristen sowie der Gewährleistungsfrist abhängig[16]. Vor allem aber greifen die in Art. 208 Abs. 2 und Abs. 3 OR festgelegten Schadensersatzansprüche nur ein, wenn der Käufer entweder Wandlung oder Minderung wählt[17], so daß es sich insoweit um Gewährleistungsabwicklungsansprüche handelt.

160 Neben diesen beiden Schadensersatzansprüchen besteht der allgemeine vertragsrechtliche Schadensersatzanspruch gemäß Art. 97 OR[18], der in diesem Zusammenhang auch als „ergänzender Gewährleistungsanspruch“[19] bzw. als „natürliche Ergänzung des Gewährleistungsrechts“[20] verstanden wird. Die praktische Bedeutung dieses allgemeinen Schadensersatzanspruchs besteht darin, daß er unabhängig von der Wandlung oder der Minderung, also z. B. im Fall einer erfolgreichen Nachbesserung oder Ersatzlieferung[21] oder im Fall einer Nichtausübung des Wandlungs- oder Minderungsrechts[22] geltend gemacht werden kann. Z. B. Produktionsausfälle oder Wertverluste der unter Verwendung der Ware hergestellten Produkte können also mittels dieses

---

16 *von Büren,* a. a. O., S. 43.

17 *von Büren,* a. a. O., S. 28 und 41.

18 *BG,* 17. 12. 15, E 41.II.732, 736; *BG,* 1. 6. 32, E 58.II.207, 210 f.; *BG,* 14. 12. 37, E 63.II.401, 405.

19 *Furrer,* a. a. O., S. 79.

20 *BG,* 14. 12. 37, E 63.II.401, 405.

21 *BG,* 14. 12. 37, a. a. O.; *Obergericht Zürich,* 13. 4. 29, ZR 1930 Nr. 4, S. 6 ff.; *Furrer,* a. a. O., S. 80.

22 *BG,* 17. 12. 15, a. a. O.; *BG,* 14. 12. 37, a. a. O.; *Cour de Justice civile de Geneve,* 24. 11. 39, Semaine Judiciaire, 62 (1940) 310, 315.

Schadensersatzanspruches eingeklagt werden[23]. Die Bedeutung dieses allgemeinen vertragsrechtlichen Schadensersatzanspruchs für den Käufer liegt also vor allem auf dem Gebiet der Vermögensschäden. Z. B. müsse der Hersteller berücksichtigen, unter welchen äußeren Bedingungen sein Produkt zum Einsatz kommt[24] und prüfen, ob unter diesen Bedingungen Gefahren z. B. für die Gesundheit des Benutzers entstehen[25]. Ist dies der Fall, muß er dem Endverbraucher die nötigen Anweisungen erteilen, z. B. also im Fall der bei der Anwendung eines Lackes bestehenden Gefahr von gesundheitsschädlichen Dämpfen auf die Notwendigkeit der ständigen Luftzufuhr hinweisen[26]. Der Benutzer dürfe sich infolgedessen darauf verlassen, daß ein Lack, der ihm ohne Hinweis auf gesundheitliche Gefahren geliefert wird, auch keine solchen biete[27].

161 Da es sich aber auch bei diesem allgemeinen vertragsrechtlichen Schadensersatzanspruch um einen funktionell der Gewährleistungshaftung zuzuordnenden Anspruch handelt, gelten für ihn auch die Vorschriften über die Untersuchungs- und Rügefristen[28] und verjährt der Anspruch insoweit, wie er auf Mängel der Kaufsache gestützt ist, innerhalb der in Art. 210 festgelegten einjährigen Gewährleistungsfrist[29]. Andererseits wird aber in Anlehnung an die im eigentlichen Gewährleistungsrecht getroffene Regelung das Verschulden des Verkäufers vermutet[30], so daß z. B. der Vertriebshändler nachweisen muß, sich mittels ausreichender Kontrollmaßnahmen von der Fehlerfreiheit der verkauften Maschine bzw. der Zuverlässigkeit des Herstellers überzeugt zu haben[30a].

---

23 *BG*, 14. 12. 37, E 63.II.401 ff.

24 *Obergericht Zürich*, 13. 4. 29, ZR 1930 Nr. 4, S. 6, 8.

25 *Obergericht Zürich*, a. a. O.

26 *Obergericht Zürich*, a. a. O.

27 *Obergericht Zürich*, a. a. O.

28 *BG*, 25. 5. 38, E 64.II.254, 258; *BG*, 29. 2. 44, E 70.II.48, 53.

29 *BG*, 1. 6. 32, E 58.II.207, 210 f.; *BG*, 14. 12. 37, E 63.II.401, 405 f.; *BG*, 16. 3. 64, E 90.II.86, 88; *HG Zürich*, 10. 11. 44, ZR 1943/44 No. 243, S. 359, 360. Bei Sukzessivlieferungsverträgen ist dabei die Gewährleistungsfrist für jede einzelne Lieferung gesondert zu errechnen: HG Zürich, a. a. O.

30 *BG*, 26. 4. 56, E 82.II.136, 140; a. A. *Furrer*, a. a. O., S. 80.

30a *BG*, 26. 4. 56, a. a. O., S. 141.

162 Gemäß Art. 199 OR sind haftungsbegrenzende Vereinbarungen nur dann ungültig, wenn der Verkäufer dem Käufer die Gewährleistungsmängel arglistig verschwiegen hat. Anders als die deutsche Rechtsprechung hat die schweizerische Rechtsprechung für formularmäßige Vertragsbedingungen keine gesonderten Inhaltsgrenzen entwickelt. Positivrechtlich geregelt ist insoweit lediglich in Art. 100 Abs. 1 OR, daß (anders als im deutschen Recht) die Haftung für grobe Fahrlässigkeit nicht im voraus ausgeschlossen werden kann.

163 Die deliktsrechtliche Haftung findet im schweizerischen Recht ihre Grundlage in Art. 41 OR: „Wer einem andern widerrechtlich Schaden zufügt, sei es mit Absicht, sei es aus Fahrlässigkeit, wird ihm zum Ersatze verpflichtet." Aus dieser positivrechtlichen Generalklausel hat die schweizerische Rechtsprechung den sog. Gefahrensatz[31] abgeleitet, daß überall dort eine Pflicht zum Ergreifen von Schutzmaßnahmen besteht, wo ein gefährlicher Zustand geschaffen oder unterhalten wird[32]. Ein Anwendungsfall ist gegeben, wenn der Hersteller eines Produktes nicht auf Schäden hinweist, die möglicherweise bei der Verwendung seines Produkts für bestimmte Verwendungszwecke eintreten können[33] oder wenn er zur Herstellung seines Produktes Materialien verwendet, die nicht ausreichend sind[34]. Z. B. ist der Hersteller verpflichtet, die Fachliteratur über die von ihm hergestellten Produkte bzw. über deren Anwendungsgebiete zu verfolgen[35]. Gegebenenfalls muß er den durch neue Veröffentlichungen aufgeworfenen Problemen nachgehen[36] und die sich aus den publizierten Erkenntnissen ergebenden Folgerungen (z. B. für die zukünftige Gestaltung seiner Gebrauchsanleitungen) ziehen[37].

164 Den deliktsrechtlichen Schadensersatzanspruch können zunächst einmal die Mitarbeiter des Käufers gegenüber dem Hersteller-Verkäufer[38] bzw. der

---

31 *Widmer,* ZBJV 106 (1970) 289, 304. *BG,* 20. 5. 69, E 95.II.93, 96.

32 *Appelationsgericht Basel,* 15. 11. 60, Basler Juristische Mitteilungen 1961/189, 197, m. w. N.

33 *Appelationsgericht Basel,* a. a. O.

34 *BG,* 25. 5. 38, E 64.II. 254, 262.

35 *Appelationsgericht Basel,* a. a. O., S. 19 f.

36 *Appelationsgericht Basel,* a. a. O., S. 198.

37 *Appelationsgericht Basel,* a. a. O., S. 198.

38 *BG,* 25. 5. 38, E 64.II. 254, 259.

Käufer unter Überspringung des Vertriebshändlers gegen den Hersteller geltend machen[39]. Weiterhin kann sich aber auch der Käufer neben bzw. unabhängig von den vertragsrechtlichen Schadensersatzansprüchen auf die deliktsrechtliche Haftung berufen[40] (z. B. im Fall eines durch einen mangelhaften Thermostaten ausgelösten Brandes)[41]. Voraussetzung ist aber für den deliktsrechtlichen Schadensersatzanspruch des Käufers, daß der Verkäufer nicht nur eine allgemeine vertragliche Verpflichtung, sondern darüber hinaus noch ein allgemeines Gebot der Rechtsordnung verletzt hat[42]. Ein derartiges allgemeines Gebot der Rechtsordnung sei, daß man Leib oder Leben der Benutzer einer Sache oder sonstige Rechtsgüter Dritter nicht unnötig gefährden dürfte[43a]. Im Fall einer mangelhaften Herstellung bestehe also eine deliktsrechtliche Haftung, wenn durch die Mängel bei bestimmungsgemäßem Gebrauch der Sache Leben oder Gesundheit der Benutzer gefährdet werden[44].

165 Im Unterschied zur vertragsrechtlichen Schadensersatzanspruch muß der Käufer allerdings hinsichtlich des deliktsrechtlichen Schadensersatzanspruches das Verschulden des Verkäufers darlegen und beweisen[45]. Andererseits ergibt sich aber das Interesse des Käufers an einer Geltendmachung des deliktsrechtlichen Schadensersatzanspruches daraus, daß er hier nicht an die in Art. 210 OR festgelegte Gewährleistungsfrist gebunden ist. Die deliktsrechtliche Schadensersatzhaftung des Verkäufers verjährt gemäß Art. 67 OR nach Ablauf eines Jahres nach Kenntnis vom Bestehen des Anspruches. Da hier also nicht auf die Ablieferung der Kaufsache, sondern auf die Kenntnis vom Bestehen des Anspruchs abgestellt wird, können die deliktsrechtlichen Schadensersatzansprüche noch verfolgt werden, wenn bereits die für die Gewährleistungshaftung bestehende, an die Ablieferung anknüpfende ein-

---

39 *Appelationsgericht Basel,* a. a. O., S. 195.

40 *BG,* 21. 5. 41, E 67.II. 132, 136; *BG,* 29. 2. 44, E 70.II. 48, 53; *BG,* 16. 3. 64, E 90.II. 86, 88 und 91.

41 *BG,* 16. 3. 64, a. a. O.

42 *BG,* 25. 5. 38, E 64.II. 254, 259; *Handelsgericht Zürich,* 10. 11. 44, ZR 1943/44 No. 243, S. 359, 360.

43 *BG,* 25. 5. 38, E 64.II. 254, 260; *BG,* 16. 3. 64, E 90.II. 86, 88.

44 *BG,* 25. 5. 38, a. a. O.

45 *BG,* 29. 2. 44, E 70.II. 48, 53, Ziff. 2a; *Appelationsgericht Basel,* a. a. O., S. 197.

jährige Frist abgelaufen ist[46]. Andererseits geht die schweizerische Rechtsprechung aber davon aus, daß die gewährleistungsrechtlichen Untersuchungs- und Rügefristen (Art. 201 OR) auch für den deliktsrechtlichen Schadensersatzanspruch gelten[47], so daß für erkennbare, aber nicht gerügte Mängel praktisch ein deliktsrechtlicher Schutz entfällt.

166 Während im vertragsrechtlichen Bereich der Verkäufer gemäß Art. 101 OR in vollem Umfang für seine Erfüllungsgehilfen einzustehen hat, obliegt ihm im deliktsrechtlichen Bereich lediglich eine Organisationshaftung. Gemäß Art. 55 OR haftet

> der Geschäftsherr für den Schaden, den seine Arbeitnehmer oder andere Hilfspersonen in Ausübung ihrer dienstlichen oder geschäftlichen Verrichtungen verursacht haben, wenn er nicht nachweist, daß er alle nach den Umständen gebotene Sorgfalt angewendet habe, um einen Schaden dieser Art zu verhüten, oder daß der Schaden auch bei Anwendung dieser Sorgfalt eingetreten wäre.

Deliktsrechtlich gesehen ist also der Inhaber einer Herstellerfirma nicht verpflichtet, die in seinem Betrieb hergestellten Apparate zu kontrollieren[48]. Vielmehr kann er dies seinen Mitarbeitern übertragen. Er haftet aber auch in den Fällen, in denen seine Verrichtungsgehilfen ein Verschulden nicht trifft[49]. Um sich von der Haftung gemäß Art. 55 OR zu entlasten, muß er dartun, daß er alle objektiv gebotenen Maßnahmen getroffen hat, um einen Schaden der eingetretenen Art abzuwenden[50], also z. B. daß er es weder an der Anleitung oder Überwachung des Personals, noch an der Organisation des Betriebes habe fehlen lassen[51]. Demnach muß also der Inhaber nachweisen, daß er durch Verwendung geeigneten Materials sowie durch Einsatz

---

46 *BG*, 21. 5. 41, E 67.II. 132, 137; *Appelationsgericht Basel*, a. a. O., S. 195 f.

47 *BG*, 21. 5. 41, a. a. O.; *HG Zürich*, 10. 11. 44, a. a. O.

48 *BG*, 16. 3. 64, E 90.II. 86, 89.

49 *BG*, 16. 3. 64, a. a. O., S. 90; *BG*, 20. 5. 69, E 95.II. 93, 97 und 107.

50 *BG*, 16. 3. 64, a. a. O.

51 *BG*, 16. 3. 64, a. a. O.

gewissenhafter und qualifizierter Arbeiter für die Vermeidung des Schadens gesorgt hat[52]. Einerseits muß der Betrieb zweckmäßig organisiert sein[53]. Andererseits müssen die Verrichtungsgehilfen sorgfältig ausgewählt und überwacht sein und muß ihnen der Geschäftsherr die nötigen Anleitungen gegeben haben[54]. Im Unterschied zum deutschen Recht[55] werden also im schweizerischen Recht Personal- und Organisationshaftung als eine Einheit gesehen. Der Geschäftsinhaber haftet folglich gemäß Art. 55 OR auch in den Fällen einer sorgfältigen Auswahl, Anleitung und Kontrolle der Arbeitnehmer, wenn er diese arbeitsmäßig überlastet hat[56].

---

52 *BG*, 25.5.38, E 64.II. 254, 261 f.

53 *BG*, 16.3.64, a.a.O.

54 *BG*, 16.3.64, a.a.O.; *BG*, 17.9.30, E 56.II. 283, 288; *BG*, 20.5.69, E 95.II. 93, 98.

55 Vgl. oben, Rz. 118–123.

56 *BG*, 17.9.30, E 56.II. 283, 287; *BG*, 27.9.30, E 56.II. 290.

VIII. Englisches Recht

167 Auch das englische Recht[1] unterscheidet scharf zwischen vertragsrechtlicher und deliktsrechtlicher Produkthaftung.

1. Die Vertragshaftung

168 Im Rahmen des Sales of Goods Act besteht die warranty-Haftung des Verkäufers gegenüber dem Käufer. Der Ausgangspunkt ist das Prinzip des caveat emptor: grundsätzlich ist der Käufer dafür verantwortlich, daß er das für seinen Verwendungszweck richtige Produkt auswählt und es auf seine Fehlerfreiheit in ausreichendem Maße überprüft. Von diesem Grundkonzept her ist es Sache des Käufers, im Rahmen bestimmter Tatbestandsgruppen dafür zu sorgen, daß in Durchbrechung dieser caveat emptor-Regel eine Verantwortlichkeit des Verkäufers für die Mängel des Produkts eintritt. Z. B. eine Haftung des Verkäufers dafür, daß das Produkt für den vom Käufer ausdrücklich oder konkludent vorausgesetzten Verwendungszweck geeignet ist, setzt voraus, daß der Käufer zum Ausdruck bringt, daß er auf die Beurteilung des Verkäufers bzw. auf dessen Fachwissen vertraut[2].

169 Greift die warranty-Haftung ein, so haftet der Verkäufer verschuldensunabhängig auf Schadensersatz, wenn und soweit für ihn der konkret entstandene Schaden im Zeitpunkt des Vertragsabschlusses voraussehbar war[3].

---

1 Dazu siehe *Lorenz* in: Die Haftung des Warenherstellers, a. a. O. (Rz. 20 Fußn. 1) S. 28–33; *Jolowicz,* 32 (1969) Modern Law Review 1 ff.

2 Vgl. dazu *Griffiths v. Peter Conway Ltd.:* (1939) 1 AllER 685, 691; *Ashington Piggeries v. Christopher Hill:* (1971) 1 AllER 847, 873.

3 *Hadley v. Baxendak:* vgl. dazu *König,* oben, Rz. 58 Fußn. 16.

170 Die warranty-Haftung kann vertraglich abbedungen werden[4]. Ein direkter Schadensersatzanspruch des Käufers gegen den Hersteller ist prozessual nicht anerkannt. Der verklagte Vertriebshändler kann lediglich mittels einer third party procedure seinen Lieferanten in den Prozeß hineinziehen[5].

171 Familienangehörige bzw. Mitarbeiter des Käufers können aus der warranty keine Ersatzansprüche herleiten. Sie sind also auf die deliktsrechtlichen Ansprüche und damit auf den Verschuldensnachweis angewiesen[6].

172 Allerdings ist hier die Doktrin des fundamental term of contract[7] im Auge zu behalten, wonach Freizeichnungsklauseln unwirksam sind, wenn sie den Schuldner von wesentlichen Vertragspflichten (fundamental term of contract) bzw. von wesentlichen Vertragsverletzungen (fundamental breach of contract) befreien würden. Durch die *Suisse Atlantique*-Entscheidung des *House of Lords*[8] wurde zwar entschieden, daß diese Doktrin keine Schranken der Vertragsfreiheit darstellt, sondern daß es sich um eine bloße Auslegungsregel handele. Praktisch wird sie aber weiterhin von den Instanzgerichten als Rechtswirksamkeitsgrenze der Vertragsfreiheit herangezogen[9]. Benutzt z. B. ein Hersteller, der sich in dem Liefervertrag von der Schadensersatzhaftung freigezeichnet hat, für das Produkt ein ungeeignetes Material, das dann erhebliche Sachschäden auslöst, muß er damit rechnen, daß die Freizeichnung von der Schadensersatzhaftung mittels der fundamental term of contract-Doktrin für unwirksam erklärt wird[10].

---

4 Vorbehaltlich der in Rz. 172 umrissenen fundamental breach-Doktrin.

5 Vgl. *Grant v. Australian Knitting Mills:* 1936 Law Times 18 ff.

6 Vgl. *Donoghue v. Stevenson:* (1932) AllER 1, 21.

7 Dazu siehe in Kürze *Schmidt-Salzer* im Außenwirtschaftsdienst (AWD) des Betriebs-Beraters.

8 *Suisse Atlantique Societe d'Armement Maritime S.A. v. N.V. Rotterdamsche Kolen Centrale:* (1966) 2 AllER 61.

9 *Harbutt's v. Wayne Tank Co.:* (1970) 1 QB 448, 464 ff., insb. 467.

10 *Harbutt's v. Wayne Tank Co.,* a. a. O.

2. Die Deliktshaftung

173 Im Anschluß an die Entscheidung *Winterbottom v. Wright*[1] wurde im englischen Recht die haftungsrechtliche Verantwortung des Verkäufers ausschließlich auf die vertraglichen Beziehungen begrenzt: Außerhalb von vertraglichen Beziehungen bestanden keine Sorgfaltspflichten und entfielen demnach grundsätzlich Schadensersatzansprüche.

174 Diese Rechtslage wurde durch die Entscheidung *Donoghue v. Stevenson*[2] beendet. Danach haftet ein Getränkehersteller deliktsrechtlich (in tort) dem Endverbraucher auch im Fall einer Zwischenschaltung von Vertriebshändlern für Personenschäden, wenn der Endverbraucher keine vernünftige Möglichkeit zu einer dem Produktgebrauch oder -verbrauch vorangehenden Prüfung (no reasonable opportunity of inspection) hat[3]. Erleiden also durch ein verdorbenes Getränk der Käufer und seine Ehefrau einen Körperschaden, können seit Donoghue v. Stevenson der Käufer aus warranty, die Ehefrau aus „negligence"[4] gegen den Hersteller-Verkäufer vorgehen[5]. Desgleichen kann der geschädigte Käufer Schadensersatzansprüche aus Vertrag gegen den Vertriebshändler sowie aus Delikt gegen den Hersteller verfolgen[6].

175 Voraussetzung dieser negligence-Haftung[7] ist zunächst einmal, daß der Hersteller gerade dem betreffenden Geschädigten eine Sorgfaltspflicht schuldet[8]. Weiß der Hersteller, daß das von ihm hergestellte Nahrungsmittel oder Getränk zum Verzehr bestimmt ist, „bringt er sich durch das Inverkehrbringen

1 *Winterbottom v. Wright:* (1842) 152 ER 402.

2 *Donoghue v. Stevenson:* (1932) AllER 1 ff.

3 a. a. O., S. 12 und S. 31.

4 a. a. O., S. 25.

5 *Daniels v. R. White & Sons Ltd.:* (1938) 4 AllER 258.

6 *Grant v. Australian Knitting Mills:* 1936 Law Times 18, 21.

7 Dazu siehe generell *James,* General principles of the Law of torts, 3. Aufl., London 1969, S. 158 ff.

8 *Donoghue v. Stevenson:* (1932) AllER 1, 30.

seines Erzeugnisses in eine Rechtsverbindung zu dem potentiellen Verbraucher"[9] und schuldet er ihm folglich eine Sorgfaltspflicht (duty to take care). Allerdings gelte dies nicht, wenn der Verbraucher die Möglichkeit und die Mittel zu einer Prüfung des Produkts hat[10] bzw. wenn es wahrscheinlich ist, daß ein Dritter das Produkt überprüft[11].

176 Diese Produkthaftung wurde in der Folgezeit schnell vom Bereich der Nahrungsmittel und Getränke auf sonstige Produkte[12] sowie von den Herstellern auf Vertriebshändler, Reparaturunternehmen, usw.[13] ausgedehnt, so daß sie sich jetzt als allgemeine Verschuldenshaftung der in die Warenherstellung und in den Warenvertrieb eingeschalteten Unternehmen darstellt. Praktisch gilt danach auch außerhalb des Vertragsbereichs grundsätzlich das caveat emptor-Prinzip: der Endbenutzer hat mittels Prüfung des Produkts seine Interessensphäre selbst zu schützen; dem Hersteller obliegt grundsätzlich keine Haftung. Nur wenn der Endbenutzer das Produkt vor der Benutzung praktisch nicht überprüfen kann, entsteht bzw. besteht eine Verantwortlichkeit des Herstellers[14] gegenüber jedermann, der voraussehbarerweise aufgrund der Pflichtverletzung einen Schaden erleiden könnte[15] und ist entweder das Produkt ohne unnötige gefährliche Eigenschaften herzustellen oder aber vor den mit der Benutzung des Produkts verbundenen Gefahren zu warnen[16].

---

9 *Donoghue v. Stevenson:* (1932) AllER 1, 22 und 30.

10 *Donoghue v. Stevenson:* (1932) AllER 1, 31; *Watson v. Buckley* (1940) 1 AllER 174, 183.

11 *Evans v. Triplex Safety Glass Co.:* (1936) 1 KB 283, 285; *Clerk & Lindsell* on Torts, 13. Aufl., London 1968, S. 498 ff.

12 Vgl. *Grant v. Australian Knitting Mills,* 1936 Law Times 18, 24 (Kleidung); *Watson v. Buckley:* (1940) 1 AllER 174, 183 f. (Haarfärbemittel); *Dutton v. Bognor Regis United Buildings Co. Ltd.:* (1972) 1 AllER 462, 471 f. und 479 (Gebäude).

13 Vgl. *Clerk & Lindsell,* a. a. O., S. 493 f.; *Street,* The Law of Torts, 4. Aufl., London 1968, S. 172.

14 *Donoghue v. Stevenson:* (1932) AllER 1, 22.

15 *James,* a. a. O. (Fußn. 7), S. 218.

16 *Vacwell Engineering v. B. D. H. Chemicals:* (1969) 3 AllER 1681, 1698 f.

177 Entscheidendes pflichtenbegründendes[17] Element ist dabei, daß der Endbenutzer keine reasonable opportunity of inspection hat[18], genauer: ob der Hersteller berechtigtermaßen voraussetzen kann, daß der Endbenutzer das Produkt vor der Benutzung auf den betreffenden Fehler hin untersucht[19] bzw. ob das Produkt is so prepared as to be intended to reach the consumer in the condition in which it leaves the manufacturer[20]. Wird z. B. ein Kran in Teile versandt, die der Empfänger am Ort zu montieren hat, habe er ausreichend Gelegenheit zu einer Prüfung und bestehe folglich keine Haftung[21] Ist der Hersteller nur Zulieferer des Endherstellers, kann er davon ausgehen, daß dieser im Rahmen des Assembling die benutzten fremdproduzierten Teile überprüft: im Verhältnis des Zulieferers z. B. einer Pkw-Windschutzscheibe zum geschädigten Pkw-Fahrer ist also davon auszugehen, daß eine zwischengeschaltete Überprüfung erfolgt und entfällt deshalb eine deliktsrechtliche Haftung[22]. Konnte der Hersteller voraussetzen, daß z. B. ein Zwischenhändler das Produkt vor Auslieferung an den Endbenutzer überprüft, hafte er nicht, wenn im konkreten Fall der Zwischenhändler die Überprüfung unzulänglich wahrnimmt[23].

178 Da das Kriterium der Inspektionsmöglichkeit pflichtenbegründend ist, folgt daraus negativ, daß in den Fällen einer objektiv gegebenen Inspektionsmög-

---

17 Anders *Donoghue v. Stevenson* (a. a. O., S. 12), wo das gleiche Endergebnis mittels einer Restriktion der an sich generell verstandenen Haftung durch die Kausalitätstheorie der causa remota erreicht wird.

18 *Farr v. Butters Bros. & Co.:* (1932) AllER 339, 343; *Kubach v. Hollands:* (1937) 3 AllER 907, 911; *Watson v. Buckley:* (1940) 1 AllER 174, 183; *Haseldine v. C. A. Daw Ltd.:* (1941) 3 AllER 156, 183; *Buckner v. Ashby & Horner Ltd.:* (1941) 1 KB 331, 332; *Mason v. Williams Ltd.:* (1955) 1 AllER 808, 810; Unscharf *Grant v. Australian Knitting Mills* (a. a. O., Fußn. 12, S. 24), wo nicht auf die Inspektionsmöglichkeit des Endbenutzers, sondern lediglich auf dessen Kenntnis vom Produktfehler abgestellt, also praktisch die latent/patent-rule angewandt wird.

19 *Donoghue v. Stevenson,* a. a. O., S. 12; *Haseldine v. C. A. Daw Ltd.:* (1943) 3 AllER 156, 183 und 185.

20 *Donoghue v. Stevenson,* a. a. O., S. 31.

21 *Farr v. Butters Bros. & Co.,* a. a. O., S. 344.

22 Vgl. *Evans v. Triplex Safety Glass Co. Ltd.:* (1936) 1 AllER 283, 285 f.

23 *Buckner v. Ashby & Horner Ltd.,* a. a. O., S. 334 f.

lichkeit der Hersteller auch dann nicht haftet, wenn vor dem Inverkehrbringen eine Qualitätskontrolle völlig unterblieben ist[24]. Wäre dagegen eine Inspektion nur mittels zerstörender Überprüfung möglich, entfällt praktisch eine Prüfungsmöglichkeit und entsteht demzufolge eine deliktsrechtliche Sorgfaltspflicht des Herstellers[25]. Entscheidend ist also nicht schon, ob eine Inspektion objektiv möglich ist[26], sondern erforderlich ist, daß der Hersteller bei vernünftiger wirtschaftlicher Betrachtung[27] davon ausgehen kann, daß eine Inspektion auch tatsächlich erfolgt[28] und zur Ermittlung des Fehlers führt[29].

179 Dogmatisch wird dieses pflichtenbegründende Kriterium der intermediate examination dem Bereich der Kausalität zugeordnet[30], weil die Zwischenschaltung eines Dritten oder die eigene Kontrolle durch den Benutzer die Kausalität des Herstellerhandelns bzw. -unterlassens unterbreche. Genauer müßte man aber davon sprechen, daß es sich hier um das Problem der Kausalitätszuordnung handelt. Dem Geist des Common Law liegen Alles- oder Nichts-Lösungen als Ausdruck eines noch relativ unentwickelten Rechtsdenkens sehr viel näher als die z. B. in den modernen kontinentalen Rechten entwickelten Sowohl- als Auch-Lösungen. Dies schlägt sich z. B. in Rechtssätzen wie der latent/patent-rule, der active/passive-rule oder der alten Common-Law-Regel von der anspruchsvernichtenden Wirkung des Mitverschuldens nieder. Auch im Bereich der Kausalität geht das Common Law davon aus, daß denjenigen, der später in die Kausalreihe eingeschaltet war, die alleinige Verantwortung treffe. Dies bedeutet für die Warenhersteller-Haftung folgendes: ist es aus der Sicht des Herstellers wahrscheinlich, daß vor der Benutzung des Produkts durch den Endverbraucher noch eine Überprüfung entweder durch einen zwischengeschalteten Dritten oder aber durch den Benutzer selbst erfolgt, würde die Verantwortung nicht dem Hersteller,

---

24 *Dransfield v. B. I. Cables Ltd.:* (1937) 4 AllER 382, 387 f.

25 Vgl. die vorstehend zitierte Entscheidung.

26 *Herschthal v. Stewart & Ardern Ltd.:* (1939) 4 AllER 123, 134–136.

27 *Haseldine v. C. A. Daw Ltd.:* (1941) 3 AllER S. 183.

28 *Herschthal v. Stewart & Ardern Ltd.*, a. a. O.

29 Vgl. *Dutton v. Bognor Regis United Building Co. Ltd.:* (1972) 1 AllER 462, 474 sowie 481 f. und 487. Siehe auch *James,* a. a. O., S. 221 m.w.N.

30 *Clerk & Lindsell,* a. a. O., S. 491.

sondern demjenigen, der die Überprüfung vorzunehmen hat, obliegen; besteht dagegen keine derartige Wahrscheinlichkeit einer der Verwendung vorangehenden Überprüfung, ist der Hersteller der Letzte, der den Endverbraucher bzw. den Geschädigten vor dem Produktfehler schützen konnte und trifft ihn folglich die Verantwortung für den Produktschaden[31]. Anstelle einer an sich denkbaren Mitverantwortlichkeit Mehrerer tritt also über dieses pflichtenbegründende Tatbestandsmerkmal des Fehlens einer Überprüfung eine Alleinverantwortung: Obliegt die intermediate inspection einem zwischen den Hersteller und den Benutzer zwischengeschalteten Dritten, ist die Haftung nur gegen diesen gerichtet; wird von dem Benutzer selbst vor dem Einsatz des Produkts eine inspection erwartet, wird ihm die Verantwortung aufgebürdet, indem ihm ein Schadensersatzanspruch gegen den Hersteller verwehrt wird. Praktisch wird damit dem pflichtwidrigen Nichterkennen des Produktfehlers durch den Benutzer bzw. durch den zwischengeschalteten Dritten mittels der Alles- oder Nichts-Lösung mehr Gewicht beigemessen als der tatsächlichen Fehlerverursachung im Hersteller-Bereich. Die rechtspolitisch wohl optimale Lösung einer Abwägung des beiderseitigen Verschuldens wird dadurch verhindert, daß bereits auf der Tatbestandsebene eine Schranke errichtet wird, indem nur bei Fehlen einer inspection durch den Benutzer oder durch den Dritten eine deliktsrechtliche Verantwortung des Herstellers entsteht. Solange das englische Recht noch das Mitverschulden als anspruchvernichtenden Einwand auffaßte, paßte dies allerdings in das System. Mit der Aufhebung dieser alten Common-Law-Regel und der Einführung der Verschuldensabwägung in den Fällen des Mitverschuldens ist aber eigentlich eine wichtige Bresche in die obigen, noch dem Rechtsdenken des Mittelalters verhafteten Konzeptionen geschlagen. Es bleibt abzuwarten, ob im englischen Recht diese Zusammenhänge erkannt werden und die Gerichte das einschränkende Tatbestandsmerkmal der probability of inspection durch den Benutzer oder durch einen zwischengeschalteten Dritten fallenlassen.

180 Der Unternehmer haftet deliktsrechtlich in vollem Umfang für ein Verschulden seiner Verrichtungsgehilfen aufgrund der Maxime qui facit per alium facit per se bzw. respondeat superior (sog. vicarious liability)[32], wobei dies

---

31 Vgl. *Clerk & Lindsell,* a. a. O.

32 *Davie v. New Merton Board Mills:* (1959) 1 AllER 346, 351; *James,* a. a. O., S. 377.

ausdrücklich als eine rule of rough justice charakterisiert wird[33]. Handelt es sich dagegen nicht um ein arbeitsrechtliches Verhältnis (master/servant-relation), sondern um eine nicht weisungsgebundene Hilfsperson, gilt sie als independent-contractor[34] und gilt nicht die vicarious liability[35]. Läßt z. B. ein Werkzeughersteller das erforderliche Härteverfahren nicht in seinem Werk, sondern durch einen Auftragnehmer durchführen, haften bei mangelhafter Härtung nur der letztere, nicht aber der Hersteller[36]: Hat der Werkzeughersteller einen competent contractor ausgewählt, brauche er die einzelnen Werkzeuge nicht noch einmal einer Qualitätskontrolle zu unterziehen[37].

181 Andererseits ist aber anerkannt, daß in der Auswahl eines ungeeigneten independent-contractor ein (eigenes) Verschulden liegen könne[38], so daß derjenige, der ein rechtlich selbständiges Unternehmen einschaltet, nur dann von der Haftung für dessen Fehler frei ist, wenn das eingeschaltete Unternehmen fachlich ausreichend qualifiziert ist[39]. Damit ist an sich die Basis für eine dem Verschuldensprinzip angepaßte Bewältigung des Problems der zwischenbetrieblichen Arbeitsteilung gegeben. Die englische Rechtsprechung hat hier aber keine konkreteren Konturen herausgearbeitet. Vielmehr ist nur klargestellt, daß in den Fällen der zwischenbetrieblichen Arbeitsteilung jedenfalls keine unmittelbare Zurechnung des Fremdhandelns erfolgt, sondern daß zur Haftungsbegründung ein eigenes Verschulden erforderlich ist: welche Auswahl- bzw. Kontrollpflichten aber in den typischen Situationen der zwischenbetrieblichen Arbeitsteilung bestehen, steht in der englischen Rechtsprechung noch nicht fest.

---

33 *James,* a. a. O., S. 380.

34 *James,* a. a. O., S. 393; *Fleming,* An Introduction to the Law of Torts, Oxford 1967, S. 174.

35 *James,* a. a. O.; *Clerk & Lindsell,* a. a. O. (Fußn. 11) S. 149 f.

36 *Taylor v. Rover Co. Ltd.:* (1966) 2 AllER 181, 186. Vgl. aber auch *Davie v. New Merton Board Mills,* a. a. O., S. 367 f.

37 *Taylor v. Rover Co.,* a. a. O.

38 *James,* a. a. O., S. 395; *Clerk & Lindsell,* a. a. O., S. 149 f.

39 Vgl. einerseits *Taylor v. Rover Co.,* a. a. O.; *Morgan v. Incorporated Central Council:* (1936) 1 AllER 404 (bejaht), andererseits *Watson v. Buckley:* (1940) 1 AllER 174, 183 (verneint: dazu im folgenden).

182 Hinsichtlich der vertikalen Arbeitsteilung, d. h. nacheinandergeschalteter Unternehmen wie z. B. Zulieferer/Assembler oder Endhersteller/Vertriebshändler ist davon auszugehen, daß z. B. der Hersteller nicht „agent" des Zwischenhändlers ist[40]. Demzufolge haftet der Vertriebshändler nicht für Fertigungsfehler[41], sondern nur für die Schadensursachen, die er in seinem eigenen Bereich gesetzt hat[42], also z. B. wenn er Fremdprodukte vertreibt, ohne sich die geringsten Gedanken darüber zu machen, ob er auf die Qualität des Produkts vertrauen kann[43].

183 Allerdings haftet ein Vertriebshändler im Rahmen dieser negligence-Haftung dann wie ein Hersteller, wenn er in seiner Werbung ein fremdproduziertes Erzeugnis als sein Produkt herausstellt (weil er sich hier als Hersteller geriert). Voraussetzung dafür ist aber, daß ihm ein eigenes Verschulden zur Last fällt[44], er also z. B. ein Haarfärbemittel als ungefährlich bzw. hautverträglich herausstellt, ohne dies vorher zu überprüfen[45]. Daneben haftet der tatsächliche Hersteller, wenn ihn ein Verschulden trifft, er also z. B. die Bestandteile des Haarfärbemittels falsch dosiert hat[46]. Obwohl hier also im Ergebnis beide Beteiligte haften, wird doch aus der individuellen Anknüpfung der Verschuldensbeurteilung ersichtlich, daß die Frage der Verantwortlichkeit jeweils auf die konkret von dem Betreffenden gesetzte Ursache bezogen wird.

184 Weiterhin wurde die Haftung auf Reparateure[47], auf Gebrauchtwagenhändler[48] und auf Zwischenhändler[49] ausgedehnt, wobei aber jeweils geprüft wurde, ob gerade diese Unternehmen zu der in Betracht kommenden

---

40 *Watson v. Buckley,* a. a. O., S. 183.

41 a. a. O.

42 a. a. O. Siehe auch *James,* a. a. O., S. 217, Fußn. h).

43 *Fisher v. Harrods Ltd.:* (1966) 1 Lloyds List Law Reports 500, 507 ff.

44 *Watson v. Buckley:* (1940) 1 AllER 174, 183.

45 a. a. O.

46 a. a. O.

47 *Haseldine v. C. A. Daw Ltd.,* a. a. O., S. 185; *Stennet v. Hancock:* (1939) 2 AllER 578, 583.

48 *Andrews v. Hopkinson:* (1956) 3 AllER 422, 426.

49 *Kubach v. Holland:* (1937) 3 AllER 907, 911; *Watson v. Buckley:* (1940) 1 AllER 174, 181.

Untersuchung verpflichtet waren. Z. B. von einem Zwischenhändler wird keine Quasi-Hersteller-Prüfung verlangt, sondern nur eine Prüfung mit Vertriebshändlermitteln[50], z. B. also, daß er sich im Fall eines Warenbezugs von einem neuen Zulieferer mittels Stichproben von der Ordnungsmäßigkeit der Ware überzeugt[51].

185 Grundsätzlich unterliegt auch der Endabnehmer (z. B. gegenüber seinen Mitarbeitern) dieser Produkthaftung. Ein derartiger Fall ist gegeben, wenn in Kenntnis der Fehlerhaftigkeit Werkzeug den Mitarbeitern ausgehändigt wird[52]. Hat der Benutzer allerdings das Produkt von einem angesehenen Hersteller gekauft, muß er es nicht vor der Aushändigung an seine Mitarbeiter auf eventuelle Fehler überprüfen, sofern er keinen konkreten Anlaß hat, an der Fehlerfreiheit zu zweifeln[53]. Da die negligence-Haftung gerade keine absolute obligation darstellt[54], haftet jeder nur für seinen Bereich[55] und ist der Hersteller nicht Verrichtungsgehilfe des Benutzers[56]. Läßt der Benutzer aufgrund eigener Konstruktionszeichnungen ein Werkzeug durch einen Dritten herstellen, würde er dagegen für etwaige Konstruktionsfehler haften[57].

186 Die Produkthaftung umfaßt nicht primäre Vermögensschäden[58], wohl aber die sich aus einer Sachbeschädigung ergebenden Vermögensfolgeschäden (z. B. Reparaturkosten)[59].

---

50 *Street,* a. a. O. (Fußn. 13) S. 172.

51 Vgl. *Watson v. Buckley,* a. a. O.

52 *Taylor v. Rover Co. Ltd.:* (1966) 2 AllER 181.

53 *Mason v. Williams Ltd.:* (1955) 1 AllER 808, 809; *Davie v. New Merton Board Mills:* (1959) 1 AllER 346, 367 f. Anderer Ansicht, d. h. Haftung bejaht in *Donally v. Glasgow Corp.:* (1953) Scottish Cases 107.

54 *Davie v. New Merton Board Mills,* a. a. O., S. 349.

55 a. a. O., S. 351.

56 a. a. O., S. 351.

57 a. a. O., S. 354 (obiter dictum).

58 Vgl. *Weller v. Foot and Mouth Disease Research Institute:* (1965) 3 AllER 560; *SCM (United Kingdom) Ltd. v. Whitall & Son:* (1970) 3 AllER 245, 249 f. Die tort-Haftung erstreckt sich nur in den Fällen der negligent misreprensentation (z. B. bei Bankauskünften) auf primäre Vermögensschäden: vgl. *Hedley Byrne and Co. Ltd. v. Heller & Partners, Ltd.:* (1963) 2 AllER 575 sowie dazu *James,* a. a. O., S. 171–177.

59 *Dutton v. Bognor Regis United Building Co. Ltd.:* (1972) 1 AllER 462, 465.

187 Grundsätzlich hat der Produktgeschädigte den Verschuldensnachweis zu führen[60]. Dazu gehört u. a. der Nachweis, daß der Schadensfall voraussehbar war[61], also z. B. der Nachweis, daß dem Hersteller Fehlerursache, Schadenmöglichkeit sowie Gefahrabwendungsmöglichkeiten bekannt waren, er aber nicht bzw. nicht rechtzeitig handelte[62]. Eine Ausnahme gilt nur, falls dem Produktgeschädigten die Beweiserleichterung der res ipsa loquitur[63] zu Hilfe kommt[64], indem die Tatsache des Schadensfalles bereits für sich allein gesehen bei objektiver Betrachtung den Rückschluß aufdrängt, daß der Beklagte oder seine Verrichtungsgehilfen fahrlässig handelten[65]. Bei einer derartigen Sachlage wird davon ausgegangen, daß die Tatsachen den Anscheinsbeweis der Fahrlässigkeit enthalten (prima facie evidence of negligence)[66].

188 Das Problem des Mitverschuldens war bis zum Contributory Negligence Act, 1945, als anspruchsvernichtender Einwand geregelt. Die gesetzliche Regelung brachte demgegenüber die Einführung der verschuldensentsprechenden Haftungszuteilung.

---

60 *Evans v. Triplex Safety Glass Co.:* (1936) 1 KB 283, 285; *Mason v. Williams Ltd.:* (1955) 1 AllER 808, 810; *Taylor v. Rover Co.:* (1966) 2 AllER 181, 184; siehe auch *Davie v. New Merton Board Mills,* a. a. O., S. 349; *James,* a. a. O., S. 221; *Street,* a. a. O. (Fußn.), S. 174.

61 Vgl. *Kubach v. Hollands:* (1937) 3 AllER 907.

62 *Read v. Croyelon Corp.:* (1938) 4 AllER 631, 642; *Barnes v. Irwell Valley Water Bd.:* (1938) 2 AllER 650, 654 f.

63 Dazu siehe *James,* a. a. O. (Fußn. 1) S. 205–208 sowie *Millner,* Negligence in Modern Law, London 1967, S. 89 ff.

64 *Mason v. Williams Ltd.,* a. a. O.

65 Vgl. *James,* a. a. O., S. 206.

66 Vgl. *Byrne v. Boadle:* (1963) 2 H & C 722.

IX. Kanadisches Recht

189 Aufgrund des gemeinsamen rechtsgeschichtlichen Hintergrundes entspricht das kanadische Gewährleistungsrecht im wesentlichen dem englischen Recht. Auch hier ist also für eine Schadensersatzhaftung des Verkäufers aus warranty z. B. der Nachweis erforderlich, daß der Käufer relied on the skill and judgement of the vendor[1]. Die warranty-Haftung schützt nur den Käufer selbst, nicht dagegen seine Familienmitglieder[2], so daß letztere auf deliktsrechtliche Schadensersatzansprüche gegen den Hersteller-Verkäufer bzw. gegen Händler-Verkäufer angewiesen sind[3]. Im Gegensatz zum englischen Recht werden aber im kanadischen Recht an die Rechtswirksamkeit von Freizeichnungsklauseln strengere Anforderungen gestellt. Die kanadischen Gerichte erkennen die Doktrin vom fundamental term of contract als Wirksamkeitsgrenze für vertragliche Freizeichnungsklauseln an: mittels dieser Doktrin werden Freizeichnungsklauseln in Fällen von Konstruktionsfehlern[4] oder von Produkten, die völlig ihren Verwendungszweck verfehlen[5], für unwirksam erklärt.

190 Im deliktsrechtlichen Bereich geht auch das kanadische Recht von dem durch die englische Entscheidung Donoghue v. Stevenson[6] geschaffenen

---

1 *Bradshaw v. Boothe's Marine Ltd.:* (1973) 35 DLR 3d, 43, 50.

2 *Bradshaw v. Boothe's Marine Ltd.*, a. a. O., S. 50.

3 *Bradshaw v. Boothe's Marine Ltd.*, a. a. O., S. 50 f.

4 *Knowles v. Anchorage Holdings Co. Ltd.:* (1964) 43 DLR 300, 304 f.; *Western Processing & Cold Storage v. Hamilton Construction Co.:* (1965) 51 DLR 2d 245, 250 f.

5 *Pippy v. RCA Victor Co. Ltd.:* (1964) 49 DLR 2d, 523; *Canadian Dominion Leasing Corp. Ltd. v. Suburban Superdrug Ltd.:* (1966) 56 DLR 2d 43, 49 f.

6 Vgl. dazu oben, Rz. 174.

Rechtsstand aus[7]. Die tort-Haftung schützt jedermann, der durch ein fehlerhaftes Produkt einen Schaden erleidet[8]. Haben also der Endkäufer sowie seine Familienmitglieder Personenschäden erlitten, können alle gegen den Hersteller deliktsrechtlich vorgehen. Gegen den Vertriebshändler dagegen können die geschädigten Familienmitglieder deliktsrechtlich, der geschädigte Käufer dagegen vertragsrechtlich vorgehen[9].

191 Die deliktsrechtliche Produkthaftung umfaßt nur Personenschäden sowie Schäden an dritten Sachen, nicht aber primäre Vermögensschäden[10]. Ist nur die Sache selbst beschädigt worden (z. B. ein Schiff durch einen falsch konstruierten und zusammengebrochenen Kran) entfällt eine deliktsrechtliche Produkthaftung des Schiffherstellers[11]. Ein eventuelles fahrlässiges Mitverschulden der Schadenverursachung durch den Produktgeschädigten ist kein anspruchsvernichtender Einwand[12]. Vielmehr führt dies zur Haftungsteilung. Dagegen ist eine bewußte Risikoübernahme (assumption of risk) ein anspruchsvernichtender Einwand[13].

192 Entspricht das Produkt nicht den Eigenschaften, die der Hersteller in Prospekten angegeben hat (z. B. Wasserverträglichkeit eines Bindemittels) haftet der Hersteller dem Endverbraucher aus Delikt, wenn dadurch Sachschäden aufgetreten sind[14]. Handelt es sich um ein gefährliches Produkt, z. B. Propangasflaschen, genügt es nicht, daß der Hersteller Stichprobenkontrollen vor-

---

7 *Shandloff v. City Dairy:* (1936) 4 DomLR 712, 719; *Castle v. Davenport-Campbell Co.:* (1956) 3 DomLR 2d 540, 545; *Phillips v. Ford Motor Co. of Canada:* (1970) 12 DomLR 3rd 28, 53; *Rivtow Marine Ltd. v. Washington Iron Works:* (1972) 26 DLR 3rd 559, 579.

8 *Marschler v. G. Masser's Garage:* (1956) 2 DomLR 2d 484, 491; *Bradshaw v. Boothe's Marine Ltd.,* a. a. O., S. 50 f.

9 a. a. O.

10 *Rivtow Marine Ltd. v. Washington Iron Works,* a. a. O., S. 578 f.

11 a. a. O., S. 577–579.

12 *Lamberts v. Lastoplex Chemicals Co. Ltd.:* (1971) 25 DLR 121, 125 f.

13 a. a. O., S. 126.

14 *Western Processing & Cold Storage v. Hamilton Construction Co.:* (1965) 51 DLR 2d 245, 249 und 252.

nimmt: steht ihm ein einfaches und zweckentsprechendes Prüfungsverfahren zur Verfügung, muß er jede einzelne Flasche überprüfen[15]

193 Eine scheinbare Ausnahme zum englischen Recht besteht im kanadischen Recht der Instruktionshaftung, denn in diesem Bereich wird das pflichtenbegründende Merkmal des Fehlens einer intermediate inspection nicht mehr erwähnt:

> Manufacturers owe a duty to consumers of their products to see that there are no defects in manufacture which are likely to give rise to injury in the ordinary course of use. Their duty does not, however, end if the product although suitable for the purpose for which it is manufactured and marketed, is at the same time dangerous to use; and if they are aware of its dangerous character they cannot, without more, pass the risk of injury to the consumer. . . . Where manufactured products are put on the market for ultimate purchase and use by the general public and carry danger, although put to the use for which they are intended, the manufacturer, knowing of their hazardous nature, has a duty to specify the attendant dangers, which it must be taken to appreciate in a detail not known to the ordinary consumer or user. A general warning as for example, that the product is inflammable, will not suffice where the likelihood of fire may be increased according to the surrounding in which it may reasonably be expected that the product will be used. The required explicitness of the warning will, of course, vary with the danger likely to be encountered in the ordinary use of the product.

194 Diese Ausnahme ist aber m. E. nur eine scheinbare Ausnahme. Sie erklärt sich damit, daß das Kriterium der intermediate inspection nur bei Mängeln der Sache selbst zum Tragen kommen kann. Handelt es sich dagegen darum, daß mit der Benutzung der Sache bestimmte Gefahren verbunden sind, dann ergibt sich die Produktgefährlichkeit hier nicht aus der Sache selbst, sondern erst aus der Benutzung der Sache zur Erreichung eines bestimmten Ziels. Wenn es sich aber gerade nicht um der Sache selbst anhaftende Produktfehler handelt, können sie von vornherein auch mittels einer intermediate inspection nicht ermittelt werden. Vielmehr muß das der Entscheidung *Donoghue v. Stevenson* zugrunde liegende Prinzip des „Schütze Deine Nach-

---

15 *Bradshaw v. Boothe's Marine Ltd.*, a. a. O., S. 50. Siehe auch *Cohen v. Coca Cola Ltd.:* (1967) 62 DomLR 285, 288.

barn“[16] zu der in der *Lambert*-Entscheidung festgehaltenen Schlußfolgerung führen: Wenn und soweit dem Benutzer die mit der Benutzung des Produkts für bestimmte Verwendungszwecke verbundenen Gefahren nicht bekannt sind, kann und muß (im Rahmen des Voraussehbaren) der Hersteller ihm darauf aufmerksam machen. Der gemeinsame Grundgedanke der *Donoghue v. Stevenson*-Entscheidung und der *Lambert*-Entscheidung ist also, daß den Hersteller gegenüber den potentiellen Produktgeschädigten Sorgfaltspflichten treffen, wenn und soweit diese nicht selbst für ihren Schutz sorgen können bzw. wenn und soweit der Hersteller nicht davon ausgehen kann, daß ein zwischengeschalteter Hersteller oder Vertriebshändler diesen Schutz übernimmt. Der Unterschied zwischen der *Donoghue v. Stevenson*-Entscheidung und der *Lambert*-Entscheidung liegt darin, daß das pflichtenbegründende Kriterium der intermediate inspection nur bei Fehlern der Sache selbst eingreift: soweit sich die Gefährlichkeit der Sache erst aus ihrer Heranziehung zur Erreichung eines bestimmten Verwendungszweckes ergibt, kann es nicht auf das Kriterium einer intermediate inspection ankommen. Entscheidend muß vielmehr lediglich sein, ob der Hersteller diese Gefahren voraussehen konnte. Ist dies der Fall, muß er die Benutzer ausreichend vor den Gefahren warnen.

195 Vertriebshändler haften dafür, daß nicht in ihrem Verantwortungsbereich Schadensursachen gesetzt werden[17]. Sie sind aber nicht verpflichtet, von sich aus Qualitätskontrollen der fremdproduzierten Produkte vorzunehmen. Für sie entsteht vielmehr eine Überprüfungspflicht nur, sofern ein augenscheinlicher Defekt des Produkts gegeben ist[18]. Nur wenn es sich um ein Produkt eines ausländischen Herstellers handelt, könne sich der Vertriebshändler (= Importeur) nicht darauf berufen, daß er nicht Hersteller war: dies sei aus Gründen des Schutzes der kanadischen Konsumenten erforderlich[19].

---

16 *Donoghue v. Stevenson:* (1932) AllER 1, 11.

17 *Phillips v. Ford Motor Co. of Canada:* (1970) 12 DomLR 3rd 28, 53.

18 *Bradshaw v. Boothe's Marine Ltd.*, a. a. O., S. 49.

19 *Phillips v. Ford Motor Co. of Canada*, a. a. O., S. 54 f.

X. us-amerikanisches Recht

196 Da das Zivilrecht Sache der Bundesstaaten ist, gibt es genaugenommen kein us-amerikanisches Zivilrecht, sondern nur eine Vielzahl mehr oder minder einheitlicher bzw. divergierender Einzelstaaten-Zivilrechte. Trotzdem bestehen im hier interessierenden Bereich weitgehende Übereinstimmungen, so daß unter dem Vorbehalt einzelstaatlicher Abweichungen eine einheitliche Beurteilung möglich ist.

1. Die Vertragshaftung

197 Im funktionell vertragsrechtlichen Bereich besteht seit altersher die Verkäufer-Haftung für implied sowie für express warranties. Durch den Uniform Commercial Code, ein vom American Law Institute herausgegebenes Modellgesetz, das in den wirtschaftlich wichtigsten Staaten der USA (teilweise allerdings mit gewissen Änderungen und Ergänzungen) übernommen ist, liegt hier eine gewisse Rechtsvereinheitlichung vor.

198 Die warranty-Haftung ist eine verschuldensunabhängige Haftung, die die Verpflichtung zum Ersatz der entstandenen Personen-, Sach- oder Vermögensschäden umfaßt. Die Haftung aus der implied warranty kann vertraglich abbedungen werden. Die betreffende Klausel muß aber conspicuous, d. h. klar und eindeutig und entsprechend hervorgehoben sein (Sect. 2-316 Abs. 2 UCC). Dies ist nicht der Fall, wenn sie zusammen mit anderen steht und drucktechnisch nicht besonders hervorgehoben ist[1]. Ist dagegen das Formerfordernis erfüllt, wird die Rechtswirksamkeit der Haftungsfreizeichnung anerkannt.

1 *Matthews v. Ford Motor Co.:* (1973) Court of Appeals (4rth Circuit).

Sect. 2-302 UCC wird also nicht angewandt[2], so daß im Ergebnis eine Freizeichnung von der warranty-Haftung als prima facie conscionable bewertet wird.

199 Der Schutz der warranty-Haftung ist auf den Vertragspartner begrenzt[3], so daß z. B. die Mitarbeiter des Käufers nicht aus der dem Käufer zustehenden warranty gegen den Verkäufer klagen können[4], sondern nur aus strict liability in tort[5]. Für den Käufer dagegen bestehen beide Haftungen nebeneinander[6], so daß er beide geltend machen kann.

200 Gemäß Section 2-302 kann das Gericht Vertragsklauseln für unwirksam erklären, die unconscionable, d. h. sachlich unangemessen sind. Diese Vorschrift könnte bei wörtlicher Auslegung die positiv-rechtliche Grundlage für eine generelle richterliche Inhaltskontrolle von Verträgen ergeben. Die us-amerikanische Rechtsprechung hat hier aber gegenüber dem unbeschränkten Wortlaut[7] eine äußerst wichtige tatbestandliche Einschränkung herausgearbeitet: Der unconscionability-Test wird nur angewandt, wenn die belastende Partei dargelegt hat, daß sie sich bei Vertragsabschluß in einer Position der wirtschaftlichen Unterlegenheit (inferiority of bargaining power) befand[8]. Erst dann erfolgt eine Überprüfung, ob die Klausel sachlich angemessen ist. Wird die sachliche Angemessenheit bejaht, wird sie rechtlich anerkannt, auch wenn der dadurch Belastete wirtschaftlich unterlegen war[9].

---

2 *Ford Motor Co. v. Moulton:* (1974) Tennessee Supreme Court.

3 *Moss v. Polyco Inc.:* (1974) Oklahoma Supreme Court; a. A. *Stewart v. Gainsville Glass Co.:* (1974) Court of Appeal of Georgia.

4 *Moss v. Polyco Inc. ;* a.a. O.; a. A. *Speed Fastners Inc. v. Newson:* (1967) 382 F2d 395.

5 *Moss v. Polyco Inc.,* a.a. O. Unscharf *Berry v. Searle & Co.:* (1974) Illinois Supreme Court, wo strict liability in tort und warranty vermischt werden.

6 *Moss v. Polyco Inc., a.a. O.*

7 Zur Entstehungsgeschichte siehe *Leff,* 115 (1967) UPaLR 485 ff.

8 *Diamond Housing Corp. v. Robinson:* (1969) 257 A2d 492, 493; *Stremmel Motors Inc. v. IDS Leasing Corp.:* (1973) 514 P2d 654.

9 *K & C Inc. v. Westinghouse Electric Corp.:* (1970) 263 A2d 390; *US Fibres Inc. v. Proctor & Schwartz Inc.:* (1972) 358 FSup 449.

201 Daneben besteht als Institut des allgemeinen Vertragsrechts der unequal bargaining power-Test[10], mittels dessen einseitige Vertragsbedingungen für unwirksam erklärt werden, wenn die dadurch belastete Vertragspartei im Zeitpunkt des Vertragsabschlusses wirtschaftlich unterlegen war. Während zunächst noch unklar blieb, ob die us-amerikanischen Gerichte die unequality of bargaining power typisierend oder als im Einzelfall darzulegendes bzw. nachzuprüfendes Korrektiv behandeln würden, hat sich dies in den letzten Jahren herauskristallisiert: Es wird mehr und mehr auf die im Einzelfall gegebene Sachlage abgestellt. Angesichts der Tatsache, daß die us-amerikanischen Gerichte im Zusammenhang mit dem equality of bargaining power-Test immer wieder den Begriff der unconscionability und teilweise auch unmittelbar Section 2-302 UCC zitieren ist also praktisch unter dem Uniform Commercial Code eine Kombination der tatbestandlich unbegrenzten Kontrollvorschrift der Section 2-302 UCC und des bargaining power-Test entstanden, indem die us-amerikanischen Gerichte Section 2-302 das ungeschriebene Tatbestandsmerkmal der eindeutigen wirtschaftlichen Überlegenheit der einen Vertragspartei untergeschoben haben, was praktisch bedeutet, daß sie ihr einen sehr viel engeren faktischen Anwendungsbereich geben als es nach dem Wortlaut eigentlich möglich wäre.

202 Gemäß Section 2-719 Abs. 3 UCC gelten Haftungsbeschränkungen im Fall von Personenschäden als prima facie unconscionable, d. h. als vermutetermaßen unangemessen und rechtlich unwirksam: Nur wenn der durch die Haftungsbeschränkung Begünstigte besondere Gründe darlegen kann, daß im gegebenen Fall die Begrenzung der Haftung für Personenschäden sachlich angemessen war, ist die Haftungsbeschränkung rechtswirksam. Dies gilt auch für verdeckte Haftungsbeschränkungen wie z. B. die Begrenzung der Gewährleistungshaftung auf den Austausch fehlerhafter Teile[11], so daß durch eine derartige Klausel die Verpflichtung zum Ersatz von Personenschäden nicht berührt wird. Andererseits stellt aber Section 2-719 Abs. 3 UCC keine Einschränkung der grundsätzlich zugelassenen Freizeichnung von der warranty-

---

10 *New York Central Railroad v. Lockwood:* (1873) 84 US 357; *Henningsen v. Bloomfield Motors Inc.:* (1960) 161 A2d 69.

11 *Matthews v. Ford Motor Co.:* (1973) Court of Appeals (4rth Circuit); *Collins v. Uniroyal Inc.:* (1973) Superior Court of New Jersey.

Haftung dar[12]. Eine Freizeichnung von der warranty-Haftung ist also auch im Fall des Vorliegens von Personenschäden rechtswirksam[13].

203 Das Problem der Rechtswirkung von Hersteller-Werbungen wird im us-amerikanischen Recht mittels der express warranty gelöst. Vertreibt ein Hersteller Prospekte und kauft daraufhin ein Endverbraucher das Produkt von einem Vertriebshändler, können die Prospektangaben die Grundlage für eine express warranty des Herstellers gegenüber dem Endabnehmer ergeben[14]. Neben dem Vertragsverhältnis zwischen Vertriebshändler und Endabnehmer kommt also zugleich aufgrund der direkt an den Endabnehmer gerichteten Herstellerwerbung ein Rechtsverhältnis zwischen dem Hersteller und dem Endabnehmer zustande, das zur Grundlage einer Schadensersatzhaftung werden kann. Das gleiche gilt für Hersteller-Garantiekarten oder sonstige gedruckte „Erklärungen", die Hersteller ihren Produkten beigeben[15]. Weiterhin wird auch in den Fällen der Fernseh-, Radio- bzw. Zeitschriftenwerbung eine express warranty des Herstellers gegenüber dem Endabnehmer unter Überspringung der Vertriebshändler angenommen[16].

Die Besonderheit dieser Anspruchsgrundlage besteht also darin, daß die tatsächlich unmittelbar an den potentiellen Endverbraucher gerichtete Erklärung des Herstellers über die Eigenschaften seines Produkts auch rechtlich relevant ist: Wenn der Hersteller mittels unmittelbarer Werbung den Kaufentschluß des Endverbrauchers motiviert, muß er sich auch daran festhalten lassen und gegebenenfalls für die Nichteinhaltung der in seiner Werbung enthaltenen Eigenschafts- bzw. Leistungsangaben eintreten[17].

---

12 *Chemo Industrial Applicators Co. v. Dupont de Nemours and Co.:* (1973) 366 FSup 278.

13 *Chemco Industrial Applicators Co. v. Dupont de Nemours & Co.* a.a.O.

14 *Sylvestri v. Warner & Swasey Co.:* (1968) 398 F2d 598, 602.

15 *Randy Knitwear Inc. v. American Cyanamid Co.:* (1962) 181 NE2d 399, 403 und 404.

16 *Randy Knitwear Inc. v. American Cyanamid Co.:* (1962) 181 NE2d 399, 403 f.; *Gherna v. Ford Motor Co.:* (1966) 55 Cal. 94, 103; *Thomas v. Olin Mathieson Chem. Corp.:* (1967) 63 Cal. 454; *Anthony v. General Motors Corp.:* (1973) 109 Cal. 254; *States Steamship Co. v. Stone Manganese Marine Ltd.:* (1973) US District Court for New Jersey.

17 *Randy Knitwear Inc. v. American Cyanamid Co.,* a.a.O., S. 403.

204 Auch hinsichtlich der implied warranty finden sich Urteile, wonach auch trotz Fehlens eines direkten Kontaktes eine Schadensersatzhaftung des Herstellers oder des Zulieferers (unter Überspringung des assemblers) gegenüber dem Endabnehmer bestehen kann[18]. Dabei handelt es sich aber nicht um die implied warranty des Kaufrechts, sondern bereits um die strict liability in tort, die in den Anfangsphasen ihrer Entwicklung zunächst noch als implied warranty bezeichnet und als vom Erfordernis der privity of contract losgelöste warranty action verstanden wurde. Inzwischen ist aber der selbständige Charakter der strict liability in tort erkannt und auch terminologisch klargestellt. Die Frage einer unmittelbaren Anspruchsgrundlage des Endabnehmers gegenüber den Vormännern seines Verkäufers ist also nicht anhand der Anspruchsvoraussetzungen der implied warranty, sondern unter den tatbestandlichen Voraussetzungen und unter dem Stichwort der strict liability in tort zu behandeln (was sich praktisch vor allem in der Frage der Rechtswirksamkeit von Freizeichnungsklauseln niederschlägt, die bei der warranty-Haftung grundsätzlich zulässig, bei der strict liability in tort dagegen unzulässig sind[19]).

2. Die negligence-Haftung

205 Im funktionell deliktsrechtlichen Bereich gingen die us-amerikanischen Gerichte entsprechend der englischen Entscheidung *Winterbottom v. Wright*[1] zunächst davon aus, daß Schadensersatzansprüche stets das Vorliegen eines Vertrages voraussetzen. Eine allgemeine Deliktshaftung wurde lange Zeit nicht anerkannt. Der Endabnehmer konnte deshalb für Produktfehler nur seinen Lieferanten, nicht aber den am Ende der Händlerkette stehenden Hersteller in Anspruch nehmen. Durch die bahnbrechende Entscheidung *McPherson v. Buick Motors Corp.*[2] wurde dieser historische Irrtum korrigiert

---

18 *Hennigsen v. Bloomfield Motors Corp.:* (1960) 161 A2d 69, 84; *Goldsberg v. Kolsman Instrument Corp.:* (1963) 191 NE2d 81, 83; *Montgomery v. Goodyear Tire & Rubber Co.:* (1964) 231 FSup 447, 455; *Sevits v. McKiernan-Terry Corp.:* (1966) 264 FSup 810, 813f.

19 Vgl. einerseits oben, Rz. 198, andererseits unten, Rz. 261.

1 Vgl. dazu oben, Rz. 173.

2 (1916) 111 NE 1050.

und klargestellt, daß neben vertragsrechtlichen Ansprüchen gegen den Lieferanten auch deliktsrechtliche Ansprüche gegen dessen Vormänner bestehen. Diese Haftung wird als negligence-Haftung bezeichnet, so daß letztlich mit dem Haftungs*maßstab* (Fahrlässigkeit) der Haftungs*grund* beschrieben wird.

206 Die negligence-Haftung ist also unabhängig vom Bestehen vertraglicher Beziehungen (privity of contract), so daß z. B. der Endkäufer unter Überspringung der Vertriebshändler[3] oder ein außenstehender Dritter[4] direkt gegen den Hersteller auf Schadensersatz klagen können. Die negligence-Haftung umfaßt die Konstruktions- und die Fahrlässigkeitshaftung[5] sowie die Instruktionshaftung für nicht ausreichende Warnungen, Gebrauchsanleitungen, usw.[6]. Darüber hinaus umfaßt sie aber auch die Produktbeobachtungshaftung, z. B. also ein nicht ausreichendes Reagieren auf erhaltene Schadenmeldungen bzw. Fehlerhinweise hinsichtlich der weiteren Fertigung und des weiteren Vertriebs[7].

207 Da es sich hier um eine Verschuldenshaftung handelt, werden im allgemeinen bei der Prüfung der Sorgfaltsanforderungen die Handlungs- und Steuerungsmöglichkeiten des Beklagten berücksichtigt. Handelt es sich z. B. um einen Konstruktionsfehler und hat der Produktgeschädigte ein Unternehmen verklagt, das lediglich die Fertigung aufgrund von Konstruktionszeichnungen übernommen hatte, die es von einem dritten Unternehmen erhalten hatte, dann liegt der Konstruktionsfehler im Steuerungsbereich des anderen Unternehmens und haftet demzufolge der Auftragsfertiger nicht für Konstruktionsfehler[8].

---

3 *Evershine Products Inc. v. Schmitt:* (1973) 202 SE2d 228.

4 *Green v. Volkswagen of America Inc.:* (1973) Tennessee Court of Appeals.

5 *US Fibres Inc. v. Proctor & Schwartz Inc.:* (1972) 358 FSup 449.

6 *Evershine Products v. Schmitt,* a.a. O.

7 *Julander v. Ford Motor Co.:* (1973) US Court of Appeals, 10th Circuit. Siehe auch *Wintrop Laboratories v. Crocker:* (1973) 502 Sw2d 850.

8 *Garrison v. Orangeville Mfg. Co.:* (1974) US Court of Appeals, 6th Circuit. Anders aber die Rechtslage in Kalifornien. Dort haftet der Assembler für sämtliche im Zuliefererbereich gesetzte Fehlerursachen: *Dow v. Holly Mfg. Co.:* 321 P2d 736, 739-741; *Boeing Airplane Co. v. Brown:* (1961) 291 F2d 310, 313.

208 Der Kläger muß die Umstände darlegen und gegebenenfalls beweisen, aus denen sich das Verschulden des Beklagten ergibt. Eine generelle Beweislastumkehr, daß bei Erbringen des Fehler- und des Kausalitätsnachweises z. B. im industriellen Bereich das Verschulden des Herstellers vermutet werde, hat das us-amerikanische Recht nicht entwickelt. Lediglich im Bereich der für Menschen bestimmten Nahrungsmittel (sog. food-cases) wurde vom Nachweis des Verschuldens abgesehen[9]. Darüber hinaus wurde anerkannt, daß die Verletzung von behördlich festgelegten Sicherheitsstandards eine negligence per se darstelle[10], d. h. daß hier aufgrund des Verstoßes gegen die behördlich festgelegten Qualitätsvorgaben, usw., das Verschulden unwiderleglich vermutet werde.

209 Abgesehen von diesen beiden Ausnahmen erkennen die us-amerikanischen Gerichte lediglich mittels des Satzes res ipsa loquitur (the thing speaks for itself) eine Beweiserleichterung im Bereich des Verschuldensnachweises an. Dieser Rechtssatz setzt voraus, daß

> (1) the defendant had exclusive control of the thing causing the injury and
> (2) the accident is of such a nature that it ordinarily would not occur in the absence of negligence by the defendant[11]

bzw.

> (1) the injury must be of a kind which ordinarily does not occur in the absence of someone's negligence
> (2) it must be caused by an agency or instrumentality within the exclusive control of defendant
> (3) it must not have been due to any voluntary action or contribution on the part of the plaintiff[12].

---

9 Dazu siehe im folgenden.

10 *Berkebile v. Brantly Helicopter Corp.:* (1973) 311 A2d 140.

11 *Escola v. Coca Cola Bottling Co.:* (1944) 150 P2d 436, 438.

12 *Charbonneau v. Wilbur Ellis Co.:* (1973) Washington Court of Appeals.

210 Es handelt sich hier m. E. um eine Beweislastumkehr[13], indem aus den Umständen des Falles abgeleitet wird, daß der Antragsgegner fahrlässig gehandelt hat (inference of negligence). Demzufolge wird der Gegenbeweis zugelassen, daß der Anspruchsgegner alle erforderlichen und ausreichenden Maßnahmen getroffen hat[14].

211 Die Voraussetzungen für die Anwendung des Satzes res ipsa loquitur sind z. B. nicht gegeben, wenn der Produktgeschädigte die vom Hersteller bezogenen Chemikalien mit Zusatzmitteln verbunden hat, weil hier die Möglichkeit eines Mischungsfehlers besteht und infolgedessen kein ausreichender Anhaltspunkt besteht, ein Herstellerverschulden anzunehmen[15]. Von erheblicher praktischer Bedeutung für die Anwendung des Rechtssatzes res ipsa loquitur ist das Merkmal der Kontrolle über das Produkt, denn wenn der Hersteller die Kontrolle über das Produkt verloren hat, kann die Schadensursache ebenso gut noch innerhalb seines Kontrollbereichs wie auch später gesetzt worden sein und kann infolgedessen aus den Umständen des Falles nicht abgeleitet werden, daß gerade der Hersteller schuldhaft gehandelt hat[16]. Wo zwei gleichermaßen mögliche Schadensursachen in Betracht kommen, ist folglich der Satz res ipsa loquitur nicht anwendbar[17]. Voraussetzung ist vielmehr, daß andere bei objektiver Betrachtung durchaus mögliche Schadensursachen nicht vorliegen[18] bzw. daß nach Lage der Dinge die Ursächlichkeit der an sich denkbaren sonstigen Faktoren für den konkreten Schadensfall bei objektiver Betrachtung unwahrscheinlich ist[19].

212 Gegebenenfalls kann der Satz res ipsa loquitur aber auch im Bereich des Fehler- und des Kausalitätsnachweises zu Beweiserleichterungen führen. Die

---

13 Vgl. *Gabriel v. Royal Products Division:* (1964) 159 So2d 384; *Atlanta Coca Cola Bottling Co. v. Burke* (1964) 134 SE2d 909; *Lafleur v. Coca Cola Bottling Co.:* (1967) 195 So2d 419.

14 *Escola v. Coca Cola Bottling Co.*, a.a. O.; *Wallace v. The Coca Cola Bottling Plants Inc.:* (1970) *Paul v. Hardware Mutual Ins. Co.:* (1971)

15 *Charbonneau v. Wilbur Ellis Co.:* (1973) Washington Court of Appeals.

16 *Jagmin v. Simonds Abrasive Co.:* (1973) 211 NW2d 810.

17 *Schmaltz v. St. Luke's Hospital:* (1974) Colorado Court of Appeals.

18 *Morris v. INA:* (1973) Louisiana Court of Appeal.

19 Vgl. *Corbin v. Camden Coca Cola Bottling Co.:* (1972) New Jersey Supreme Court.

us-amerikanischen Gerichte gehen davon aus, daß bei mehreren Beklagten (z. B. Hersteller und Zulieferer[20] oder Hersteller und Vertriebshändler[21]) sich der Produktgeschädigte gegenüber beiden zusammen auf den Satz res ipsa loquitur berufen und es den beiden Beklagten überlassen kann, die Frage der Kausalität zwischen sich auszutragen. Dies wird damit begründet, daß sowohl der Hersteller als auch der Vertriebshändler darlegen und beweisen können, welche Sorgfaltsmaßnahmen sie getroffen haben[22]: Damit können sie sich beide im Verhältnis zum Produktgeschädigten entlasten und können sie im übrigen aber auch ihr Fachwissen einsetzen, um gegebenenfalls nachzuweisen, daß die Fehlerursache nicht in ihrem Bereich gesetzt wurde.

213 Für Regreßklagen ist die active/passive-rule von erheblicher Bedeutung. Haften sowohl der Hersteller als auch der Vertriebshändler dem Produktgeschädigten aus negligence, so wird das schuldhafte Nichtentdecken des Fehlers durch den Vertriebshändler als passive negligence, der Fertigungsfehler dagegen als active negligence bewertet und daraufhin dem Hersteller ein Regreßanspruch gegen den Vertriebshändler verweigert, d. h. erfolgt keine Verschuldensabwägung[23]. Dies liegt in etwa auf der Linie der alten Common Law-Regel, daß ein Mitverschulden nicht zu einer proportionalen Anspruchsbegrenzung, sondern zu einer Anspruchsvernichtung führt: Auch im Rahmen der active/passive-rule wird praktisch eine Alles oder nichts-Lösung erreicht und der Schaden voll dem aufgebürdet, der gewissermaßen näher an der Schadensursache dran war.

214 Die negligence-Haftung umfaßt grundsätzlich Personen- und Sachschäden[24], darüber hinaus in einigen Staaten[25] auch unmittelbare Vermögensschäden.

---

20 *Dement v. Olin Mathieson Chemicals Corp.:* (1960) 282 F2d 76, 82 und 87.

21 *Nichols v. Nold:* (1953) 258 P2d 317, 320f.

22 *Nichols v. Nold,* a.a. O., S. 321.

23 *Williams v. Steuart Motor Co.:* (1974) US Court of Appeals for the District of Columbia Circuit. Siehe auch *Burke v. Sky Climber Inc.:* (1973) 301 NE 2d 41.

24 So für Kalifornien *Anthony v. Kelsey-Hayes Co.:* (1972) California Court of Appeal; *Seely v. White Motor Co.:* (1965) 403 P2d 145, mwW.; für Massachussetts *Donough v. Whalen:* (1973) Massachussetts Appeals Court.

25 So für Michigan *Peters v. Lyons:* (1969) 168 NW2d 759, 765; *US Fibres Inc. v. Proctor & Schwartz Inc.:* (1972) 358 FSup 449 und für Iowa: *Iowa Electric Light and Power Co. v. Allis-Chalmers Mfg. Co.:* (1973) 360 FSup 25.

Wird also ein schadhaftes Teil vor Eintritt eines Sachschadens ausgewechselt, so ist z. B. in Kalifornien und in Massachussetts eine negligence-Klage mangels Sachschadens unbegründet und können die Vermögensschäden aus Nutzungsbeeinträchtigung oder wegen Inspektionskosten oder entgangenem Gewinn nicht eingeklagt werden, während dies z. B. in Iowa möglich ist.

3. Die strict liability in tort

215 Die bereits erwähnten food cases ergaben den ersten Ausgangspunkt für eine vom individuellen Verschulden abstrahierende Produkthaftung. Danach haften jedenfalls die Hersteller von für Menschen bestimmten Nahrungsmitteln auf Ersatz der dadurch verursachten Personenschäden, ohne daß ihnen der Entlastungsnachweis eingeräumt würde, daß der Schaden für sie unvorhersehbar bzw. unvermeidbar gewesen war[1]. Teilweise wurde diese Haftung auch den Vertriebshändlern auferlegt[2]. Später wurde dann diese Haftung auch auf Viehfutter ausgedehnt[3].

216 Im Jahr 1962 wurde dann diese vom Nachweis des individuellen Verschuldens abstrahierende Haftung in der Entscheidung *Greenman v. Yuba Power Products Inc.*[4] von der Begrenzung auf Nahrungsmittel gelöst und unter der Bezeichnung strict liability in tort als generelles Rechtsprinzip anerkannt. Systematisch ist sie nicht dem Vertragsrecht zuzuordnen, sondern deliktsrechtlicher Natur (tortious nature) und demzufolge unabhängig von den Anwendungsvoraussetzungen und Grenzen des Vertragsrechts[5].

---

1 *Jacob E. Decker & Sons Inc. v. Capps:* (1942) 164 SW2d 828, 829; *Griggs Canning Co. v. Josey:* (1942) 164 SW2d 835, 836; Abe.

2 Vgl. die vorstehenden Entscheidungen. Ablehnend *Maza v. Bush Brothers & Co.:* (1971).

3 *International Milling Co. v. Jernigan:* (1945) 191 SW2d 526; *Mc Millen Feeds v. Harlow:* (1966) 405 SW2d 123. Siehe den weiteren Überblick in *Kirkland v. General Motors Corp.:* (1974) Oklahoma Supreme Court.

4 (1962) 377 P2d 897.

5 *Vandermark v. Ford Motor Co.:* (1964) 391 P2d 168, 172; *Elmore v. American Motors Corp.:* (1969) 451 P2d 84, 88.

217 Gegenstand der strict liability in tort ist, daß

> a manufacturer is strictly liable in tort when an article he places on the market, knowing that it is to be used without inspection for defects, proves to have a defect that causes injury to a human being[6].

In der Fassung des Restatement of the Law of Torts, 2d, Sect. 402 A wird die strict liability folgendermaßen formuliert:

> (1) One who sells any product in a defective condition unreasonably dangerous to the user or consumer or to his property is subject to liability for physical harm thereby caused to the ultimate user or consumer or to his property, if
> (a) the seller is engaged in the business of selling such a product, and
> (b) it is expected to and does reach the user or consumer without substantial change in the condition in which it is sold.
> (2) The rule stated in Subsection (1) applies although
> (a) the seller has exercised all possible care in the preparation and sale of his product, and
> (b) the user or consumer has not bought the product from or entered into any contractual relation with the seller.

218 Das Restatement ist allerdings keine Gesetzessammlung, sondern nicht mehr und nicht weniger als eine höchst angesehene Meinungsäußerung des American Law Institute über den Stand des Rechts. Insoweit wird es erklärlich, daß es zwar einen erheblichen Einfluß auf die us-amerikanische Entwicklung ausübt, aber doch keineswegs die Gerichte an seine Formulierungen bindet. Im folgenden wird deshalb nicht Sect. 402 A des Restatement nebst den begleitenden „Comments" zum Ausgangspunkt der Untersuchung genommen. Vielmehr wird anhand der us-amerikanischen Rechtsprechung analysiert, unter welchen Voraussetzungen die Gerichte die strict liability in tort in der Praxis anwenden, d. h. welche Bedeutung ihr im lebenden us-amerikanischen Recht zukommt.

---

6 *Greenman v. Yuba Power Products Inc.:* (1962) 377 P2d 897, 900.

a) Der Fehlerbegriff der strict liability in tort

aa) Dangerousness und unreasonable dangerousness

219 Obwohl der us-amerikanischen Rechtsprechung der Begriff der „gefährlichen Sache" (dangerous chattel bzw. inherently dangerous instrumentality) bekannt war, wurde und wird der Begriff des Produktfehlers gerade nicht mittels des Tatbestandsmerkmals der Gefährlichkeit bestimmt. Jede Sache kann unter bestimmten Voraussetzungen gefährlich werden und auch „an sich" gefährliche Sachen können unter bestimmten Umständen ungefährlich sein. Deshalb kann die Rechtsordnung bei der tatbestandlichen Präzisierung der Produkthaftung nicht bereits an die „Gefährlichkeit" einer Sache anknüpfen:

> "But there are also on the market vast numbers of potentially dangerous products as to which the manufacturer owes no duty of warning or other protection. The law does not require that an article be accident proof or incapable of doing harm. It would be totally unreasonable to require that a manufacturer warn or protect against every injury which may ensue from mishap in the use of his product. Almost every physical object can be inherently dangerous or potentially dangerous in a sense. A lead pencil can stab a man to the heart or puncture his jugular vein, and due to that potentiality it is an "inherently dangerous" object; but, if a person accidentally slips and falls on a pencil point in his pocket the manufacturer of the pencil is not liable for the injury. He has no obligation to put a safety guard on a lead pencil or to issue a warning with its sale. A tack, a hammer, a pane of glass, a chair, a rug, a rubber band and myriads of other objects are truly "inherently dangerous", because they might slip. . . But the doctrines fashioned by the law for inherently dangerous objects do not encompass these things."[1]

Dementsprechend hat sich inzwischen in der us-amerikanischen Rechtsprechung herauskristallisiert, daß das Tatbestandsmerkmal des Fehlers (defect) keiner Definition zugänglich ist[2], sondern daß es stets vom Einzelfall her inhaltlich zu präzisieren ist. Gegenstand der strict liability in tort sind nur

1 *O'Connor v. American Honda Motor Co.:* (1973) Superior Court of the State of Washington.

2 *Culpepper v. Volkswagen of America Inc.:* (1973) 109 Cal 110; *Jagmin v. Simonds Abrasive Co.:* (1973) 211 NW2d 810.

diejenigen Produkte, die unreasonably dangerous[3], d.h. unnötig gefährlich sind. Von der der strict liability in tort zugrunde liegenden Sorgfaltspflicht her gesehen haftet also der Hersteller dafür, daß das Produkt reasonably safe[4], d.h. angemessen sicher ist.

220 Die Begriffe „*unnötig* gefährlich" (*unreasonably* dangerous) und „*angemessen* sicher" (*reasonably* safe) sind jeweils unbestimmte Rechtsbegriffe. Dies hat zur Folge, daß jeweils aufgrund der gesamten Umstände des Einzelfalles zu beurteilen ist, ob ein Produkt unnötig gefährlich oder angemessen sicher ist[4a]. Insoweit ist also eine wertende Beurteilung erforderlich: Die strict liability in tort erkennt keine abstrakte Fehlerhaftigkeit eines Produkts an. Vielmehr geht sie von einem nur relativen Fehlerbegriff aus, der mittels einer rechtlichen Wertung der konkreten Umstände zu ermitteln bzw. auszufüllen ist.

221 Grundlage dieser wertenden Einschränkung des Gefährlichkeitsbegriffes ist, daß der Benutzer vor unerwarteten Gefahren geschützt werden soll[5]. Der Hersteller haftet dann, aber auch nur dann, wenn das Produkt gefährlicher ist, als es ein durchschnittlicher Benutzer annimmt[6]:

> the phrase "unreasonably dangerous" is to be viewed as meaning that the defect in the product establishes a strong likelihood of

---

3 Vgl. insb. *Schipper v. Levitt & Sons Inc.:* (1965) 207 A2d 314, 326; *Dorsey v. Yoder Co.:* (1971) 331 FSup. 753, 759; *Cronin v. J.B.E. Olson Inc.:* (1971) 20 Cal. App. 3rd 33; *Metal Window Products Co. v. Magnuson:* (1972) 485 SW2d 355; *Snider v. Bob Thibodeau Ford Inc.:* (1972) 202 NW2d 727; *Welch v. Outboard Marine Corp.:* (1973) US Court of Appeals. *Gelsumino v. E.W. Bliss Co.:* (1973) Illinois Appelate Court; *Culpepper v. Volkswagen of America Inc.:* (1973) 109 Cal 110. Hiervon zu unterscheiden ist die Darlegungs- und Beweisfrage, ob der Produktgeschädigte lediglich das Vorliegen eines Fehlers oder darüber hinaus auch die unnötige Gefährlichkeit darlegen muß (im einzelnen siehe dazu unten, Ziff. 93). Dies wird in der Entscheidung *Glass v. Ford Motor Co.* (1973) Superior Court of New Jersey, verkannt, nach der jene Beschränkung auf die reasonability of the danger involved entfallen soll.

4a *Volkswagen of America Inc.:* (1974) Maryland Court of Appeals.

4 *City of Chicago v. General Motors Corp.:* (1971) 332 FSup. 285, 289; *Jackson v. The City of Biloxi:* (1973) Supreme Court of Mississippi.

5 *Squibb & Sons Inc. v. Stickney:* (1973) Florida District Court of Appeal; *Welch v. Outboard Marine Corp.:* (1973) US Court of Appeals.

6 *Downey v. Moore's Time Saving Equipment:* (1970) 432 F2d 1088, 1091; *Cronin v. J.B.E. Olson Inc.:* (1971) 20 Cal. App. 3rd 33; *Welch v. Outboard Marine Corp.:* (1973) US Court of Appeals.

injury to the user or consumer thereof. . . the emphasis upon the likelihood of injury takes into account the consumer's or user's knowledge of danger. This approach seeks to protect the consumer or user who is unaware of the danger involved in the use of a product in a normal way. This approach does not protect the consumer who uses the product in a different way than that intended[7].

Demzufolge unterliegt z. B. ein Hersteller von Glastüren nicht der strict liability in tort, obwohl es vorhersehbar ist, daß unaufmerksame Personen in die Tür laufen und zu Schaden kommen, weil dies zwar eine Gefahr, aber doch kein "unreasonable danger" sei[8]. Weiterhin ist z. B. ein Rasenmäher, der mit den im Produktionszeitpunkt zur Verfügung stehenden, aber eben nicht optimalen Sicherungsmöglichkeiten ausgestattet ist, zwar gefährlich, aber nicht unnötig gefährlich[9]. Die strict liability in tort erlegt also keineswegs ganz allgemein dem Hersteller das Risiko für etwaige gefährliche Eigenschaften des Produkts auf. Vielmehr erkennt sie grundsätzlich an, daß gewisse mit der Benutzung des Produkts verbundene Gefahren von vornherein im Risikobereich des Benutzers liegen bzw. allgemeines Lebensrisiko des betroffenen Dritten sind. Demzufolge fließen bereits in den Fehlerbegriff der strict liability in tort Wertungs- und Rechtssphärenabgrenzungsmomente ein, die ihren tatbestandlichen Ausdruck in dem relativierenden Merkmal der Unnötigkeit der Gefahr finden.

222 Der Hersteller wird also keineswegs aufgrund der strict liability in tort einer reinen Kausalhaftung für alle durch sein Produkt verursachten Schäden unterworfen[10]. Er haftet nicht dafür, daß seine Produkte "perfectly safe"[11] bzw. fool-proof[12] oder accident-proof[13] sind und wird nicht zum "insurer of his

---

7 *Ritter v. The Narragansett Electric Co.:* (1971) 283 A2d 255, 263.

8 *Metal Window Products Co. v. Magnuson:* (1972) 485 SW2d 355.

9 *Welch v. Outboard Marine Corp.:* (1973) US Court of Appeals.

10 *Magnuson v. Rupp Mfg. Inc.:* (1969) 171 NW2d 201, 209; *Ulmer v. Ford Motor Co.:* (1969) 452 P2d 729, 737; *Snider v. Bob Thibodeau Ford:* (1972) 202 NW2d 727; *Howes v. Hansen:* (1973) 201 NW2d 825.

11 *Jackson v. The City of Biloxi:* (1973) Supreme Court of Mississippi.

12 *Ward v. Hobart Mfg. Co.:* (1970) 317 FSup 841, 848; *Thomas v. General Motors Corp.:* (1971) 91 Cal. 301, 305.

13 *Pike v. Frank G. Hough Co.:* (1970) 467 P2d 229, 232; *McClung v. Ford Motor Co.:* (1971) 333 FSup 17, 20; *Squibb & Sons v. Stickney* (1973) Florida District

products with respect to all harm generated by their use"[14]. Vielmehr hat er lediglich dafür einzustehen, daß sein Produkt bei Abwägung sämtlicher relevanten Umstände angemessen sicher ist. Die strict liability in tort greift deshalb nicht schon dann ein, wenn es lediglich möglich ist, ein sichereres Produkt herzustellen[15]. Vielmehr muß eine *Verpflichtung* bestehen, die an sich möglichen Sicherungsmaßnahmen vorzunehmen: Where there is a defect in the product, there must be some duty owed to the plaintiff with regard to the defect[16].

223 *Ob* eine derartige Verpflichtung bestand, richtet sich nach den Umständen des Einzelfalles. Zunächst einmal kommt es hier auf die generellen Faktoren an. Kann z. B. eine Maschine für mehrere Verwendungszwecke benutzt werden und richtet es sich je nach dem Verwendungszweck, welche Sicherungsvorkehrungen erforderlich sind, ist der Hersteller nicht verpflichtet, die Maschine mit Sicherungsvorkehrungen zu versehen[17], weil dies erst durch den Benutzer bzw. allenfalls durch den Letztverkäufer, der den Verwendungszweck des Benutzers kennt, entschieden werden kann. Weiterhin ist z. B. ein Hersteller von einzubauenden elektrischen Geräten auch im Rahmen der strict liability in tort nicht verpflichtet, diese Geräte mit Sicherheitsvorkehrungen zu versehen. Vielmehr kann er dies dem Installateur überlassen.

Erforderlich ist lediglich, daß er auf die Notwendigkeit, beim Einbau bestimmte Sicherheitsmaßnahmen vorzunehmen, hinweist[18]. War das tatsäch-

---

Court of Appeals; *O'Connor v. American Honda Motor Co.:* (1973) Washington Supreme Court.

14 *Lartigue v. R.J. Reynolds Tobacco Co.:* (1963) 317 F2d 19, 30; *Suvada v. White Motor Co.:* (1965) 210 NE2d 182; *Brandenburg v. Weaver Mfg. Co.:* (1966) 222 NE2d 348, 350; *Walton v. Chrysler Motor Corp.:* (1969) 229 So2d 568, 572; *Ward v. Hobart Mfg. Co.:* (1970) 317 FSup 841, 848; *McClung v. Ford Motor Co.:* (1971) 333 FSup. 17, 20; *Thomas v. General Motors Corp.* (1971) 91 Cal. 301, 305; *Cronin v. J.B.E. Olson Corp.:* (1972) 20 Cal. App. 3rd 33.

15 *Suvada v. White Motor Co.:* (1965) 210 NE 2d 182; *McClung v. Ford Motor Co.:* (1971) 333 FSup. 17, 20; *Rivera v. Rockford Machine & Tool Co.:* (1971) 274 NE2d 828.

16 *Walton v. Chrysler Motor Corp.:* (1969) 229 So2d 568, 573; *Pridgett v. Jackson Iron & Metal Co.:* (1971) 253 So2d 837.

17 *Bexiga v. Havir Mfg. Co.:* (1971) 276 A2d 590, 593 f.; *Rios v. Niagara Machine & Tool Works:* (1973) Illinois Appelate Court.

18 *State Stove Mfg. Co. v. Hodges:* (1966) 189 So2d 113, 121 f.

lich eingebaute Gerät wegen Fehlens der erforderlichen Sicherheitsmaßnahmen unreasonably dangerous, haftet bei Vorliegen eines dementsprechenden Hinweises nicht der Hersteller, sondern der Installateur[19].

Weiterhin werden an einen Mercedes oder an einen Cadillac andere Maßstäbe hinsichtlich der Sicherheitsvorkehrungen angelegt als an einen Niedrigpreis- oder Mittelklassewagen[20], so daß auch der Preis ein relevanter Bewertungsfaktor sein kann[21].

ab) Der Maßstab des voraussehbaren Gebrauchs

224 Den wichtigsten Beurteilungsmaßstab dafür, ob das Produkt unnötig gefährlich ist, ergibt zunächst einmal der Benutzungszweck, für den es bestimmt ist, d.h. der bestimmungsgemäße Gebrauch (intended use)[1]: Der Hersteller muß sein Produkt so gestalten, daß es innerhalb des Bereichs von Verwendungsmöglichkeiten, für die es bestimmt ist, keine unnötigen Gefahren aufweist[2]. Aufgrund dieser Sorgfaltspflicht des Herstellers wird der Benutzer durch die strict liability in tort insoweit geschützt wie er das Produkt sachgemäß verwendet bzw. für diejenigen Verwendungszwecke benutzt, für die es auch bestimmt ist[3]. Negativ formuliert: Einen nicht bestimmungsgemäßen (unintended use) bzw. bestimmungswidrigen Gebrauch (anormal use bzw. misuse)[4] muß der Hersteller ebensowenig in Betracht ziehen wie ungewöhnliche Gebrauchssituationen[5] oder ungewöhnliche Verhaltensweisen[6], so daß

19 a.a. O.

20 *Volkswagen of America v. Young,* a. a. O. (Fußn. 4a); *Seattle-First National Bank v. Volkswagen of America Inc.:* (1974) Washington State Court of Appeals.

21 Vgl. die vorstehenden Entscheidungen sowie *Lolie v. The Ohio Brass Co.:* (1974) US Court of Appeals, 7th Circuit und *Helicoid Gage Division v. Howell:* (1974) Texas Court of Civil Appeals.

1 *Suvada v. White Motor Co.:* (1965) 210 NE2d 182; *Rivera v. Rockford Machine & Tool Co.:* (1971) 274 NE2d 828.

2 *Penker Construction Co. v. Finley:* (1972) 485 SW2d 244.

3 *Snider v. Bob Thibodeau Ford Inc.:* (1972) 202 NW2d 727.

4 *Colosimo v. The May Department Store Co.:* (1971) 325 FSup 609; *Williams v. Brown Mfg. Co.:* (1970) 45 Ill. 2d 418, 425.

5 *Grant v. National Acme Co.:* (1973) 351 FSup 972.

6 *Blaszczyk v. Hull Corp.:* (1973) Pennsylvania Court of Common Pleas.

er dafür nicht haftet[7]. Der Hersteller kann sich also darauf verlassen, daß sein Produkt nicht zu ungewöhnlichen bzw. außerhalb des Bestimmungsgemäßen liegenden Verwendungszwecken benutzt wird[8]. Der Benutzer ist nicht geschützt, wenn er das Produkt in einer so ungewöhnlichen Situation bzw. Art und Weise benutzt

> "that the average customer would not reasonably expect the product to be designed and manufactured to withstand it"[9].

225 Ob ein konkreter Gebrauch aber bestimmungsgemäß, nicht bestimmungsgemäß[10] oder bestimmungswidrig[11] ist, entscheiden die us-amerikanischen Gerichte anhand des Kriteriums der Vorhersehbarkeit. Dies zeigt, daß der „bestimmungsgemäße Gebrauch" nur den typischen Kernbereich von Gebrauchssituationen umschreibt, die der Hersteller berücksichtigen muß. Demzufolge kann seine Sorgfaltspflicht nicht bereits anhand des Beurteilungsmaßstabes des „bestimmungsgemäßen Gebrauchs" abgegrenzt werden. Vielmehr beinhalten die dem Hersteller obliegenden Sorgfaltspflichten, daß er sein Produkt für die *voraussehbaren*[12] Gebrauchssituationen angemessen sicher gestalten muß. Er kann sich nicht darauf beschränken, lediglich den bestimmungsgemäßen Gebrauch in Betracht zu ziehen, sondern er muß auch objektiv vorhersehbare Situationen berücksichtigen, die sich bei der Benutzung des Produkts ergeben können[13]. Jedenfalls geringfügige Bedienungsfehler

---

7 *Pridgett v. Jackson Iron & Metal Co.:* (1971) 253 So2d 837.

8 *General Electric Co. v. Bush:* (1972) Supreme Court of Nevada.

9 *Findlay v. Copeland Lumber Co.:* (1973) Supreme Court of Oregon.

10 *Colosimo v. The May Department Store,* a.a. O.; *Pridgett v. Jackson Iron & Metal Co.:* (1971) 253 So2d 837; *Dennis v. Ford Motor Co.:* (1971) 332 FSup 901.

11 *Williams v. Brown Mfg. Co.:* (1970) 261 NE2d 305, 309; *Lewis v. American Hoist & Derrick Co.:* (1971) 20 Cal. App. 3rd 570; *Thomas v. General Motors Corp.:* (1971) 91 Cal. 301, 305; *Thompson v. Package Machinery Co.:* (1971) 99 Cal. 281; *Snider v. Bob Thibodeau Ford:* (1972) 202 NW2d 727.

12 Siehe weiterhin *Ward v. Hobart Mfg. Co.:* (1970) 317 FSup. 841, 848; *Thomas v. General Motors Corp.:* (1970) 231 So2d 88; *Dorsey v. Yoder Co.:* (1971) 331 FSup 753, 761; *McClung v. Ford Motor Co.:* (1971) 333 FSup 17, 20; *Frankel v. Lull Engineering Co.:* (1971) 334 FSup. 913; *Hall v. Dupont de Nemours & Co. Inc.:* (1972) US District Court; *Cronin v. J.B.E. Olson;* (1972) 501 P2d 1153.

13 Vgl. weiterhin *Grant v. National Acme Co.:* (1973) 351 FSup 972. Negativ gesehen: a manufacturer need not protect the machine it makes from unforeseeable extraordinary circumstances (a.a. O.).

liegen noch innerhalb des Bereichs des bestimmungsgemäßen Gebrauchs[14] bzw. innerhalb des für den Hersteller Voraussehbaren[15]. Desgleichen können je nach Lage der Dinge gewisse Handlungen des Benutzers selbst[16] oder Dritter[17] voraussehbar sein, die dann der Hersteller einzukalkulieren hat[18]. Ein Kfz-Hersteller muß z. B. berücksichtigen, daß Kraftfahrzeuge erfahrungsgemäß häufig in Unfälle verwickelt werden. Er muß deshalb sicherstellen, daß nicht bei Auffahrunfällen unnötige Schäden entstehen, indem z. B. Innenteile eines Transporters durch die Luft segeln[19] oder ungeschützte, spitze Zierteile aufprallende Insassen verletzen[20]. Im einzelnen ist zwar gerade der Komplex der Haftung für Auffahr-Folgeschäden (second collision) in der us-amerikanischen Rechtsprechung noch umstritten[21]. Das Beispiel zeigt aber, daß der Begriff "intended use" nicht mehr und nicht weniger als den Kernbereich der potentiellen Situationen umschreibt, die der Hersteller bei der Konstruktion berücksichtigen muß. Gegenstand der ihm obliegenden Sorgfaltspflichten ist nicht nur der Gebrauch, für den das Produkt bestimmt ist.

---

14 *Frankel v. Lull Engineering Co.:* (1971) 334 FSup. 913.

15 a.a. O.

16 *Dorsey v. Yoder Co.:* (1971) 331 FSup 753, 763; *Lewis v. American Hoist & Derrick Co.:* (1971) 20 Cal. App. 3rd 570.

17 *Ulmer v. Ford Motor Co.:* (1969) 452 P2d 729, 736; *Ward v. Hobart Mfg. Co.:* (1972) 317 FSup 841, 848 und 850f.

18 Vgl. weiterhin *Ford Motor Co. v. Matthews:* (1974) Missouri Supreme Court (Vertriebshändler unterläßt es, eine vom Hersteller nach Bekanntwerden des Konstruktionsfehlers vorgeschriebene Kontrolle und Reparatur vorzunehmen: Haftung des Herstellers aus strict liability in tort.).

19 *Cronin v. J.C.E. Olson Inc.:* (1971) 20 Cal. App. 3rd 33 und (1972) 501 P2d 1153.

20 So aus der Rechtsprechung zur negligence-Haftung *Mickle v. Blackmon:* (1969) 166 SE2d 173, 186f.

21 Für eine Haftung: *Dyson v. Ford Motor Co.:* (1969) FSup 1064; *Badorek v. General Motors Corp.:* (1970) 90 Cal. 305; *McClung v. Ford Motor Co.:* (1971) 333 FSup 17, 20; *Passwaters v. General Motors Corp.:* (1972) 454 F2d 1270, 1276; *Engberg v. Ford Motor Co.:* (1973) 205 NW2d 104 sowie *Cronin v. J.B.E. Olson Corp.,* a.a. O.; *Bolm v. Triumph Corp.:* (1973) 341 NYS2d 846. Ablehnend: *Evans v. General Motors Corp.:* (1966) 359 F2d 822; *Larsen v. General Motors Corp.:* (1968) 391 F2d 495, 506; *Walton v. Chrysler Motor Corp.:* (1969) 229 So2d 568, 570; *O'Connor v. American Honda Co. Inc.:* (1973) Washington Supreme Court; *Perez v. Ford Motor Co.:* (1973) US District Court.

Vielmehr umfassen seine Sorgfaltspflichten ganz allgemein den vorhersehbaren Gebrauch (foreseeable use) bzw. die vorhersehbaren Benutzungs- und Gefahrensituationen.

226 Bei Serienprodukten ist also auf die generelle Voraussehbarkeit abzustellen. Ist aber Gegenstand der strict liability in tort, daß der Hersteller den Benutzer vor voraussehbaren Gefahren schützen muß, die mit der Benutzung des Produkts verbunden sind, dann muß gegebenenfalls auch die individuelle Gebrauchssituation bei dem einzelnen Abnehmer rechtlich relevant sein[22]. Lediglich "in the absence of special reason to expect otherwise"[23] kann der Hersteller davon ausgehen, daß sein Produkt innerhalb des generell voraussehbaren Nutzungsbereichs eingesetzt wird. Liegen dagegen konkrete Anhaltspunkte dafür vor, daß das Produkt in einer atypischen Art und Weise benutzt wird, in der es gefährliche Eigenschaften entwickelt, kann für ihn eine Haftung nach der strict liability of tort entstehen.

Ist also dem Hersteller bekannt, daß ein Abnehmer z. B. den gelieferten Kran für bestimmte Arbeiten benutzt, kommt es nicht darauf an, ob der Kran laut Gebrauchsanleitung für einen derartigen Einsatz bestimmt ist. Vielmehr muß der Hersteller gegebenenfalls auch diese für ihn vorhersehbare individuelle Verwendung berücksichtigen und gegebenenfalls den Benutzer warnen[24]. Allerdings genügt es dafür nicht, daß dem Hersteller der konkrete Verwendungszweck lediglich bekannt war. Vielmehr ist es erforderlich, daß der Verwendungszweck Gegenstand der Vertragsverhandlungen war[25], d. h. daß der Hersteller aufgrund des Verlaufs der Vertragsverhandlungen durch positive Erklärungen oder durch unterlassene Hinweise veranlaßt hat, daß ein für den beabsichtigten Verwendungszweck unangemessen gefährliches Produkt erworben und benutzt wurde. Genau genommen handelt es sich bei dieser Unterscheidung noch um ein Relikt vertragsrechtlichen Denkens, nämlich um die Unterscheidung zwischen Motiv und Vertragsgrundlage. Dahinter steht aber die Wertung, daß nicht schon die zufällige Kenntnis des individuell atypischen

---

22 *Krammer v. Hines Lumber Co.:* (1974) Illinois Appellate Court.

23 *Dorsey v. Yoder Co.:* (1971) 331 FSup. 753, 761.

24 *Lewis v. American Hoist & Derrick Co.:* (1971) 20 Cal. App. 3rd 570.

25 *Lewis v. American Hoist & Derrick Co.,* a.a. O.; *Hall v. Dupont de Nemours & Co. Inc.:* (1972) US District Court.

Verwendungszwecks für sich allein die strict liability in tort auslöst, sondern daß nach Lage der Dinge eine Verantwortung des Herstellers für den Produktschaden gegeben sein muß. Insoweit bleibt abzuwarten, ob die us-amerikanischen Gerichte schärfere und auf die Kategorien der strict liability in tort exakter zugeschnittene Abgrenzungskriterien entwickeln werden. Verkauft ein Farbenhersteller benutzte und ungereinigte Metallkanister einem Schrotthändler und verkauft dieser sie einem Unternehmer weiter, der die Metallkanister aufschneidet und als Abfallkübel weiterveräußert, so haftet der Farbenhersteller nicht für eine beim Auseinanderschweißen durch Gasreste eintretende Explosion, wenn der Schrotthändler die Metallkanister normalerweise zur Wiedereinschmelzung an Stahlwerke verkauft:

> There is no proof that Magna knew or could have reasonably foreseen that the drums would be cut into trash containers by Jackson Iron or some other purchaser. Under the requirements set forth in the strict liability of tort doctrine, the appellant failed to meet the burden of proof[26].

Der Schrotthändler dagegen, der den Verwendungszweck des konkreten Abnehmers kannte, haftet grundsätzlich dafür, daß er den Abnehmer vor der Explosionsgefahr warnt: Er darf ihm zwar die Metallkanister verkaufen, muß aber darauf hinweisen, daß wegen der Vorverwendung bei einem Aufschweißen eine Explosionsgefahr besteht. Weiß er allerdings, daß dem Abnehmer die konkrete Gefahr bekannt ist, braucht der Schrotthändler nicht noch besonders darauf hinzuweisen:

> Jackson Iron could not possibly foresee that appellant, skilled in the use of acetylene torches, after being warned to remove the bungs before cutting the drums, would ignore or disregard the warning and proceed to do so[27].

Insoweit wird also die Frage, ob eine unnötige Gefährlichkeit des Produkts vorliegt, gegebenenfalls entscheidend durch die gegenüber dem konkreten Geschädigten bestehende Sachlage bestimmt.

---

26 *Pridgett v. Jackson Iron & Metal Co.*: (1971) 253 So2d 837.

27 a.a. O. Ebenso *Jacobson v. Colorado Fuel & Iron Corp.*: (1969) 409 F2d 1263.

Ist einem Glashersteller bekannt, daß sein Abnehmer Fensterglas nicht nur zur Herstellung vorfabrizierter Fenster, sondern auch zur Herstellung vorfabrizierter Türen benutzt, für die das Fensterglas nicht ausreichend ist, kann er sich nicht damit begnügen, daß das Fensterglas als solches ordnungsgemäß ist. Hinsichtlich des Einbaus in vorfabrizierte Türen wird das Fensterglas zum unnötig gefährlichen Bestandteil des neuen Produkts. Demzufolge haftet dafür nicht nur der Hersteller der vorfabrizierten Türen, sondern auch der Glaszulieferer[28], der bei Kenntnis des konkreten Verwendungszweckes den Türenhersteller sowie gegebenenfalls dessen Abnehmer warnen muß[29].

Verändert der Vertriebshändler das Produkt, indem er z. B. die erhaltene Flüssigkeit nach chemischer Bearbeitung in Sprayform weiter veräußert, haftet der Hersteller der Flüssigkeit nicht für gefährliche Eigenschaften des Sprays, die sich aus dem Umwandlungsverfahren ergeben. War dem Hersteller der Flüssigkeit allerdings das Vorgehen des Vertriebshändlers bekannt, muß der Hersteller tätig werden, falls sein Produkt bei dieser Veränderung gefährliche Eigenschaften entwickelt[30].

Benutzt der betreffende Abnehmer einen Kran in einer Art und Weise, die die laut Gebrauchsanleitung zulässige Belastbarkeit überschreitet, haftet dafür im Rahmen der strict liability in tort der Hersteller grundsätzlich nicht. Er haftet allerdings, wenn ihm durch seinen örtlichen Verkaufsleiter diese konkrete Verwendung bekannt war[31]. Der örtliche Vertriebshändler dagegen haftet nicht, wenn ihm vor dem Verkauf des Kranes nicht bekannt war, daß der Abnehmer in der betreffenden Art und Weise den Kran benutzen würde[32].

Ein Hersteller von Einzelteilen für landwirtschaftliche Maschinen, die durch den örtlichen Vertriebshändler entsprechend den Anweisungen des Käufers zusammengesetzt werden, haftet im Rahmen der strict liability in tort

---

28 *Brizendine v. Nisador Co.*: (1969) 305 FSup 157 sowie (1970) 437 F2d 822, 827.

29 *Brizendine v. Visador Co.*: (1970) 437 F2d 822, 828.

30 *Andersen v. Klix Chemical Co.*: (1970) 472 P2d 806, 811.

31 *Lewis v. American Hoist & Derrick Co.*: (1971) 20 Cal. App. 3rd 570.

32 a.a. O.

nicht dafür, daß der örtliche Händler eine erforderliche Sicherheitsvorkehrung nicht einbaut[33]. Die sich aus dem Fehlen der Sicherheitsvorkehrungen ergebende Gefährlichkeit der Maschine hat hier der Vertriebshändler verursacht, so daß nur er dafür haftet[34]: Die Haftung "must to be restricted to the one or one's responsible for the defect and not necessarily any one in the line"[35]. Deshalb ist es je nach den Ergebnissen der Beweisaufnahme auch bei Anwendung der strict liability in tort möglich, daß zugunsten des Herstellers die defective condition verneint wird, während sie zulasten des Händlers angenommen wird, weil die Fehlerursache in seinem Bereich gesetzt wurde[36]. Während also auch der Händler haftet, wenn ihm der Hersteller ein unnötig gefährliches Produkt geliefert und er es weiter veräußert hat[37], haftet der Hersteller nicht, wenn er ein angemessen sicheres Produkt ausgeliefert hat und erst im Bereich des Händlers die Fehlerursache gesetzt wurde. Ebensowenig haftet der Händler, wenn er ein angemessen sicheres Produkt verkauft hat, das erst durch einen Einbaufehler des Installateurs gefährlich wurde[38]. Insoweit umfaßt also die strict liability in tort grundsätzlich nicht die Haftung für den Nachmann in der Hersteller- bzw. Händlerkette. Voraussetzung für eine im Einzelfall eintretende strict liability des Vordermannes ist vielmehr, daß für ihn die Fehlerverursachung in der Abnehmersphäre voraussehbar war.

227 Die Entscheidungen belegen, daß auch die strict liability in tort auf dem Prinzip der individuellen Verantwortung für die (Mit-) Verursachung des Schadens und damit auf dem Prinzip der individuellen Zurechenbarkeit beruht: Für jeden Beteiligten ist zu prüfen, ob er angesichts der konkreten Umstände die erforderlichen Maßnahmen getroffen hat, um zu verhindern, daß ein unnötig gefährliches Produkt vertrieben und benutzt wird. Hinsichtlich genereller Aspekte kommt es auf den Beurteilungsmaßstab des reasonable manufacturer an, d. h. auf die Frage, welche Gefahren ein ordnungsgemäß

---

33 *Willeford v. Mayrath Co.:* (1972) 287 NE2d 502.

34 a.a. O.

35 a.a. O. Siehe auch *Shipper v. Levitt & Sons Inc.:* (1965) 207 A2d 314.

36 *Williams v. Ford Motor Co.:* (1973) Missouri Court of Appeals.

37 Dazu siehe im einzelnen unten Ziff. 76.

38 *Shipper v. Levitt & Sons Inc.:* (1965) 207 A2d 314, 329 ff.

handelnder Hersteller aus der Sicht des betreffenden Herstellers erkannt und welche Vorsorgemaßnahmen er ergriffen hätte: Der Hersteller muß dafür einstehen, daß sein Verhalten diesem ideal-typischen Maßstab entspricht. Hinsichtlich individueller Faktoren dagegen kommt es auf die konkret dem betreffenden Hersteller ersichtlichen Einzelheiten an.[39]

228 Rechtstechnisch kommen also dem relativierenden Tatsbestandsmerkmal der Unnötigkeit der Gefahr weiterhin[40] folgende Aufgaben zu:

- Der Hersteller soll keiner reinen Kausalhaftung für sämtliche durch sein Produkt verursachten Schäden unterliegen: In diesem Zusammenhang kommt dem relativierenden Tatbestandsmerkmal der unreasonability of the defect eine Abgrenzungsfunktion zu.
- Der Hersteller soll für die, aber auch nur für die aus seiner Sicht (a) generell bzw. (b) individuell ersichtlichen Gefahren und für die zu ihrer Abwehr bzw. Minderung erforderlichen Maßnahmen haften. Deshalb muß für die potentiell vielen Unternehmen, die tatsächlich bei der Warenherstellung und beim Warenvertrieb mit dem Produkt in Berührung gekommen sind, ermittelt und beurteilt werden, ob sie der strict liability in tort unterliegen sollen oder nicht. Da die strict liability in tort gerade keine reine Kausalhaftung darstellt, muß über die bloße Kausalität hinaus eine weitere, haftungsbegründende Beziehung zu dem Produkt gegeben sein. Rechtstechnisch kommt also in diesem Zusammenhang dem relativierenden Tatbestandsmerkmal der unreasonability of the defect die Funktion eines Zurechnungsgrundes der Haftung zu.

ac) Der Maßstab des durchschnittlichen Benutzers

229 Personeller Benutzungsmaßstab ist der Idealtyp des durchschnittlichen Benutzers: ein Produkt ist unnötig gefährlich, wenn es Gefahren aufweist, die der durchschnittliche Benutzer nicht erkennen kann[1]. Besteht der normale

---

39 *Krammer v. Hines Lumber Co.:* (1974) Illinois Appellate Court.

40 Vgl. bereits oben, Rz. 221.

1 *Mountain v. Procter & Gamble Co.:* (1970) 312 FSup. 534, 536; *Ward v. Hobart Mfg. Co.:* (1970) 317 FSup. 841, 850; *Frankel v. Lull Engineering Co.:* (1971) 334 FSup. 913; *Tucson Industries Inc. v. Schwartz:* (1973) 487 P2d 12; *Simmons v. Koeteeuw:* (1971) 489 P2d 364; *Cronin v. J.B.E. Olson Inc.:* (1971) 20 Cal. App. 3rd 33; *Berkebile v. Brantly Helicopter Corp.:* (1971) 281 A 2d 707, 709.

Benutzerkreis aus Fachleuten, sind andere Kenntnisse vorauszusetzen als bei Laien[2], so daß demzufolge auch unterschiedliche Anforderungen an die angemessene Sicherheit gestellt werden[3]: z. B. bei maschinellem Gerät, das praktisch nur für Fachleute in Betracht kommt, kann hinsichtlich der Sicherheitsvorkehrungen und der Gebrauchsanleitungen ein gewisser Standard an technischem Fachwissen vorausgesetzt werden; bei einem überwiegend oder zumindest auch für Do-it-yourself-Handwerker bestimmtem Gerät dagegen muß berücksichtigt werden, daß zumindest dieser Benutzerkreis geringere technische Kenntnisse und Erfahrungen aufweist und müssen dem Produkt z. B. die dem durchschnittlichen Laienwissen entsprechenden Gebrauchsanleitungen beigegeben werden. Weiterhin ist bei professionellen Benutzern ein anderer quantitativer Einsatz des Produkts einzuberechnen als bei Do-it-yourself-Benutzern[4].

230 Abgesehen von diesem generellen, auf den idealtypischen „durchschnittlichen" Benutzer abstellenden Anforderungen sind je nach Lage der Dinge auch die individuellen Kenntnisse, Erfahrungen usw. des konkreten Benutzers zu beachten. Auch wenn generell gegenüber dem durchschnittlichen Benutzer z. B. eine Warnpflicht besteht, entfällt diese, wenn der Hersteller weiß, daß der betreffende Benutzer die Gefahr kennt[5]. Im Verhältnis zu diesem Benutzer ist das Produkt nicht unnötig gefährlich[6].

ad) Die Bedeutung der dem Produkt beigegebenen Instruktionen

231 Teilweise gehen die us-amerikanischen Entscheidungen davon aus, daß der Bereich der Instruktionshaftung für unzulängliche Warnungen bzw. Gebrauchsanleitungen nicht zur strict liability of tort gehöre, sondern nur eine negligence-Haftung für fahrlässige Instruktionsfehler begründe[1]. Die ganz überwiegende

---

2 Vgl. *Helene Curtis Industries, Inc. v. Pruitt:* (1967) 385 F2d 841; *Blaszczyk v. Hull Corp.:* (1973) Pennsylvania Court of Common Pleas.

3 *Dampskibsaktieselskabet v. Intalco Alum. Corp.:* (1969) 306 FSup. 170, 174.

4 *Hagenbruch v. Snap-On Tools Corp.:* (1972)

5 *Pridgett v. Jackson Iron & Metal Co.:* (1971) 253 So2d 837.

6 a. a. O.

1 *Skaggs v. Clairol Inc.:* (1970) 85 Cal. 584, 588; *Love v. Wolf:* (1964) 38 Cal. 183, 197 f.; *Anderson v. Klix Chemical Co.:* (1970) 472 P2d 806, 808.

Rechtsprechung beruht aber darauf, daß auch die Instruktionsfehler unter den Anwendungsbereich der strict liability of tort fallen. Dies ergibt sich aus folgender Erwägung:

Ist ein Produkt „absolut“ fehlerhaft, indem es z. B. nicht aus einem ausreichend belastbaren Material hergestellt ist, liegt ein absoluter Produktfehler vor. Ist dagegen das Produkt als solches im Rahmen des technisch Möglichen fehlerfrei, während es nur in bestimmten Situationen gefährlich werden kann, liegt ein nur relativer Produktfehler vor. Besteht z. B. die Gefahr, daß ein Behälter ab einer bestimmten Hitzeexponierung explodiert, dann liegt hinsichtlich des darunter liegenden Bereichs kein Produktfehler vor. Vielmehr wird der Behälter erst ab dem kritischen Punkt „gefährlich“. Theoretisch bestände die Möglichkeit, durch zusätzliche Sicherheitsmaßnahmen (z. B. Materialverstärkung, zusätzliche Isoliermaterialien) den kritischen Punkt hinauszuschieben. Dies ist aber abgesehen von der Frage der technischen Möglichkeit und/oder Praktikabilität ein Kostenproblem. Kommt der Behälter normalerweise unter äußeren Bedingungen zum Einsatz, bei denen der kritische Temperaturpunkt nicht erreicht wird, genügt es bei Abwägung des Schutzinteresses der Benutzer und eventuell betroffener Dritter einerseits, der wirtschaftlichen und technischen Interessen des Herstellers andererseits, wenn mittels einer Warnung oder einer Gebrauchsanleitung auf die Gefahr hingewiesen wird. Dadurch wird im Ergebnis erreicht, daß sich bei der vom Benutzer zu verlangenden Sorgfalt die potentielle Gefährlichkeit des Produkts nicht realisiert. Die Beifügung der Warnung rechtfertigt es, die relative Explosionsgefahr im Ergebnis als nicht unnötig gefährlich zu bewerten[2]: Das mit einer ausreichenden Warnung versehene Produkt ist trotz seiner objektiv gegebenen Gefährlichkeit wegen dieser Warnung angemessen sicher[3].

Das gleiche gilt, wenn mit den jeweils zur Verfügung stehenden technischen Mitteln bestimmte Gefahren nicht beseitigt werden können. Auch hier wird dem Hersteller keineswegs eine Haftung für das technisch (noch) nicht Mög-

---

2 *Bryant v. Hercules Inc.:* (1970) 325 FSup 241; *Frankel v. Lull Engineering Co.:* (1971) 334 FSup 913; *Jacobs v. Technical Chemical Co.:* (1972) Texas Supreme Court; *Tucson Industries Inc. v. Schwartz:* (1973) Arizona Supreme Court.

3 *Carmichael v. Reitz:* (1971) 95 Cal. 381, 400; *Leibowitz v. Ortho Pharmaceutical Corp.:* (1973) Superior Court of Pennsylvania.

liche auferlegt. Es wird von ihm lediglich verlangt, daß er auf die Gefahrenquellen hinweist[4].

232 Für die Beantwortung der Frage, ob ein Produkt unnötig gefährlich ist, muß es also zusammen mit den damit verbundenen Warnungen und Gebrauchsanleitungen als Einheit betrachtet werden[5]. Das Tatbestandsmerkmal der unnötigen Gefährlichkeit ist auf die Wahrscheinlichkeit eines Produktschadens bezogen und erfaßt vor allem die Kenntnis des potentiellen bzw. durchschnittlichen Benutzers von der Gefahr[6]. Demzufolge erfüllt der Hersteller die ihm obliegenden Sorgfaltspflichten, wenn er mittels ausreichender Instruktionen den Benutzer auf die mit der Benutzung des Produkts verbundenen Gefahren hinweist, soweit sie ihm bekannt sind[7]. Die Instruktionspflichten werden also tatbestandlich durch das Kriterium der Vorhersehbarkeit[8] und damit durch ein funktionelles Verschuldensmerkmal begrenzt.

233 Die Warnungen bzw. Gebrauchsanleitungen müssen

- hinsichtlich der in Betracht kommenden Gefahren sowie Abwehrmaßnahmen inhaltlich vollständig, d.h. so ausführlich wie den Umständen nach rechtlich erforderlich[9]
- für den durchschnittlichen Benutzer verständlich[10]
- klar erkennbar[11]
- an die Personen, die nach Lage der Dinge informiert werden müssen, gerichtet[12]
- und entsprechend Art und Umfang der Gefahr nachdrücklich[13]

---

4 *Borel v. Fibreboard Paper Products Corp.:* (1973)

5 *Frankel v. Lull Engineering Co.:* (1971) 334 FSup 913.

6 *Drummond v. General Motors Corp.:* (1966) California Supreme Court; *Posey v. Clark Equipment Co.:* (1969) 409 F2d 309.

7 So ausdrücklich *Leibowitz v. Ortho Pharmaceutical Corp.,* a.a.O.

8 *Borel v. Fibreboard Paper Products Corp.,* a.a.O.

9 Vgl. *Bryant v. Hercules Inc.:* (1970) 325 FSup 241.

10 *Doss v. Apache Powder Co.:* (1970) 430 F2d 1317, 1321.

11 *Ward v. Hobart Mfg. Co.:* (1970) 317 FSup 841, 850.

12 *Basko v. Sterling Drug Inc.:* (1969) 416 F2d 417, 426; *Incollingo v. Ewing:* (1969) 282 A2d 206, 220; *Carmichael v. Reitz:* (1971) 95 Cal. 381, 402.

13 *D'Arienzo v. Clairol Inc.:* (1973) Superior Court of New Jersey.

sein[14]: nur wenn diese Voraussetzungen erfüllt sind, ist das Produkt angemessen sicher. Sind jene Voraussetzungen nicht erfüllt, ist nicht sichergestellt, daß mit den Warnungen das Ziel, das sie von Rechtswegen erreichen sollen, auch tatsächlich erreicht wird. Ist also die Warnung unvollständig, dann ist das mit der unvollständigen Instruktion in den Verkehr gebrachte Produkt unnötig gefährlich[15] und haftet der Hersteller für den sich aus der Unzulänglichkeit der Warnung ergebenden Schaden. Das gleiche gilt, wenn die Gefahren des Produkts verharmlost werden[16], weil dann dem Benutzer eine trügerische Sicherheit vorgespiegelt wird.

234 Bei Anwendung der in der deutschen Diskussion üblichen Unterteilung in Konstruktions-, Fabrikations- und Instruktionshaftung ergibt sich also, daß für die strict liability in tort diese drei Fallgruppen ein einheitliches Ganzes bilden, das durch das Tatbestandsmerkmal der unnötigen Gefährlichkeit zusammengefaßt wird. Je nach Sachlage kann sich das Schwergewicht auf die Konstruktionshaftung verlagern, indem das Produkt konstruktionell zu verbessern ist oder auf die Instruktionshaftung, indem es mit ausreichenden Instruktionen zu versehen ist. Die Instruktionshaftung ist also gewissermaßen eine Komplementärerscheinung zur Konstruktions- und zur Fabrikationshaftung[17].

ae) Die Verschuldenselemente der strict liability in tort

235 Die strict liability in tort ist jedenfalls keine echte Verschuldenshaftung, weil

– weder der Produktgeschädigte das Verschulden des Verkäufers darzulegen bzw. zu beweisen hat[1]

---

14 *Carmichael v. Reitz:* (1971) 95 Cal. 381, 400 (adequate warning); *Basko v. Sterling Drug Inc.:* (1969) 416 F2d 417, 426 (proper warning); *Incollingo v. Ewing:* (1969) 282 A2d 206, 220 (proper and adequate warning).

15 *Tucson Industries Inc. v. Schwartz:* (1973) Arizona Supreme Court; *Carmichael v. Reitz:* (1971) 95 Cal. 381, 400.

16 *D'Arienzo v. Clairol Inc.,* a.a.O.

17 *Berkebile v. Brantly Helicopter Corp.:* (1973) 311 A2d 140 (companion duty).

1 *Hamilton Fixture Co. v. Anderson:* (1973) 285 So2d 744; *Winthrop Laboratories v. Crocker:* (1973) 502 SW2d 850.

– noch es vermutet wird
– noch dem Hersteller der Einwand zugestanden wird, er habe alle nach Lage der Dinge möglichen Vorsorgemaßnahmen gegen den Eintritt des Schadens getroffen[2].

236 Trotzdem enthält die strict liability in tort Verschuldenselemente. Einerseits ist hier auf das bereits erwähnte Einfließen der Vorhersehbarkeit des Schadenseintritts in den Fehlerbegriff hinzuweisen, das auf zwei Ebenen erfolgt. Zunächst ist die Vorhersehbarkeit des Schadens im Zusammenhang mit den Gebrauchssituationen relevant, die der Hersteller bei der Entwicklung, Herstellung und Qualitätskontrolle des Produkts berücksichtigen muß: Er haftet nur dafür, daß sein Produkt in den objektiv aus seiner Sicht voraussehbaren Verwendungssituationen angemessen sicher ist, so daß hier die Voraussehbarkeit der Einsatzbedingungen des Produkts von entscheidender, pflichtenbestimmender Bedeutung ist. Weiterhin wird, wie im vorigen Abschnitt ausgeführt, die Voraussehbarkeit im Zusammenhang mit den dem Produkt beizugebenden Instruktionen erheblich.

237 Daneben ist als dritter Bereich die tatbestandliche Begrenzung der strict liability in tort auf den Zeitpunkt des Inverkehrbringens zu nennen.

In der Entscheidung *Cunningham v. MacNeal Memorial Hospital*[3] wird ausdrücklich eine Begrenzung der strict liability in tort auf den jeweiligen Stand der Wissenschaften abgelehnt:

> . . . To allow a defense to strict liability on the ground that there is no way, either practical or theoretical, for a defendant to ascertain the existence of impurities in his product would be to emasculate the doctrine and in a very real sense would signal a return to a negligence theory.
>
> . . . the seller of a product intended for human consumption is liable for injurious consequences resulting from the consumption of a

---

2 *Cunningham v. MacNeal Hospital:* (1969) 266 NE2d 897; *Schmaltz v. St. Luke's Hospital:* (1974) Colorado Court of Appeals; *Krammer v. Hines Lumber Co.:* (1974) Illinois Appellate Court.

3 (1970) 266 NE2d 897, 902. Siehe auch *Green v. American Tobacco Co.:* (1963) 154 So2d 169, 170; *Community Blood Bank Inc. v. Russell:* (1967) 196 So2d 115, 119f.; *Reilly v. King County Central Blood Bank Inc.:* (1971) 492 P2d 246; *Rostocki v. Southwest Florida Blood Bank Inc.:* (1973) Florida Supreme Court; *Matthews v. Stewart Warner Corp.:* (1974) Illinois Appellate Court.

> defective or adulterated product, even though it was at the time of the sale and consumption of such product practically or scientifically impossible to discover the defect in or adulteration of such product.
>
> . . . whether or not defendant can, even theoretically, ascertain the existence of serum hepatitis virus' in whole blood employed by it for transfusion purposes is of absolutely no moment. Any other ruling would be entirely inconsistent with the concept of strict tort liability.

Diese Rechtsprechung würde bedeuten, daß die strict liability in tort hinsichtlich der Anwendungsvoraussetzungen bzw. -grenzen von den Kriterien der Fahrlässigkeitshaftung abgelöst wird. Allerdings kann die Entscheidung *Cunningham v. MacNeal Memorial Hospital* nebst den zitierten weiteren Entscheidungen nicht als vorherrschende Meinung der us-amerikanischen Gerichte bezeichnet werden. Vielmehr gehen die us-amerikanischen Gerichte überwiegend davon aus, daß die strict liability in tort auf den Bereich der vorhersehbaren Gefahren bzw. der objektiv möglichen Gefahrabwendungsmaßnahmen begrenzt ist. Klarzustellen ist dabei allerdings, daß die Branchenüblichkeit (industry custom) keinen Maßstab für die Obergrenze des Erforderlichen ergibt[4]. Der Hersteller kann sich nicht damit entlasten, daß er alle in dem betreffenden Wirtschaftszweig üblichen Maßnahmen getroffen hat[5]. Vielmehr handelt es sich hier um das Problem, ob die strict liability in tort auf die objektiv bekannten Gefahren bzw. auf die objektiv zur Verfügung stehenden Vorsorgemaßnahmen begrenzt ist oder ob der Hersteller auch für Entwicklungsgefahren und Entwicklungslücken einzustehen hat.

238 Die überwiegende Rechtsprechung beruht auf der Erwägung, daß die Haftung für unnötig gefährliche Produkte die Sanktionsseite einer Verpflichtung ist, die Produkte im Rahmen des jeweils Möglichen und Zumutbaren fehlerfrei herzustellen[6]. Damit wird notwendigerweise auf den im entscheidenden Zeitpunkt gegebenen Stand der Technik, Wissenschaften usw. (state of the art)[7]

---

4 *Ward v. Hobart Mfg. Co.:* (1970) 317 FSup 841, 853; *Rivera v. Rockford Machine & Tool Co.:* (1971) 274 NE2d 828, 833.

5 *Gelsumino v. E.W. Bliss Co.:* (1973) Illinois Appellate Court.

6 Vgl. dazu insb. *Welch v. Outboard Marine Corp.:* (1973) US Court of Appeals zur Frage der für Rasenmäher möglichen Sicherheitsvorkehrungen.

7 So ausdrücklich *Balido v. Improved Machinery Inc.:* (1973) California Court of Appeal; *Ellithorpe v. Ford Motor Co.:* (1973)

bzw. auf die im entscheidenden Zeitpunkt dem Hersteller erkennbaren Gefahrenquellen verwiesen[8]. Die strict liability in tort setzt notwendigerweise voraus, daß die zur Vermeidung der Gefahr erforderlichen Mittel, Arbeits- oder Kontrollverfahren, usw. im entscheidenden Zeitpunkt zur Verfügung standen[9] bzw. daß die abzuwendenden Gefahren bekannt waren[10]: the requirement that the danger be reasonable foreseeable or scientifically discoverable is an important limitation of the seller's liability[11]. Demzufolge umfaßt die strict liability in tort nicht die sog. Entwicklungsgefahren:

> a danger is unreasonable when it is foreseeable[12]. Under the doctrine of strict liability it is not necessary to show that the defendant failed to use due care. However it is necessary to show that the warranted product contained an element from which on the basis of existing human knowledge harm might be expected to flow . . . The manufacturer is not an insurer against the unknowable[13].

Vielmehr ist die strict liability in tort auf das im entscheidenden Zeitpunkt Vorhersehbare[14] bzw. auf die im entscheidenden Zeitpunkt möglichen Sicher-

---

8 So ausdrücklich *Leibowitz v. Ortho Pharmaceutical Corp.:* (1973) Superior Court of Pennsylvania.

9 *McClung v. Ford Motor Co.:* (1971) 333 FSup 17, 21; *Rivera v. Rockford Machine & Tool Co.:* (1971) 274 NE2d 828; *Thompson v. Package Machinery Co.:* (1971) California Court of Appeal; *Squibb & Sons Inc. v. Stickney:* (1973) Florida District Court of Appeal; *Grant v. National Acme Co.:* (1973) 351 FSup 972 (economic or technological feasability of safety devices); *Jones v. Hutchinson Mfg. Inc.:* (1973) Court of Appeals of Kentucky; *Lolie v. The Ohio Brass Co.:* (1974) US Court of Appeals, 7th Circuit.

10 *Lartigue v. R.J. Reynolds Tobacco Co.:* (1963) 317 F2d 19, 35; *Toole v. Richardson-Merrell Inc.:* (1967) 60 Cal. 398, 413; *Davis v. Wyeth Laboratories Inc.:* (1968) 399 F2d 121, 129; *Basko v. Sterling Drug Inc.:* (1969) 416 F2d 417, 426; *Oakes v. Geigy Agricultural Chemical:* (1969) 77 Cal. 709; *Mountain v. Procter and Gamble Co.:* (1970) 312 FSup 534, 537; *Bickett v. W.R. Grace Co.:* (1972) US District Court.

11 *Borel v. Fibreboard Paper Products Corp.* (1973)

12 *Balido v. Improved Machinery Inc.:* (1973) California Court of Appeal.

13 *Lartigue v. R. J. Reynolds Tobacco Co.:* (1963) 317 F2d 19, 35 und 40.

14 *Davis v. Wyeth Laboratories Inc.:* (1968) 399 F2d 121, 129; *Weber v. Fidelity and Casualty Ins. Co.:* (1971) 250 So2d 754, 755 f. (. . . "if the injury might reasonably have been anticipated").

heitsmaßnahmen begrenzt[15]. Dafür spricht vor allem die Überlegung, daß die strict liability in tort den Hersteller zu erhöhten Sicherungsvorkehrungen motivieren soll: dies Ziel wird aber nicht erreicht, wenn nach dem Stand der Wissenschaften keine Gefahrabwendungsmaßnahmen zur Verfügung stehen[16].

Obwohl z. B. grundsätzlich auch Blutbänke im Rahmen der strict liability in tort haften, tritt diese Haftung entgegen der Cunningham-Entscheidung nicht ein, wenn es nach dem Stand der Wissenschaft nicht möglich war, Hepatitisviren bei Blutspendern zu entdecken: The unavoidable presence of hepatitis virus' in blood furnished does not give rise to strict liability in tort for the resultant harm[17].

239 Entsprechendes wie für die nach dem jeweiligen Stand der Technik möglichen Gefahrabwendungsmaßnahmen gilt für die Kenntnis der Gefahren: absent special circumstances known or foreseeable in the exercise of due care by the manufacturers, there is no duty to warn[18]. Stellt sich z. B. erst beim Vertrieb eines pharmazeutischen Produkts heraus, daß es bei bestimmten Personengruppen schwere Personenschäden hervorrufen kann[19], oder wird durch Beschwerden aus dem Kundenkreis eine bestimmte Gefahrenquelle bekannt[20], entsteht eine Warnverpflichtung erst ab dem Zeitpunkt, in dem der Hersteller diese Kenntnis erlangt hat: obwohl „gefährlich", ist das Produkt also in der Anfangsphase des Vertriebs noch nicht unnötig gefährlich, weil mit ihm kein in diesem Zeitpunkt vorhersehbares Risiko verbunden ist und greift die strict liability in tort hinsichtlich der bereits in den Verkehr gebrachten Produkte

---

15 *Balido v. Improved Machinery Inc.:* (1973) California Court of Appeal. In weiteren Entscheidungen wird herausgestellt, daß der Hersteller der strict liability unterliege, weil ihm im Zeitpunkt des Inverkehrbringens die betreffenden Gefahren des Produkts bekannt waren (*Toole v. Richardson-Merrell Inc.:* (1967) 60 Cal. 398; *Cassetta v. US Rubber Co.:* (1968) California Court of Appeal) bzw. Gefahrabwendungsmaßnahmen möglich waren: *Grant v. National Acme Co.:* (1973) US District Court.

16 *Shephard v. Alexian Brothers Hospital Inc.: (1973).*

17 *Jackson v. Mühlenberg Hospital:* (1967) 232 A2d 879, 890.

18 *Carmichael v. Reitz:* (1971) 95 Cal. 381, 400.

19 *Davis v. Wyeth Laboratories Inc.*, a.a. O.; *Basko v. Sterling Drug Inc.:* (1969) 416 F2d 417, 426.

20 *Dunham v. Vaughn & Bushnell Mfg. Co.:* (1969) 247 NE2d 401.

nicht ein[21]. Sie gilt dagegen für die bereits produzierten, aber im Zeitpunkt der Kenntniserlangung noch im Herrschaftsbereich des Herstellers befindlichen Produkte: bringt sie der Hersteller in den Verkehr, haftet er dafür aufgrund der strict liability in tort, weil diese Produkte im maßgeblichen Zeitpunkt unnötig gefährlich sind.

240 Für die Anwendung der strict liability in tort kommt es also nicht darauf an, ob das Produkt im Zeitpunkt des Schadenseintritts bei Abwägung aller Umstände unnötig gefährlich war. Entscheidend ist, ob es im Zeitpunkt des Inverkehrbringens unnötig gefährlich war[22]. Die strict liability in tort ist also zeitlich fixiert. Sie führt nicht zu einer Haftung des Herstellers für im Zeitpunkt des Schadenseintritts unnötig gefährliche Produkte, sondern sie besagt lediglich, daß der Hersteller keine unnötig gefährlichen Produkte in den Verkehr bringen darf[23]. Praktisch bedeutet dies, daß über das einschränkende Tatbestandsmerkmal der reasonability (of dangerousness bzw. of safety) bereits in den Fehlerbegriff Wertungsmomente einfließen, die im Rahmen einer reinen Verschuldenshaftung erst auf der nachfolgenden Ebene der subjektiven Vorwerfbarkeit zu prüfen sind. In der Entscheidung *Carmichael v. Reitz*[24] wird dementsprechend betont, daß "concepts from negligence law have been amalgamated into the doctrin of strict liability[25].

Die unnötige Gefährlichkeit muß also in dem Zeitpunkt vorgelegen haben, in dem der Anspruchsverpflichtete das Produkt in den Verkehr gebracht hat. War zum Zeitpunkt des Inverkehrbringens eine unnötige Gefährlichkeit nicht gegeben, weil dem Betreffenden die haftungsbegründenden Tatsachen nicht bekannt waren (z. B. atypischer individueller Verwendungszweck des Abnehmers, bei dem das Produkt gefährlich wird), lebt die strict liability in tort auch nicht bei nachfolgender Kenntnis der Lage auf[26]. Es bleibt außerhalb vertragsrecht-

21 Vgl. außer den vorstehenden Entscheidungen *Oakes v. Geigy Agricultural Chemicals:* (1969) 77 Cal. 709.

22 *Carmichael v. Reitz:* (1971) 95 Cal. 381, 404; siehe auch die in der folgenden Fußnote zitierte Entscheidung.

23 *Rivera v. Rockford Machine & Tool Co.:* (1971) 274 NE2d 828, 832.

24 a.a. O.

25 Im einzelnen siehe dazu unten, Ziff. 114 ff.

26 Siehe oben, Rz. 226.

licher Beziehungen die negligence-Haftung[27]: der Hersteller unterliegt hinsichtlich der bereits in den Verkehr gebrachten Produkte einer Verschuldenshaftung, die auf Vornahme der nach Lage der Dinge erforderlichen Maßnahmen (z. B. Rückrufaktion, Rundfunk- und Fernsehcampagne zur Warnung der Benutzer) gerichtet ist. Da die Voraussetzungen für eine Anwendung des Satzes res ipsa loquitur in derartigen Fällen kaum vorliegen, muß das Verschulden nachgewiesen werden.

Abschließend anzuführen ist, daß auch hinsichtlich der Allergiefälle ein Verschuldensmerkmal zur Problemlösung herangezogen wird: eine Haftung besteht nicht schon für den einzelnen Fall, sondern nur und erst, wenn eine wesentliche Zahl von Personen (substantial number) als potentiell gefährdet in Betracht zu ziehen ist[28].

af) Die Bedeutung der Offensichtlichkeit des Produktfehlers

241 Eine der gewissermaßen archaischen Rechtsregeln des Common Law besagt, daß bei offensichtlichen Fehlern keine Warnpflicht bestehe (latent/patent-rule). Dementsprechend gingen die us-amerikanischen Gerichte in der Anfangszeit der strict liability in tort weitgehend davon aus, daß die Offensichtlichkeit des Produktfehlers ein haftungsausschließendes Tatbestandsmerkmal sei[1].

Allerdings hatte sich dabei ersichtlich weder die Frage der individuellen Erkennbarkeit (z. B. Kleinkind betätigt Rasenmäherstarter und wird verletzt) noch das Problem der Verletzung Dritter durch den Produktbenutzer gestellt. Gegenüber dem Produktbenutzer kann zwar die Offensichtlichkeit zu einem Ausschluß der Haftung des Herstellers (unter dem Gesichtspunkt der individuellen Verwirkung des mit der Herstellerhaftung verbundenen Schutzes) führen. Gegenüber einem außenstehenden Dritten dagegen (sog. bystander), der durch das Produkt einen Schaden erlitten hat, greift dieser Gesichtspunkt nicht durch. Jedenfalls in den beiden vorstehenden Fallgruppen ist also die latent/patent-rule unzulänglich.

---

27 Vgl. *Griffin v. US.:* (1972) 351 FSup. 10.

28 *Reyes v. Wyeth Laboratories Inc.:* (1974) US Court of Appeals, 5th Circuit.

1 *Downey v. Moore's Time Saving Equipment Inc.:* (1970) 432 F2d 1088, 1092; *Maas v. Dreher:* (1970) 460 P2d 191, 193; *Morrow v. Trailmobile Inc.:* (1970) 473 P2d 780, 785.

Praktisch zeichnet sich aber die adäquate Problemlösung zumindest ab bzw. ist sie bereits weitgehend anerkannt. In den letzten Jahren kristallisiert sich mehr und mehr heraus, daß die Frage der Offensichtlichkeit des Produktfehlers nicht als negatives Tatbestandsmerkmal angesehen wird. Vielmehr ist die Offensichtlichkeit des Fehlers lediglich bei der Frage des Mitverschuldens des Benutzers in die Bewertung einzubeziehen[2].

ag) Die Bedeutung eines Mitverschuldens des Produktgeschädigten

242 Grundsätzlich ist zur tatbestandlichen Bedeutung des Mitverschuldens festzuhalten, daß nach altem Common Law ein dem Geschädigten zur Last fallendes Mitverschulden ein bar to recovery war, d.h. daß es in vollem Umfang zur Vernichtung des Haftungsanspruchs führte (sog. contributory negligence-rule). Erst in der neueren Rechtsentwicklung setzt sich mehr und mehr ein differenzierenderes Denken durch: mittels der doctrin of contributory fault erfolgt eine Abwägung des beiderseitigen Verschuldens und eine dementsprechende prozentuale Schadenteilung. Der Rechtsstand in den Einzelstaaten ist aber unterschiedlich, so daß man diese beiden Grundkonzepte in der Behandlung des Mitverschuldens stets im Auge behalten muß.

In der Rechtsprechung zur strict liability in tort gehen die us-amerikanischen Gerichte ganz überwiegend[1] davon aus, daß ein „einfaches" Mitverschulden des Benutzers keinen Einwand gegenüber der Haftung des Herstellers aus strict liability in tort ergebe, wenn es lediglich in einem fahrlässigen Nichtentdecken eines Produktfehlers bzw. im lediglich fahrlässigen Versäumen der Vornahme ausreichender eigener Sicherheitsmaßnahmen besteht[2]. Vielmehr ergebe ein Mitverschulden des Geschädigten nur dann gegenüber der Hersteller-

---

2 *Pike v. Frank G. Hough Co.:* (1970) 467 P2d 229, 234; *Ward v. Hobart Mfg. Co.:* (1970) 317 FSup 841, 854; *Palmer v. Massey Ferguson Inc.:* (1970) 476 P2d 713, 717; *Dorsey v. Yoder Co.:* (1971) 331 FSup 753, 758f.; *Luque v. McLean:* (1972) 104 Cal. 443; *Ford v. Harnischfeger Corp.:* (1973) US District Court for Pennsylvania.

1 Anders *Dippel v. Sciano:* (1967) 155 NW2d 55, 66; *Hagenbuch v. Snap-On Tools Corp.:* (1972) US District Court sowie *Codling v. Paglia:* (1973) New York Court of Appeals.

2 *Shamrock Fuel & Oil Sales Co. v. Tunks:* (1967) 416 SW2d 779; *Hawkeye Security Insurance Co. v. Ford Motor Co.:* (1972) Iowa Supreme Court; *Messick v. General Motors Corp.:* (1972) US Court of Appeals.

haftung einen anspruchsvernichtenden Einwand, wenn der Benutzer den konkreten Produktfehler tatsächlich erkannt[3] und bewußt in Kauf genommen hat, indem er die Sache trotz des erkannten Fehlers in einer Art und Weise benutzte, bei der sich die Gefährlichkeit des Produkts verwirklichen konnte (assumption of risk)[4]:

> the form of contributory negligence which consists in voluntarily and unreasonably proceeding to encounter a known danger, and commonly passes under the name of assumption of risk, is not a denfense ... If the user or consumer discovers the defect and is aware of the danger and nevertheless unreasonably proceeds to make use of the product and is injured, he is barred from recovery[5].

Danach steht dem Hersteller also nicht schon der Einwand des einfachen, lediglich fahrlässigen Mitverschuldens des Benutzers zu. Vielmehr kann er sich lediglich darauf berufen, daß angesichts der Umstände der fortgesetzte Gebrauch einen bewußten Verstoß gegen die dem Benutzer obliegenden Sorgfaltspflichten darstellt (that the continued use of the product be voluntary and unreasonable under the circumstances[6].

243 Weiterhin muß dem Benutzer auch der Umfang des mit dem erkannten Produktfehler verbundenen Risikos (magnitude of the risk) bekannt gewesen sein[7]. Wurde der Benutzer durch ein Beladegerät verletzt, genügt es nicht, daß er aufgrund des erkannten Fehlers annahm, das Gerät sei schwer zu handhaben. Der anspruchsvernichtende Einwand der assumption of risk kann nur erhoben werden, wenn der Benutzer erkannte, daß bei Weiterbenutzung der Eintritt

3 *Dorsey v. Yoder Co.:* (1971) 331 FSup 753, 765; *Carmichael v. Reitz* (1971) 95 Cal. 381, 402;

4 *Shamrock Fuel & Oil Sales Co. v. Tunks,* a.a. O.; *Williams v. Brown Mfg. Co.:* (1970) 261 NE2d 305, 312; *Carmichael v. Reitz:* (1971) 95 Cal 381, 402; *Karl v. Spedding Chevrolet Inc.:* (1972) Colorado Court of Appeals; *Messick v. General Motors Corp.,* a.a. O.

5 *Shamrock Fuel & Oil Sales Co. v. Tunks,* a.a. O.

6 *Messick v. General Motors Corp.:* a.a. O.

7 *Karl v. Chevrolet Spedding Inc.:* (1972) Colorado Court of Appeals; *Smith v. Dhy-Dinamic Co.:* (1973) 107 Cal. 907.

des betreffenden Schadensfalls zu befürchten war[8]. Weiterhin liegt eine assumption of risk nicht vor, wenn der Produktgeschädigte zwar bemerkte, daß die Bremsen des Kraftfahrzeugs seitlich zogen, er aber bei der Weiterbenutzung nicht damit rechnete, daß die Bremsen blockieren würden[9].

Eine assumption of risk liegt demnach nur vor, wenn der tatsächlich eingetretene Schaden innerhalb des für den Benutzer Voraussehbaren lag (within the foreseeable ambit of the assumed risk[10]). Entscheidend ist insoweit nicht der idealtypische Maßstab des reasonable man, sondern der rein subjektive Maßstab, ob dem Produktgeschädigten (a) der Produktfehler sowie (b) das sich daraus ergebende Produktrisiko, das im späteren Verlauf der Ereignisse den Schaden verursachte, bekannt waren[11].

244 Entwicklungsmäßig dürfte diese Unterscheidung zwischen dem gegenüber der strict liability in tort unerheblichen „einfachen" Mitverschulden und der bewußten Risikoübernahme durch das erwähnte alte anglo-amerikanische Konzept erklärbar sein, daß ein Mitverschulden des Geschädigten nicht nur eine haftungsbegrenzende, sondern eine anspruchsvernichtende Wirkung habe: um zu verhindern, daß dem Produktgeschädigten wegen seines Mitverschuldens der Haftungsanspruch total entzogen wird[12], haben die Gerichte nur das qualifizierte Mitverschulden des bewußten Eingehens einer konkret erkannten Gefahr anerkannt und im übrigen das einfache Mitverschulden ausgeklammert. Praktisch erfolgte damit also eine Alles-oder-Nichts-Antwort auf die archaisch einfache Alles-oder-Nichts-Lösung der contributory negligence-rule. Obwohl in der neueren Rechtsentwicklung in vielen Staaten die contributory negligence-rule durch das contributory fault-Konzept aufgegeben ist, wurde aber im Bereich der strict liability in tort der lange Zeit einhellig anerkannte Satz nicht

---

8 *Frankel v. Lull Engineering Co.:* (1971) 334 FSup. 913.

9 Vgl. *Karl v. Chevrolet Spedding Inc.*, a.a. O.

10 *Frankel v. Lull Engineering Co.*, a.a. O.; *Dorsey v. Yoder Co.:* 331 FSup 753, 765; *Hagenbuch v. Snap-On Tools Corp.:* (1972), a.a. O.; *Fore v. Vermeer Mfg. Co.:* (1972) 287 NE2d 526.

11 *Frankel v. Lull Engineering Co.:* (1971) 334 FSup 913; *Fore v. Vermeer Mfg. Co.:* (1972) 287 NE2d 526; *Williams v. Brown Mfg. Co.:* (1970) 261 NE2d 305, 312.

12 So aber *Codling v. Paglia,* a.a. O.; *Bowen v. Western Auto Supply Co.:* (1973) Louisiana Court of Appeals.

korrigiert, daß sich der Hersteller gegenüber einer Inanspruchnahme aus strict liability in tort nicht auf eine contributory negligence des Benutzers berufen könne. Soweit die us-amerikanische Rechtsprechung zwischen

- dem lediglich fahrlässigen mitwirkenden Verschulden, das gegenüber der strict liability in tort des Herstellers unerheblich ist, und
- der bewußten Inkaufnahme eines konkreten Risikos (assumption of risk), das einen anspruchsvernichtenden Einwand ergibt,

unterscheidet, wird eine Alles-oder-Nichts-Lösung praktiziert, die eine Haftungsabstufung und damit eine Schadensteilung entsprechend der beiderseitigen Zurechenbarkeit verhindert. Es sind zwar Ansätze vorhanden, daß eine prozentuale Schadensteilung vorgenommen wird[13]. Diese Ansätze sind aber nach dem derzeitigen Stand der Rechtsprechung noch als Ausnahmen einzustufen. Eine endgültige Aufgabe des Satzes, daß sich der Hersteller nicht auf eine contributory negligence des Produktgeschädigten berufen könne, setzt meines Erachtens voraus, daß die us-amerikanischen Gerichte sich des inneren Zusammenhanges zwischen diesem Satz und dem Problem der grundsätzlichen rechtlichen Bedeutung des Mitverschuldens klar werden. Da die contributory fault-doctrin zusehends in der Gesetzgebung und in der Rechtsprechung der Einzelstaaten an Boden gewinnt, ist eine derartige Änderung der Rechtsprechung zur strict liability in tort durchaus absehbar.

ah) Die Bedeutung von Veränderungen des Produkts nach dem Inverkehrbringen

245 Weiterhin setzt die amerikanische Rechtsprechung voraus, daß das Produkt den Benutzer ohne wesentliche Veränderungen erreicht hat. Das einschränkende Tatbestandsmerkmal des "reaching the user without substantial change" betrifft aber nicht den Fehlerbegriff. Vielmehr bezieht es sich auf eine Kausalitätsfrage[1], nämlich auf das Problem, ob durch eventuell nachfolgende Veränderungen des Produkts eine Kausalität des Herstellers für den eingetretenen Schaden entfällt. Positiv formuliert bedeutet also jenes Tatbestandsmerkmal, daß das Produkt hinsichtlich der schadenauslösenden Eigenschaft unverändert

---

13 *Hagenbuch v. Snap-On Tools Corp.:* (1972), a.a. O.

1 *Dennis v. Ford Motor Co.:* (1971) 332 FSup 901, 903 f.

geblieben sein muß[2]. Wenn also das Produkt mit Zusatzteilen versehen[3], repariert[4], bearbeitet[5], als Einzelteil in eine größere funktionelle Einheit eingebaut[6] oder umgebaut[7] wurde, ist es eine Kausalitätsfrage, ob dadurch die ursprünglichen Produkteigenschaften verändert wurden oder ob die schadenverursachenden Produkteigenschaften dem Hersteller zuzurechnen sind.

ai) Die Wechselbeziehungen zwischen den Sorgfaltspflichten des Herstellers und den Sorgfaltspflichten des Benutzers

246 Aus dem Vorstehenden ergibt sich, daß die Sorgfaltspflichten des Herstellers und die Sorgfaltspflichten des Benutzers eng ineinander verwoben sind:

Der Hersteller muß berücksichtigen, daß gewisse Bedienungsfehler, Gefahrsituationen usw. voraussehbar sind und muß gegen diese voraussehbaren Gefahren geeignete Vorkehrungen treffen; Spiegelbild dieser Verpflichtung ist, daß sich der Benutzer darauf verlassen kann, daß ihn der Hersteller vor den mit der Benutzung des Produkts verbundenen Gefahren mittels Sicherheitsmaßnahmen oder entsprechenden Instruktionen schützt. Folge dieser Verschmelzung der beiderseitigen Sorgfaltspflichten ist die haftungsrechtliche Aussage, daß der Hersteller dann und nur dann haftet, wenn das Produkt gefährlicher ist als es ein durchschnittlicher Benutzer annimmt[8]. Demzufolge soll eine Haftung nach den Grundsätzen der strict liability in tort nicht bestehen, wenn dem Abnehmer die technische Unvermeidbarkeit der betreffen-

---

2 *Ward v. Hobart Mfg. Co.:* (1970) 317 FSup 841, 847; *Putensen v. Clay Adams Inc.:* (1970) 91 Cal. 319, 325f.; *Bexiga v. Havir Mfg. Corp.:* (1971) 276 A2d 590, 593.

3 *Dennis v. Ford Motor Co.,* a.a.O.; *Cronin v. J.B.E. Olson Corp.:* (1972) 501 P2d 1153.

4 *Elmore v. American Motors Corp.:* (1969) 451 P2d 84, 87; *McGrath v. White Motor Corp.:* (1971) 484 P2d 838, 843.

5 Anderer Ansicht *Putensen v. Clay Adams Inc.:* (1970) 91 Cal. 319, 325 (tatbestandliches Entfallen der Haftung).

6 *Suvada v. White Motor Co.:* (1965) 210 NE2d 182, 188.

7 *Paolotto v. The Beech Aircraft Corp.:* (1972) 464 F2d 976.

8 *Cronin v. J.B.E. Olson Corp.:* (1972) 501 P2d 1153; *Culpepper v. Volkswagen of America Inc.:* (1973) 109 Cal. 110.

den Fehler bekannt ist[9] oder wenn der Besteller das qualitätsmäßig ungeeignete Material selbst bestimmt hat[10].

Der Benutzer muß das Produkt sorgfältig benutzen und gegebenenfalls die Gebrauchsanleitungen lesen; Spiegelbild dieser Verpflichtung ist, daß sich der Hersteller darauf verlassen kann, daß

(a) sein Produkt nur für die aus seiner Sicht voraussehbaren Verwendungszwecke benutzt wird[11]
(b) die dem Produkt beigegebenen Instruktionen gelesen und befolgt werden[12]
(c) sich der Benutzer nicht in Kenntnis eines konkreten Produktfehlers und der sich daraus ergebenden Gefahren diesen aussetzt.

Haftungsrechtliches Ergebnis dieser Verschmelzung der beiderseitigen Sorgfaltspflichten und Verhaltenserwartungen ist, daß der Hersteller nicht für eine assumption of risk bzw. für nicht voraussehbare Benutzungsarten haftet.

Durch das Tatbestandsmerkmal der angemessenen Sicherheit bzw. der unnötigen Gefährlichkeit und durch die bei der Anwendung vorzunehmende Abwägung der beiderseitigen Sorgfaltspflichten erfolgt also bereits im Fehlerbegriff die hier erforderliche Interessenabwägung und wird tatbestandlich sichergestellt, daß der Hersteller nicht einer bloßen Kausalhaftung für sämtliche durch sein Produkt ausgelöste Schäden unterworfen wird[13]. Ist z.B. eine Maschine nach vom Besteller übergebenen genauen Konstruktionszeichnungen anzufertigen, haftet der Auftragsfertiger, wenn er eine ihm erkennbare Fehlerquelle nicht beseitigt (z.B. Fehlen der erforderlichen Sicherheitsteile[14]).

---

9 *St. Louis-Frisco Ry. Co. v. Armco Steel Corp.:* (1973) 359 FSup 760 und (1974) 490 F2d 367.

10 *States Steamship Co. v. Stone Manganese Marine Ltd.:* (1973) US District Court for New Jersey.

11 *Ritter v. The Narragansett Electric Co.:* (1971) 283 A2d 255, 263; *Dorsey v. Yoder Co.:* (1971) 331 FSup 753, 761.

12 *Carmichael v. Reitz:* (1971) 95 Cal. 381, 402.

13 *Bradford v. Hartford Co.:* (1973) Colorado Court of Appeals.

14 *Borel v. Fibreboard Paper Products Corp.:* (1974) US Court of Appeals, 5th Circuit; *Parker v. Warren Enterprises:* (1974) Tennessee Court of Appeals.

Bestellt andererseits der Käufer ein für seinen Verwendungszweck nicht ausreichend festes Material, haftet nur er für den Schaden, nicht dagegen der Hersteller[15], da hier das Produkt an sich ordnungsgemäß ist und die Fehlerverursachung erst in der Anwendungsentscheidung des Käufers liegt.

b) Die Schuldner der strict liability in tort

247 Die strict liability ist eine an die gewerbliche Tätigkeit anknüpfende Haftung. Sie setzt den Betrieb eines regelmäßig mit den betreffenden Geschäften befaßten Unternehmens voraus (usual course of business)[1]. Ein nur gelegentliches oder einmaliges Geschäft begründet also keine Haftung nach den Grundsätzen der strict liability in tort[2]. Weder haftet also ein Unternehmen, das einen seiner Geschäftswagen gebraucht verkauft[3] noch ein Unternehmen, das nur gelegentlich einen Leasing-Vertrag als Leasinggeber abschließt[4]. Obwohl grundsätzlich auch der Staat einer Haftung aus strict liability in tort unterliegt, sind deren Voraussetzungen nicht gegeben, wenn die Bundesregierung ausrangierte Gewehre an Interessenten verkauft, weil "the federal government was not in the business of manufacturing or selling the rifles for a profit"[5].

248 Im übrigen unterliegen der strict liability in tort folgende Unternehmen:

ba) Hersteller

Hersteller haften aufgrund der strict liability in tort zunächst für die in ihrem Bereich gesetzten Fehlerursachen[6]. Konsequenterweise müßte damit verbunden

---

15 *Parker v. Warren Enterprises:* (1974) Tennessee Court of Appeals.

1 *Cintrone v. Hertz Truck Leasing and Rental Service:* (1965) 212 A2d 769; *McClaflin v. Bayshore Equipment Rental Co.:* (1969) 79 Cal. 337; *Bachner v. Pearson:* (1970) 479 P2d 319; *Tucson Industries Inc. v. Schwartz:* (1973) Arizona Supreme Court.

2 *McClaflin v. Bayshore Equipment Rental Co.*, a.a.O.; *Cintrone v. Hertz,* a.a.O.

3 Siehe unten, Rz. 250.

4 *Stang v. Hertz Corp.:* (1972) 497 P2d 732, m.w.N.

5 *Witkamp v. US.:* (1972) 343 FSup 1075.

6 *Ulmer v. Ford Motor Co.:* (1969) 452 P2d 729, 735.

sein, daß auch Unternehmen, die im Wege der Geschäftsbesorgung Teilbereiche der Herstellertätigkeit übernommen haben, der strict liability in tort unterliegen (z. B. Konstruktionsbüros). Diese Konsequenz wird aber (noch) nicht gezogen[7].

Darüber hinaus haften sie aber auch für vorgeschaltete Hersteller. Im Rahmen einer Verschuldenshaftung haftet zwar der Hersteller für fremdproduzierte Einzelteile, die er bei der Herstellung seines Produkts benutzt, nicht als Hersteller, sondern nur als weiterverarbeitender Bezieher. Im Rahmen der strict liability in tort dagegen wird ihm auch hinsichtlich der beim Zulieferer verursachten Produktfehler die volle Herstellerhaftung auferlegt[8].

Für Herstellerfehler, die bei nachgeschalteten Unternehmen verursacht wurden, haftet der Hersteller grundsätzlich nicht[9]. Ebensowenig haftet er für Fehler, die bei einem Vertriebshändler oder bei einem Leasinggeber gesetzt wurden[10]. Handelt es sich dagegen um ein umbaubares Produkt, dem der Hersteller die für den Umbau erforderlichen Einzelteile beigibt (Umbau eines Naturgas-Heizgerätes zum Betreiben mit Propangas), so soll der Hersteller auch dann aus strict liability in tort haften, wenn das den Umbau ausführende Unternehmen nachlässig arbeitete[11].

Die New Yorker Gerichte gehen davon aus, daß der Zulieferer nicht verklagbar ist, wenn und soweit der Assembler tatsächlich oder rechtlich belangt werden kann[12]. Dies entspricht aber nicht der Rechtsprechung der übrigen

---

7 *La Rossa v. Scientific Design Co. Inc.:* (1968) 402 F2d 878.

8 *Goldsberg v. Kollsman:* (1963) 191 NE2d 81; *Vandermark v. Ford Motor Co.:* (1964) 391 P2d 168, 170f.; *Landon v. National Building Corp.:* (1969) 415 F2d 860, 863; *Klein v. Continental Emsco:* (1971) 445 F2d 629, 631; *Bradford v. Hartford Co.:* (1973) 517 P2d 406; *Spillers v. Montgomery Ward & Co.:* (1973) 282 So2d 546.

9 *Suvada v. White Motor Co.:* (1965) 210 NE2d 182, 188 Ziff. 7; *McGodrick v. Porter Cable Tools:* (1973) 110 Cal 481.

10 Vgl. *State Stove Mfg. Co. v. Hodges:* (1966) 189 So2d 113, 121; *Stang v. Hertz Corp.:* (1972) 497 P2d 732.

11 *Hales v. Green Colonial Inc.:* (1974) US Court of Appeals, 8th Circuit.

12 *Goldsberg v. Kollsman Instrument Corp.:* (1963) 191 NE2d 81, 83; *Montgomery v. Goodyear Tire & Rubber Co.:* (1964) 231 FSup 447, 455; *Sevits v. McKiernan States Terry Corp:* (1966) 264 FSup 810, 813. Siehe weiterhin States *Steamship Co. v. Stone Manganese Marine Ltd.:* (1973) US District Court of New Jersey.

Staaten, wonach der Produktgeschädigte die Wahl hat, ob er den Assembler, den Zulieferer oder beide verklagt und dürfte sich aus einem nicht mehr gerechtfertigten Festhalten an der Goldsberg-Entscheidung ergeben.

Wird ein in das Endprodukt eingebautes Produkt des Zulieferers zur Schadensursache, haftet neben dem Hersteller des Endprodukts auch der Zulieferer[13] ohne summenmäßige Haftungsbegrenzung, sofern sein Produkt nicht einer Be- oder Verarbeitung unterzogen wurde, die es hinsichtlich der schadensverursachenden Eigenschaften veränderte[14]. Insoweit ist dies also ein Kausalitätsproblem[15].

Hat allerdings der Hersteller Tätigkeiten ausgelagert, die eigentlich ihm oblagen (z. B. Beauftragung des Kfz-Händlers mit dem make ready-Service, durch den erst die Kraftfahrzeuge benutzungsfertig werden), haftet der Hersteller insoweit für Fehler des nachgeschalteten Vertriebsunternehmens[16].

In den Fällen, in denen ein Fremdprodukt unter eigener Handelsmarke vertrieben wird, unterliegt einerseits der tatsächliche Hersteller[17], daneben aber auch der scheinbare „Hersteller“[18], der sich durch die Art des Vertriebs mit dem Fremdprodukt identifiziert, der strict liability in tort. Desgleichen haftet im Fall einer Warenzeichenlizenz neben dem Lizenznehmer als dem tatsächlichen Hersteller auch der Lizenzgeber aufgrund der strict liability in tort, weil das Produkt unter seinem Warenzeichen in den Verkehr gebracht wird[19] und damit eine Identifikation mit dem Fremdprodukt vorliegt.

---

13 *Suvada v. White Motor Co.*: (1965) 210 NE2d 182, 188, Ziff. 8; *Sevits v. McKiernan-Terry Corp.*: (1966) 264 FSup 810; *Bernhart v. Freeman Equipment Co.*: (1968) 441 P2d 993; *Clark v. The Bendix Corp.*: (1973) New York Supreme Court Appelate Division. Abweichend noch *Goldberg v. Kollsman Instrument Corp.*: (1963) 191 NE2d 81, 83 sowie *Halpern v. Jad Construction Corp.*: (1963) 244 NYS2d 147; *Montgomery v. Goodyear Tire & Rubber Co.*: (1964) 231 FSup 447 (nur der Hersteller des Endprodukts).

14 Vgl. *Klein v. Continental-Emsco.*: (1971) 445 F2d 629, 631.

15 Vgl. *City of Franklin v. Badger Ford Truck Sales, Inc.*: (1973) Supreme Court of Wisconsin.

16 *Vandermark v. Ford Motor Co.*: (1964) 391 P2d 168, 171; *Alvarez v. Felker Mfg. Co.*: (1964) 41 Cal. 514; *Sabloff v. Yamaha Motor Corp.*: (1971) 273 A2d 606.

17 *Walker v. Decora Inc.*: (1971) 471 SW2d 778.

18 *Hagenbruch v. Snap-On Tools Corp.*: (1972) US District Court.

19 *Carter v. Bancroft & Sons Co.*: (1973) 360 FSup 1103.

bb) Vertriebshändler

249 Auch den Vertriebshändlern wird zwecks Verbesserung des Verbraucherschutzes die strict liability in tort und damit

- die Haftung für sämtliche, im Herstellerbereich verursachten Produktfehler sowie
- die Haftung für Vertriebsfehler vorgeschalteter Vertriebshändler

auferlegt:

> the retailer's strict liability thus serves as an added incentive to safety. Strict liability on the manufacturer and retailer alike affords maximum protection to the injured plaintiff and works no injustice to the defendants, for they can adjust the costs of such protection between them in the course of their continuing business relationship[1].

Sowohl der Großhändler als auch der Detaillist als auch weitere in den Warenvertrieb eingeschaltete Unternehmen haften also dem Produktgeschädigten für Herstellerfehler[2].

Klarzustellen ist hier allerdings, daß dies wohl nur im Rahmen der generellen Produkteigenschaften gelten kann. Wenn und soweit individuelle Momente erheblich werden (z. B. atypischer Verwendungszweck des konkreten Abnehmers) haften die Vertriebshändler nur, wenn und soweit ihnen die Kenntnis dieser Momente zurechenbar ist. Dies ist aber nur eine scheinbare Einschränkung.

Der durch den voraussehbaren Gebrauch umgrenzte Bereich ist normalerweise auch für den Vertriebshändler bei Anwendung der erforderlichen Sorgfalt voraussehbar. Infolgedessen kann auch ihm die Kenntnis dieser Benutzungs-

1 *Vandermark v. Ford Motor Co.:* (1964) 391 P2d 168, 171 f.

2 Siehe weiterhin *Suvada v. White Motor Co.:* (1965) 210 NE2d 182, 185; *Dealer's Transport Co. v. Battery Distributing Co.:* (1966) 402 SW2d 441, 447; *Elmore v. American Motors Corp.:* (1969) 451 P2d 84, 89; *Farr v. Armstrong Rubber Co.:* (1970) 179 NW2d 64, 72; Ablehnend *Shipper v. Levitt & Sons Inc.:* (1965) 207 A2d 314, 328 f.; *Maze v. Bush Brothers & Co.:* (1971) Tennessee Court of Appeals; *Walker v. Decora Inc.:* (1971) 471 SW2d 778; *Sam Shainberg Co. v. Barlow:* (1972) 258 So2d 242.

und Gefahrensituationen zugerechnet werden. Demzufolge liegt typischerweise auch in der Person des Vertriebshändlers das einschränkende Tatbestandsmerkmal der Vorhersehbarkeit der Benutzungs- bzw. Gefahrensituationen vor, wenn es auch gewissermaßen typisierend als selbstverständlich unterstellt wird. Erst bei individuellen Momenten wirkt es sich praktisch als haftungsbegrenzendes bzw. haftungsausschließendes Tatbestandsmerkmal aus[3], indem die individuelle Voraussehbarkeit dargelegt werden muß.

250 Auch Gebrauchtwarenhändler unterliegen der strict liability in tort[4], wenn sie die weiterveräußerten Gebrauchtwaren überhaupt nicht überprüfen. Offensichtlich ist also das Unterlassen jeglicher Überprüfung der Ansatzpunkt, der den Produktfehler als aus der Sicht des Gebrauchtwarenhändlers unnötig gefährlich qualifiziert.

Ein gewerbliches Unternehmen, das dagegen eine überflüssige Maschine gebraucht verkauft, unterliegt nicht der strict liability in tort[5], weil die Veräußerung nicht Gegenstand seiner gewerblichen Tätigkeit, sondern nur ein einmaliges Gelegenheitsgeschäft ist[6].

bc) Leasinggeber, Vermieter, Verpächter, Werkhersteller, Hospitäler, Blutbänke usw.

251 Auch Leasinggeber unterliegen der Haftung nach den Grundsätzen der strict liability in tort[1]. Dasgleiche gilt für gewerbliche Vermieter bzw. Verpächter beweglicher Sachen[2], weil sie aufgrund ihrer wirtschaftlichen Funktion im gewerblichen Leben Produkte in den Verkehr bringen und deshalb dem Her-

---

3 Vgl. im einzelnen oben, Rz. 226.

4 *McLain v. Hodge:* (1971) 474 SW2d 772.

5 *Silverhart v. Mount Zion Hospital:* (1971) 20 Cal. App. 3rd 1022; *Balido v. Improved Machinery Inc.:* (1973) California Court of Appeal.

6 *Balido v. Improved Machinery Inc.*, a.a. O.

1 *Stang v. Hertz Corp.:* (1972) 497 P2d 732; *Bachner v. Pearson:* (1970) 479 P2d 319; *Garcia v. Halsett:* (1970) 82 Cal. 420, 423.

2 *Cintrone v. Hertz Truck Leasing and Rental Service:* (1965) 212 A2d 769; *McClaflin v. Bayshore Equipment Rental Co.:* (1969) 79 Cal. 337, 340; *Gallucio v. Hertz Corp.:* (1971) 274 NE2d 178. Ablehnend *Bona v. Graefe:* (1971) 285 A2d 607; *Speyer Inc. v. Humble Oil & Refining Co.:* (1968) 275 FSup 861.

steller bzw. Vertriebshändler vergleichbar sind[3]. Weiterhin unterliegen auch Generalunternehmer (building-contractors), die für Auftraggeber schlüsselfertige Häuser bauen, hinsichtlich der eingebauten elektrischen Installationen der strict liability in tort[4] ebenso wie Verkäufer von Fertighäusern (builder-vendors)[5]. Desgleichen haftet ein Werkunternehmer, der in ein Haus eine Gasleitung[6] oder eine Zentralheizung[7] einbaut, hinsichtlich der Installationen selbst nach den Grundsätzen der strict liability in tort. Da aber die strict liability in tort nach der Formulierung des Restatement gegenüber demjenigen gilt, "who sells any product in a defect condition", wird gegenüber einem Unternehmer, der auf dem Gelände des Bestellers einen Silo errichtet, nicht die strict liability in tort, sondern lediglich die negligence-Haftung angewandt, weil hier ein "sale of a product" nicht vorliege[8]. Werkverträge im Sinn des deutschen Rechts lösen also keine Haftung nach den Grundsätzen der strict liability in tort, sondern nur eine Verschuldenshaftung aus.

252 Noch nicht endgültig geklärt ist, ob die strict liability in tort auch gegenüber Hospitälern anwendbar ist. Teilweise wird dies verneint, weil Hospitäler primär Dienstleistungen erbringen:

> a hospital is not ordinarily engaged in the business of selling any of the products or equipment it uses in providing medical services . . . the process of manufacturing and distribution ended with the person of firm that sold, leased or otherwise supplied the defective needle to (the hospital)[9].

---

3 *Cintrone v. Hertz,* a.a. O.; *Bachner v. Pearson,* a.a. O.

4 *State Stove Mfg. Co. v. Hodges:* (1966) 189 So2d 113, 123 f.; *Auner v. Longridge Estatetes:* (1969) California Court of Appeals. Ablehnend *Macomber v. Cox:* (1967) 435 P2d 462; *Hyman v. Gordon:* (1973) California Court of Appeals; *Realmuto v. Straub Motors Inc.:* (1974) New Jersey Supreme Court.

5 *Schipper v. Levitt & Sons Inc.:* (1965) 207 A2d 314, 325.

6 *Worrell v. Barnes:* (1971) 484 P2d 573, 574-576.

7 *Kriegler v. Eichler Homes Inc.:* (1969) 74 Cal. 749; *Hyman v. Gordon,* a.a. O.

8 *Cox v. Shaffer:* (1973) Pennsylvania Supreme Court.

9 *Cox v. Shaffer:* (1973) Pennsylvania Supreme Court.

Das Hospital haftet also danach nur im Rahmen der Verschuldenshaftung. Dies gilt jedenfalls insoweit, wie es sich um ärztliche Dienstleistungen handelt[10], nicht dagegen z. B. für Laboruntersuchungen, für die die strict liability in tort gilt[11].

Andererseits wird aber die Lieferung von Blut durch Hospitäler als Verkaufsgeschäft bewertet und wird daraus abgeleitet, daß das Hospital insoweit der strict liability in tort unterliegt[12]. Weiterhin haftet auch die Blutbank nach den Grundsätzen der strict liability in tort, weil sie zweifelsfrei keine Dienstleistung erbringt, sondern das Blut verkauft und damit eine Ware veräußert[13].

253 Auch Ärzte, die ihren Patienten Medikamente eingeben bzw. verschreiben, unterliegen nicht der strict liability in tort[14], weil der Verkauf des betreffenden Produkts nicht Gegenstand ihrer Geschäftstätigkeit ist. Deshalb haften z. B. Zahnärzte nicht aus strict liability in tort, wenn der von ihnen benutzte Bohrer wegen eines verborgenen Fehlers abbricht[15]. Ebensowenig haftet ein Haushaltsbedarf-Fachblatt, das bestimmte Produkte als „gut“ qualifiziert, weil daraus nicht hervorgeht, daß jedes einzelne Exemplar getestet wurde und weil das Fachblatt nicht in den Herstellungs- bzw. Vertriebsprozeß eingeschaltet ist[16].

bd) Dienstleistungen

254 Noch nicht geklärt ist, ob die strict liability in tort auch für Dienstleistungen gilt. Teilweise wird das im Restatement im Zusammenhang mit Sect. 402 A hervorgehobene Kriterium des "sale of a product" betont und konsequenter-

---

10 *Johnson v. Sears, Roebruck & Co.:* (1973) US District Court.

11 *Johnson v. Sears, Roebruck & Co.,* a.a. O.

12 *Jackson v. Mühlenberg Hospital:* (1967) 232 A2d 879; *Cunningham v. Mac Neal Memorial Hispital:* (1970) 266 NE2d 897; *Brody v. Overlook Hospital:* (1972) 296 A2d 698.

13 *Russell v. Community Blood Bank:* (1966) 185 So2d 749; *Brody v. Overlook Hospital:* (1972) 296 A2d 698; *Rostocki v. Southwest Florida Blood Bank Inc.:* (1973) Florida Supreme Court.

14 *Magrine v. Krasinca:* (1967) 227 A2d 539, 543; *Carmichael v. Reitz:* (1971) 95 Cal. 381.

15 *Magrine v. Krasinca,* a.a. O.

16 *Hanberry v. Hearst Corp.:* (1969) 81 Cal. 519, 524.

weise eine Erstreckung auf Dienstleistungen abgelehnt[1]. Teilweise wird die Unterscheidung zwischen dem Verkauf eines Produkts einerseits, der Erbringung einer Dienstleistung andererseits als künstlich bewertet[2]. Ganz überwiegend gehen aber die us-amerikanischen Gerichte als völlig selbstverständlich davon aus, daß bei Dienstleistungen lediglich eine negligence-Haftung bestehe, so daß abzuwarten bleibt, ob die hier zitierten Entscheidungen vereinzelt bleiben oder aber den Anfangspunkt einer entsprechenden Ausweitung der strict liability in tort darstellen[3].

c) Die Gläubiger der strict liability in tort

255 Anspruchsberechtigt sind alle diejenigen, die voraussehbar durch eventuelle Produktfehler gefährdet waren[1] und die durch das Produkt einen Schaden erlitten haben[2]. In Betracht kommen also

a) private Endverbraucher, also z. B der Käufer, Mieter, Pächter, Leasingnehmer usw.
b) außenstehende Dritte (sog. bystander), die bei der Benutzung des Produkts durch den Endverbraucher geschädigt wurden: da sie sich nicht schützen können, benötigen sie noch mehr als der Endverbraucher einen haftungsrechtlichen Schutz gegenüber Produktfehlern[3]

---

1 So z. B. die (aufgehobene) erste Instanz in *Hoffmann v. Misericordia Hospital of Philadelphia:* vgl. (1970) 267 A2d 867 sowie *La Rossa v. Scientific Design Co.:* (1968) 402 F2d 878; *Shepherd v. Alexian Brothers Hospital Inc.:* (1973) 109 Cal. 132 und *Parker v. Warren Enterprises:* (1974) Tennessee Court of Appeals.

2 *Newark v. Gimbel's Inc.:* (1969) 258 A2d 697, 700. Siehe weiterhin *Hoffmann v. Misericordia Hospital of Philadelphia,* a.a. O.; *Johnson v. Sears, Roebruck & Co.:* (1973) US District Court.

3 In diese Richtung geht *Cutch v. Samuelton:* (1973) Colorado Court of Appeals, wo eine implied warranty in service contracts angenommen wird und die application of the strict liability concept befürwortet wird.

1 *Putensen v. Clay Adams Inc.:* (1970) 91 Cal. 319, 325; *Ward v. Hobart Mfg. Co.:* (1970) 317 FSup 841, 848 und 854.

2 *Garcia v. Halsett:* (1970) 82 Cal. 419, 423.

3 *Elmore v. American Motors Corp.:* (1969) 451 P2d 84, 88 f.; *Lamendola v. Mizell:* (1971) 280 A2d 241, 244 f.; *Codling v. Paglia:* (1972) 38 AD2d 154. Ablehnend *Kulick v. Acme Markets Inc.:* (1972) Pennsylvania Court of Common Pleas.

c) nachgeschaltete Hersteller bzw. Vertriebshändler[4]
d) gewerbliche Abnehmer[5].

Hinsichtlich der beiden letztgenannten Gruppen ist klarzustellen, daß sie sich hinsichtlich von Personen- und Sachschäden auf die strict liability in tort berufen können, während dies hinsichtlich von unmittelbaren Vermögensschäden (z. B. also Weiterverarbeitungskosten) wohl abgelehnt wird[6].

d) Die der strict liability in tort unterliegenden Produkte

256 Von den Produkten her gesehen ist die strict liability in tort nicht auf industriell hergestellte bzw. ver- oder bearbeitete Produkte beschränkt. Sie erstreckt sich auch auf Naturprodukte[1] sowie auf von Blutbänken geliefertes Blut[2].

e) Die durch die strict liability in tort geschützten Rechtsgüter

257 Gegenstand der strict liability in tort sind Personen- und Sachschäden sowie die sich daraus ergebenden Vermögensschäden[1]. Insoweit beeinhaltet also die strict liability in tort die Haftung dafür, daß das Produkt nicht für die Person des Benutzers oder sonstiger Betroffener bzw. für deren Sachen unnötig gefährlich ist[2].

---

4 Vgl. dazu oben, Rz. 248.

5 Alabama *Great Southern Railroad Co. v. Allied Chemical Corp.:* (1972) 467 F2d 679; *Sterner Aero AB v. Page Airmotive Inc.:* (1974) US Court of Appeals, 10th Circuit.

6 Vgl. im einzelnen unten, Rz. 257.

1 Restatement of the Law of Torts, 2d Sect. 402 A, Comment (e).

2 *Cunningham v. MacNeal Memorial Hospital:* (1970) 266 NE2d 897.

1 *Schipper v. Levitt & Sons Inc.:* (1965) 207 A2d 314, 325; *Downey v. Moore's Time Saving Equipment:* (1970) 432 F2d 1088, 1091; *Seely v. White Motor Co.:* (1965) 403 P2d 145, 152.

2 *Downey v. Moore's Time Saving Equipment,* a.a.O.

Voraussetzung ist aber in jedem Fall, daß auch tatsächlich ein Personen- oder Sachschaden eingetreten ist. Wird der Produktfehler vor Eintritt eines derartigen Schadens erkannt und das betreffende Teil ausgewechselt, kann der Kläger die Kosten für das Ersatzteil nicht mittels der strict liability in tort geltend machen[3]. Ebenso wenig kann er den Minderwert eines defekten Teiles mittels der strict liability in tort einklagen[4], weil die Lieferung einer mangelhaften Sache nicht die Zufügung eines Sachschadens, sondern allenfalls die Schlechterfüllung des Lieferungsvertrages beinhaltet[5].

Handelt es sich dagegen um ein Einzelteil, das Bestandteil einer größeren funktionellen Einheit wird (z. B. Schiffsschraube, die in ein Schiff eingebaut wird), kann der Inhaber des Schiffs wegen Schäden, die die Schiffschraube am Schiffkörper ausgelöst hat, aufgrund der strict liability in tort Ersatz verlangen[6], denn hier hat das defekte Produkt weitere Sachen beschädigt.

258 Noch nicht endgültig geklärt ist, ob auch reine Vermögensschäden Gegenstand der deliktsrechtlichen Haftung sind[7]. Als Argument für eine Ausklammerung der reinen Vermögensschäden aus der strict liability in tort wird angeführt, daß diese Schäden je nach dem Inhalt des einzelnen Kaufvertrages variieren und daß sie demzufolge lediglich Gegenstand der vertragsrechtlichen Schadensersatznormen sein sollten[8]. Jedenfalls dann, wenn es sich um Folgeschäden handelt, die sich für den Benutzer unmittelbar aus dem Produktfehler ergeben haben, wird also davon ausgegangen, daß sie nicht gemäß der strict liability in tort zu ersetzen sind. Weder kann also Ersatz für die entgangene Nutzung

---

3 *Bright v. Goodyear Tire & Rubber Co.:* (1972) US Court of Appeals, 9th Circuit.

4 *Deifer v. General Motors Corp.:* (1973) Pennsylvania Court of Common Pleas.

5 *Deifer v. General Motors Corp.*, a.a. O.

6 *States Steamship Co. v. Stone Manganese Marine Ltd.:* (1973) US District Court for New Jersey.

7 Dafür *Santor v. Karagheusian Inc.:* (1965) 207 A2d 305; Ablehnend: *Seely v. White Motor Co.:* (1965) 403 P2d 145, 152; *Price v. Gatlin:* (1965) 405 P2d 502; *Bright v. The Goodyear Tire & Rubber Co.*, a.a. O.; *Iowa Electric Light and Power Co. v. Allis-Chalmery Mfg. Co.:* (1973) 360 FSup 25.

8 *Seely v. White Motor Co.*, a.a. O.; *Anthony v. Kelsey:* (1972) 25 Cal. App. 3rd 442.

während der Reparaturzeit[9] noch Ersatz des entgangenen Gewinns[10] noch Ersatz der Kosten für ein Austauschteil[11] verlangt werden. Die sogenannten Haftpflichtschäden dagegen, die sich für den Vertriebshändler aus einer Verurteilung zum Schadensersatz gegenüber dem Produktgeschädigten ergeben, werden dagegen im Regreßprozeß gegen den Hersteller im Rahmen der strict liability in tort gedeckt. Dies ist nur konsequent: die Erstreckung der strict liability in tort auf die Vertriebshändler dient der Verbesserung des Verbraucherschutzes, indem dem Produktgeschädigten möglichst viele Möglichkeiten eröffnet werden sollen, einen Ersatz des Schadens zu erlangen. Es ändert sich aber nichts daran, daß das Risiko für die Produktfehler letztlich bei demjenigen verbleiben soll, der sie verursacht hat, nämlich beim Hersteller, so daß konsequenterweise der Hersteller nicht nur gegenüber dem Produktgeschädigten, sondern auch demjenigen, den der Produktgeschädigte zunächst aufgrund der strict liability in tort in Anspruch genommen hat, im Rahmen und unter den Voraussetzungen der strict liability in tort haften muß. Hätte der Produktgeschädigte den Hersteller direkt verklagt, hätte ihm der Hersteller den Schaden unter den Voraussetzungen der strict liability in tort ersetzen müssen. Konsequenterweise muß er dies auch gegenüber dem Vertriebshändler tun, der zunächst einmal gegenüber dem Produktgeschädigten die Haftung übernehmen mußte.

Im übrigen stellt sich hier das Problem der Normenkonkurrenz zwischen der strict liability in tort und dem Uniform Commercial Code. Nach Auffassung der Entscheidung *Hawkins Construction Co. v. Matthews Co.*[12] gibt der UCC für reine Vermögensschäden (economic losses) die ausschließliche Anspruchsgrundlage. Jedenfalls für Personenschäden dagegen gelten die Grundsätze der strict liability in tort, da es sich hier um Fragen handelt, die den Bereich des Einzelnen überschreiten und die öffentliche Ordnung tangieren. Hinsichtlich von Sachschäden hat Chief Justice *Traynor* in der Entscheidung *Seely v. White Motor Co.* dargelegt, daß "physical injury to property is so akin to personal injury that there is no reason to distinguish them"[13]. Diese Fragen werden

---

9 *Anthony v. Kelsey,* a.a.O.

10 *Seely v. White Motor Co.,* a.a.O. Dazu siehe aber den Dissent des Richters *Stephens* in *Anthony v. Kelsey,* a.a.O.

11 *Bright v. Goodyear,* a.a.O.

12 a.a.O. (Rz. 257, Fußn. 1).

13 *Seely v. White Motor Co.:* (1965) 403 P2d 145, 152.

im Bereich der vertraglichen Haftungsfreizeichnungen erheblich. Da Sect. 2-719 Abs. 3 UCC nur den vertraglichen Ausschluß der Schadensersatzhaftung für Personenschäden als prima facie unconscionable, d. h. als grundsätzlich unwirksam herausstellt, bleibt hier nach dem derzeitigen Stand der Rechtsprechung die Frage, ob die Gerichte den Umkehrschluß vornehmen, daß die Haftung für Sachschäden vertraglich im Bereich des UCC abbedungen werden kann.

f) Regreßklagen gegen Vormänner

259 Wird ein in die Warenherstellung oder in den Warenvertrieb eingeschaltetes Unternehmen verklagt, kann es anderen Herstellern bzw. Vertriebshändlern den Streit verkünden (third party-complaint)[1], um einen Regreß bzw. eine Freistellung zu erlangen (indemnity bzw. recovery). Die Streitverkündeten ihrerseits können wieder Rückgriff auf ihre Vormänner nehmen, so daß innerhalb eines Prozesses gegebenenfalls eine Fülle von Regreßklagen mitentschieden wird[2].

Grundsätzlich haftet der Hersteller nicht nur dem Endverbraucher, sondern auch nachgeschalteten Herstellern[3] und Vertriebshändlern[4] aus strict liability in tort, so daß diese auch im Regreßprozeß gilt[5]. Haftet also der Vertriebs-

---

1 *Stewart v. Budget Rent-A-Car-Corp.:* (1970) 470 P2d 240.

2 Vgl. *Penker Construction Co. v. Finlay:* (1972) 485 SW2d 244.

3 *Penker Construction v. Finlay,* a.a. O.; *Peterson v. Paper Products Co.:* (1973) (in casu abgelehnt).

4 *Greco v. Buccioni Engineering Co.:* (1969) 407 F2d 87; *Colosimo v. The May Dpt. Store Co.:* (1971) 325 FSup 609; *Hawkeye Security Ins. Co. v. Ford Motor Co.:* (1972) Iowa Supreme Court.

5 Teilweise wird aber auch anstelle eines Rückgriffsanspruchs im Rahmen der strict liability in tort für die Regreßklage die Rechtsprechung über die interne Verantwortlichkeit von joint tortfeasors angewandt und geprüft, wessen Verschulden schwerwiegender war: im Verhältnis Assembler/Zulieferer soll danach der Zulieferer den Schaden zu tragen haben, weil es intern seine Aufgabe war, ein sicheres Produkt herzustellen und weil das Verschulden des Assemblers lediglich darin bestand, daß er den Fehler nicht entdeckte: vgl. *Mixter v. Mack Trucks Inc.:* (1973) Superior Court of Pennsylvania. Während diese Rechtsentwicklung auf dem contributory negligence-Konzept beruht, wird das Regreßproblem teilweise mittels des contributory fault-Konzepts gelöst: Nach der Entscheidung *City of Franklin v. Badger Ford Truck Sales Inc.:* (1973) Supreme Court of Wisconsin, kommt es darauf an, welcher Verschuldensprozentsatz den einzelnen Beteiligten zuzurechnen ist und sei die Haftungsverteilung entsprechend vorzunehmen.

händler dem Endabnehmer aus strict liability in tort auf Schadensersatz, kann er seinerseits aus dem gleichen Rechtsgrund den Hersteller in Regreß nehmen[6]. Allerdings müssen auch diese Anspruchsteller im Regreßprozeß in vollem Umfang die Tatbestandselemente der strict liability in tort nachweisen[7]. Dazu gehört vor allem der Nachweis, daß z. B. der Vertriebshändler das Produkt im gleichen Zustand an den Abnehmer weiterveräußert hat, in dem er es vom Hersteller erhalten hat[8]. Ist dies der Fall, hat der Hersteller den Vertriebshändler von der Haftung gegenüber dem Produktgeschädigten freizustellen[9]. Befand sich das Produkt in einem versiegelten oder auf sonstige Weise nicht beliebig zu öffnenden Behälter, ist dieser Nachweis leicht zu erbringen, weil der Vertriebshändler das Produkt ungeöffnet weitergegeben hat[10]. Handelt es sich dagegen um Speiseeis, das in nicht verschließbaren Behältern ausgeliefert wird, muß der Vertriebshändler dem Eishersteller nachweisen, daß das Eis bereits zum Zeitpunkt der Auslieferung verdorben war[11] (z. B. durch den Nachweis, daß auch bei anderen Abnehmern an dem betreffenden Tag vergleichbare Schäden eingetreten sind). Kann dieser Kausalitätsnachweis nicht erbracht werden, ist die strict liability-Klage des Vertriebshändlers gegen den Eishersteller abzuweisen[12].

Weiterhin muß im Regreßprozeß zwischen dem Hersteller des Endproduktes und dem Zulieferer der Hersteller des Endproduktes dem Zulieferer nachweisen, daß das verwertete Einzelteil in dem Zeitpunkt der Zulieferung den Fehler aufwies, der später zur Schadensursache wurde[13].

---

6 *Greco v. Buccioni Engineering Co.*, a.a. O.

7 *Stewart v. Budget Rent-A-Car-Corp.*, a.a. O.

8 *Colosimo v. The May Dpt. Store Co.*, a.a. O.; *Penker Construction Co. v. Finlay*, a.a. O.; *Herbert v. Loveless:* (1971) 474 SW2d 732; *Hobart v. Coca Cola Bottling Co.:* (1967) 423 SW2d 118, 125.

9 *Colosimo v. The May Dpt. Store Co.*, a.a. O.

10 *McKisson v. Sales Affiliates Inc.:* (1967) 416 SW2d 787, 792.

11 *Herbert v. Loveless*, a.a. O. Siehe auch *Hobart v. Coca Cola Bottling Co.*, a.a. O.

12 *Herbert v. Loveless*, a.a. O.

13 *Penker Construction Co. v. Finlay*, a.a. O.; *Stewart v. Budget Rent-A-Car-Corp.*, a.a. O.

Hat der Hersteller ein Kraftfahrzeug mit einem fehlerhaften Kühlsystem geliefert und hat der Vertriebshändler die dadurch bestehende Gefahr noch vergrößert, indem er ein unzulängliches Zusatzteil einbaute, haften beide dem Produktgeschädigten gegenüber aus strict liability in tort. Im Regreßprozeß dagegen ist nach einer einzelnen Entscheidung eine Haftungsverteilung vorzunehmen, da hier nicht der Vertriebshändler schuldlos das fehlerhafte Produkt des Herstellers weiterveräußerte, sondern er seinerseits eine mitwirkende Schadensursache setzte[14]. Allerdings entspricht dieses m. E. richtige Ergebnis nicht der herrschenden Rechtsprechung über die Bedeutung des „einfachen", fahrlässigen Mitverschuldens[15].

g) Die Verjährung der Haftung aus strict liability in tort

260 Die Verjährungsfristen laufen nicht ab dem Zeitpunkt des Inverkehrbringens des Produkts[1], sondern ab dem Eintritt des Produktschadens[2]. Die Grundlage dafür ist, daß es sich bei der strict liability in tort gerade nicht um eine vertragsrechtliche, sondern um eine außervertragliche, deliktsrechtliche Haftung handelt[3].

Diese Anknüpfung der Verjährungsfrist an den Eintritt des Produktschadens gilt auch in den Fällen, in denen der Produktgeschädigte das Produkt direkt vom Hersteller erworben hat und in denen demzufolge neben der strict liability eine vertragsrechtliche Haftung (und damit auch eine vertragsrechtliche Verjährung) besteht[4]. Während in Deutschland in derartigen Fällen eine verschmelzende Anspruchskonkurrenz anerkannt und § 477 BGB extensiv im Sinn einer 6-monatigen Verjährung sämtlicher, also auch deliktsrechtlicher Ansprüche

---

14 *Ford Motor Co. v. Russell & Smith Ford Co.:* (1972) 474 SW2d 549.

15 Dazu siehe oben, Rz. 242.

1 So *O'Keefe v. The Boeing Co.:* (1971) 335 FSup 1104.

2 *Giglio v. The Connecticut Light and Power Co.:* (1971) 284 A2d 308, 309; *Boains v. Lasar Mfg. Co. Inc.:* (1971) 330 FSup 1134; *Wetzel v. Commercial Chair Co.:* (1972) 500 P2d 314; *Alabama Great Southern Railroad Co. v. Allied Chemical Corp.:* (1972) Pennsylvania Court of Common Pleas.

3 *Wetzel v. Commercial Chair Co.,* a.a. O.

4 *Wetzel v. Commercial Chair Co.,* a.a. O.; *Giglio v. The Connecticut Light and Power Co.;* a.a. O.

aus Sachmängeln ausgelegt wird[5], gehen die us-amerikanischen Gerichte von einer Anspruchsparallelität aus: für die strict liability in tort gelten nicht die Verjährungsregeln des Uniform Sales Act[6]. Demzufolge kann der Käufer noch Schadensersatzansprüche aus strict liability in tort geltend machen, wenn seine kaufvertraglichen Gewährleistungsansprüche bereits verjährt sind.

h) Die Unwirksamkeit vertraglicher Haftungsfreizeichnungen

261 Die strict liability in tort ist freizeichnungsfest[1], ohne daß es auf die Frage der wirtschaftlichen Gleichheit oder Ungleichheit der Vertragspartner ankäme[2]. In den Fällen, in denen zwischen dem Hersteller und dem Produktgeschädigten nicht nur das deliktsrechtliche, sondern auch ein vertragliches Rechtsverhältnis besteht, erstrecken sich Freizeichnungsklauseln nicht auf die strict liability in tort[3]. Die beiden Rechtsbeziehungen verschmelzen also nicht in einer Anspruchskonkurrenz, sondern bestehen unabhängig voneinander, was neben der Freizeichnungsfrage vor allem für die Anspruchsverjährung von praktischer Bedeutung ist.

i) Das Anspruchsverhältnis zur warranty- und zur negligence-Haftung

262 Die strict liability in tort gilt nicht nur in den Fällen außervertraglicher Kontakte, sondern auch, wenn zwischen den Parteien vertragsrechtliche Beziehungen bestehen. In diesem Fall kann also ein Schadensersatzanspruch entweder auf die warranty- oder auf die negligence-Haftung oder aber auf die strict

---

5 *BGH,* 27.1.71, BB 1971 S. 287, 288 = NJW 1971 S. 654, 655.

6 *Wetzel v. Commercial Chair Co.,* a.a. O.

1 *Greenman v. Yuba Power Products Inc.:* (1962) 377 P2d 897, 901; *Vandermark v. Ford Motor Co.:* (1964) 391 P2d 168; *Seely v. White Motor Co.:* (1965) 403 P2d 145; *Hawkeye Security Ins. Co. v. Ford Motor Co.:* (1972) Iowa Supreme Court; *Moulton v. Ford Motor Co.:* (1973) Tennessee Court of Appeals.

2 So aber *Keystone Aeronautics Corp. v. Enstrom Corp.:* (1973) US Court of Appeals, 3rd Circuit (Pennsylvania); *Sterner Aero AB v. Page Airmotive Inc.:* (1974) US Court of Appeals, 10th Circuit (Oklahoma).

3 *Hawkeye Security Ins. Co. v. Ford Motor Co.,* a.a. O.; *Keystone Aeronautics Corp. v. Enstrom Corp.,* a.a. O. sowie die vorstehenden Entscheidungen.

liability in tort gestützt werden[1]. Dies ist vor allem im Hinblick auf die unterschiedlichen Haftungsfreizeichnungsmöglichkeiten von praktischer Bedeutung[2], denn während hinsichtlich der warranty- und hinsichtlich der negligence-Haftung eine Freizeichnung rechtswirksam möglich ist, gilt dies nicht für die strict liability in tort. Weiterhin ist dies im Hinblick auf die unterschiedlichen Verjährungsregelungen von Bedeutung: die warranty-Haftung läuft ab dem Gefahrenübergang, während die Verjährung der strict liability in tort ab dem Schadenseintritt läuft. Soweit zwischen den Parteien ein unmittelbarer vertraglicher Kontakt besteht, ist für die strict liability in tort der Gesichtspunkt der Ungleichheit der wirtschaftlichen Machtverhältnisse unerheblich, d. h. ist er weder anspruchsbegründendes[3] noch anspruchsvernichtendes Tatbestandselement[4].

k) Die rückwirkende Geltung der strict liability in tort für ältere Produkte

263 Hinsichtlich des intertemporären Rechts wird die strict liability in tort auch auf Produkte angewandt, die bereits vor ihrer Anerkennung hergestellt bzw. vertrieben wurden[1]. Z. B. wird also der Hersteller für ein 1946 hergestelltes und vertriebenes Produkt hinsichtlich eines 1964 eingetretenen Schadensfalles der strict liability in tort unterworfen[2].

---

1 Vgl. *Iowa Electric Light and Power Co. v. Allu-Chalmers Mfg. Co.*: (1973) 360 FSup 25 sowie *Graf von Westphalen*, Die Haftung des Warenherstellers und der Uniform Commercial Code, 1972.

2 Vgl. die vorstehende Entscheidung sowie *Keystone Aeronautics Corp. v. Enstrom*, a.a. O.

3 Vgl. dazu aber *Iowa Electric Light and Power Co.*; a.a. O., wonach jedenfalls bei Gleichheit der wirtschaftlichen Machtverhältnisse Vermögensschäden nicht unter die strict liability in tort fallen.

4 *States Steamship Co. v. Stone Manganese Marine Ltd.*: (1973)

1 *Paoletto v. Beech Aircraft Corp.*: (1972) 464 F2d 976; *Winnett v. Helix Corp.*: (1973) Illinois Appellate Court.

2 *Weite v. American Creosote Works Inc.*: (1973) Minnesota Supreme Court. Siehe weiterhin *Boains v. Lasar Mfg. Co. Inc.*: (1971) 330 FSup 1134 (1953 hergestellt, 1968 Schadenseintritt); *Paoletto v. Beech Aricraft Corp.*, a. a. O. (1945 hergestellt, 1966 Flugunfall).

l) Beweisfragen

264 Für die strict liability in tort gilt der Satz res ipsa loquitur nicht[1], weil es hier auf das Verschulden gerade nicht ankommt. Der Produktgeschädigte muß darlegen und gegebenenfalls beweisen, daß das Produkt aufgrund eines dem Hersteller zuzurechnenden Umstandes fehlerhaft war (Fehlernachweis[2]) und daß es den Produktschaden verursacht hat (Kausalitätsnachweis[3]). Da es wegen der weitgehenden Arbeitsteilung der Warenherstellung nicht auszuschließen ist, daß ein Produktfehler auf einer späteren Verarbeitungs- bzw. Vertriebsstufe gesetzt wurde, kann nicht schon der Nachweis genügen, daß es sich (a) um ein Produkt des Herstellers handele und daß (b) das Produkt einen Fehler aufwies: vielmehr muß darüber hinaus nachgewiesen werden, daß dieser Fehler im Bereich des Herstellers gesetzt wurde[4]. Handelt es sich z. B. um eine fehlerhafte Steuerung eines Kraftfahrzeuges, so muß der Produktgeschädigte gegebenenfalls dem Kfz-Hersteller nachweisen, daß dieser die fehlerhafte Steuerung eingebaut hat. Praktisch wird diese Frage nur bei Reparaturen aktuell. Kann der Hersteller (z. B. durch Fabrikationsnummern) den Nachweis erbringen, daß es sich bei dem betreffenden Einzelteil nicht mehr um das ursprüngliche Originalteil handelt, mit dem das Kraftfahrzeug ausgestattet war, ist der Fehlernachweis nicht geführt[5]. Vielmehr müßte hier der Produktgeschädigte nachweisen, daß auch das Austauschteil ein Erzeugnis des Kfz-Herstellers ist. Hat der Hersteller das Produkt nicht zusammengebaut, sondern in Einzelteilen mit ausreichenden Montageinstruktionen versandt, liegen etwaige trotz ausreichender Montageanweisungen erfolgende Montagefehler außerhalb seines Verantwortungsbereichs[6]. Handelt es sich um eine Mehrzweckmaschine, bei der erst vom konkreten Einsatzbereich her entschieden werden kann, mit welchen Sicherheitsteilen sie versehen werden muß, kann sie der

1 *Lewis v. American Hoist & Derrick Co.:* (1971) 20 CalApp 3rd 570.

2 ". . . that the product was in a defective condition when it left the manufacturer's control": *Suvada v. White Motor Co.:* (1964) 210 NE2d 182.

3 *Ulmer v. Ford Motor Co.:* (1969) 452 P2d 729, 737; *Ward v. Hobart Mfg. Co.:* (1970) 317 FSup 841, 847; *Weber v. Fidelity and Casualty Ins. Co.:* (1971) 250 So2d 754, 755 f.; *Jacobs v. Technical Chemical Co.:* (1972) Texas Supreme Court; *Bass v. General Motors Corp.:* (1973) Texas Court of Civil Appeals.

4 *Curtiss v. YMCA:* (1973) Supreme Court of Washington.

5 *Brown v. Ford Motor Co.:* (1973) US Court of Appeals.

6 *Bowen v. Western Auto Supply Co.:* (1973) Louisiana Court of Appeals.

Hersteller ohne Sicherheitsteil ausliefern: Der Fehlernachweis ist hier nicht schon durch den Nachweis erbracht, daß das Produkt nicht die für den konkreten Verwendungszweck erforderlichen Sicherheitsteile aufgewiesen hat[7]. Aus den gegebenen Beispielen geht hervor, daß der Produktgeschädigte nachweisen muß, daß der Hersteller gegen bestimmte Sorgfaltspflichten verstoßen hat[8] bzw. daß im Rahmen einer arbeitsteiligen Herstellung der unfallursächliche Fehler gerade dem betreffenden Anspruchsgegner zuzurechnen ist.

Hinsichtlich des Fehler- und des Kausalitätsnachweises ist es weder erforderlich, daß der Produktgeschädigte sämtliche Einwände des Anspruchsgegners widerlegt[9]. Noch ist es ausreichend, daß er lediglich unbewiesene Möglichkeiten bzw. Vermutungen für einen Produktfehler vorträgt[10]. Vielmehr muß er mit ausreichender Gewißheit[11] bzw. mit überwiegender Wahrscheinlichkeit (preponderance of evidence)[12] den Fehler- und den Kausalitätsnachweis erbringen.

265 Die Tatsache eines durch das Produkt ausgelösten Schadensfalles allein genügt nicht, um eine strict liability auszulösen[13]. Da der Hersteller einer Kausalhaftung gerade nicht unterliegt und nicht ein Versicherer für sämtliche aus der Benutzung seines Produkts entstandenen Schäden ist[14], muß der Produktgeschädigte nachweisen, daß das Produkt unnötig gefährlich war[15].

---

7 *Rios v. Niagara Machine & Tool Works:* (1973) Illinois Appelate Court.

8 *Rios v. Niagara Machine & Tool Works:* (1973), a. a. O.

9 *Dennis v. Ford Motor Co.:* (1971) 332 FSup 901. Siehe auch *Lifritz v. Sears, Roebruck & Co.:* (1971) 472 SW2d 28.

10 Vgl. *O'Keefe v. The Boeing Co.:* (1971) 335 FSup 1104; *Finnie v. Ford:* (1971) 331 FSup 321; *Lifritz v. Sears, Roebruck & Co.*, a. a. O.

11 *Carter Forms Co v. Hofmann-Laroche Inc.:* (1971) 492 P2d 1000; *Penker Construction Co. v. Finlay:* (1972) 485 SW2d 244.

12 *Dennis v. Ford Motor Co.:* (1971) 332 FSup 901; *Frankel v. Lull Engineering Co.:* (1971) 334 FSup 913; *Lifritz v. Sears. Roebruck & Co.:* (1971) 472 SW2d 28.

13 *Ulmer v. Ford Motor Co.:* (1969) 452 P2d 729, 737; *Carroll v. Ford Motor Co.:* (1970) 462 SW2d 57; *Reidinger v. TWA.:* (1971) 329 FSup 487, 491; *Herbert v. Loveless:* (1971) 474 SW2d 732; *Bass v. General Motors Corp.:* (1973) Texas Court of Civil Appeals.

14 Siehe oben, Rz. 221 f.

15 Dazu siehe im folgenden.

266 Die Vorlage des zur Schadensursache gewordenen Produkts ist nicht erforderlich[16]. Es genügt, daß der Produktfehler mittels eines Indizienbeweises erbracht wird.

267 Nicht eindeutig geklärt ist, ob der Produktgeschädigte lediglich das Vorliegen eines "defect" oder ob er darüberhinaus die "unreasonability of the defect" darlegen und beweisen muß. Im ersteren Fall wäre die Konsequenz, daß es Sache des Herstellers ist, darzulegen, daß der "defect" kein "unreasonable defect" sei.

In der Entscheidung *Cronin v. J.B.E. Olson Corp.*[17] entschied der Supreme Court of California, daß der Produktgeschädigte lediglich das Vorliegen eines "defect" nachweisen müsse.

> We think that a requirement that a plaintiff also prove that the defect made the product "unreasonably dangerous" places upon him a significantly increased burden and represents a step backward in the area pioneered by this court.
>
> We recognize that the words "unreasonably dangerous" may also serve the beneficial purpose of preventing the seller from being treated as the insurer of its products. However, we think that such protective end is attained by the necessity of proving that there was a defect in the manufacture or design of the product and that such defect was a proximate cause of the injuries. Although the seller should not be responsible for all injuries involving the use of its products, it should be liable for all injuries proximately caused by any of its products which are adjudged "defective".
>
> In summary, we have concluded that to require an injured plaintiff to prove not only that the product contained a defect but also that such defect made the product unreasonably dangerous to the user or consumer would place a considerably greater burden upon him than

---

16 *Brownell v. White Motor Co.:* (1971) 490 P2d 184, 187; *Colosimo v. The May Dpt. Store Co.:* (1971) 325 FSup 609; *Codling v. Paglia:* (1972) 38 AD2d 154; *Spotz v. Up-Right Inc.:* (1972) 280 NE2d 23.

17 So dezidiert *Cronin v. J. B. E. Olson Corp.:* (1972) 501 P2d 1153. Weitergehend *Glass v. Ford Motor Co.:* (1973) Superior Court of New Jersey, wonach das einschränkende Tatbestandsmerkmal der reasonability of the danger involved auch materiellrechtlich aufgegeben sei.

> that articulated in Greenman. We believe the Greenman formulation is consonant with the rationale and development of products liability law in California because it provides a clear and simple test for determining whether the injured plaintiff is entitled to recovery. We are not persuaded to the contrary by the formulation of section 402 A which inserts the factor of an "unreasonably dangerous" condition into the equation of products liability.
>
> We conclude that the trial court did not err by refusing to instruct the jury that plaintiff must establish that the defective condition of the product made it unreasonably dangerous to the user or consumer.

Muß der Produktgeschädigte lediglich das Vorliegen eines defect nachweisen, dann bedeutet dies genau genommen, daß die mit dem relativierenden Tatbestandsmerkmal der unreasonability bezweckten Abwägungen und Abgrenzungen[18] entfallen und daß die strict liability in tort zu einer reinen Kausalhaftung wird. Klarstellend ist allerdings zu dem obigen Urteil zu bemerken, daß sich der "defect" in casu daraus ergab, daß das Kraftfahrzeug in einer für den Hersteller voraussehbaren Situation (Auffahrunfall) nicht ausreichend sicher war, indem sich Teile aus den Halterungen lösten und den Fahrer verletzten. Die unreasonability of the defect war hier so ersichtlich und so selbstverständlich, daß in der Tat das den Fehlerbegriff relativierende Tatbestandsmerkmal als überflüssig erscheinen konnte. In dem zu entscheidenden Fall lagen also praktisch keine Fragen vor, für deren Beantwortung der Unterschied zwischen dem "defect" und einem "unreasonable defect" zu praktischen Folgerungen geführt hätte. Insoweit ist m. E. das Urteil damit erklärbar, daß die von dem Berufungskläger gewünschte Einschränkung der Anweisung an die Jury praktisch nicht zu einem veränderten Ergebnis geführt, sondern nur eine weitere Verlängerung des Prozesses zur Folge gehabt hätte. Von der ratio decidendi her kommt also der Entscheidung keineswegs die fundamentale Bedeutung zu, die sie auf den ersten Blick zu haben scheint. Vielmehr besagt sie letztlich von dem ihr zugrundeliegenden Sachverhalt her nicht mehr und nicht weniger als daß die Prüfung der unreasonability unterbleiben kann, wenn die Voraussetzungen ersichtlich gegeben sind. Insoweit bleibt abzuwarten, welche präjudizielle Tragweite die Entscheidung haben wird.

18 Vgl. oben, Ziff. 221 und 226–228.

Generell gesehen hat m. E. der Supreme Court of California die rechtstechnische Bedeutung, die dem relativierenden Tatbestandsmerkmal der reasonability of danger zukommt, nicht erkannt. Das entscheidende Motiv des Gerichts war, daß eine praktische Notwendigkeit für das einschränkende Tatbestandsmerkmal nicht bestehe, weil das "protective end is attained by the necessity of proving that there was a defect and that such defect was the proximate cause of the injuries" und daß es infolgedessen fallengelassen werden könne. Es wurde aber bereits dargelegt, daß dem relativierenden Tatbestandsmerkmal der reasonability of danger eine erhebliche praktische Bedeutung zukommt, indem es einerseits die dogmatische Abgrenzung zur reinen Kausalhaftung markiert und zugleich den Zurechnungsgrund der Haftung umschreibt und indem es andererseits das Mittel zur Abwägung der Sorgfaltspflichten und Verhaltenserwartungen sowohl des Herstellers als auch des potentiellen Benutzers ergibt. Angesichts dieser praktischen Bedeutung ist m. E. davon auszugehen, daß in zukünftigen Entscheidungen, in denen derartige Fragen rechtlich relevant werden, die wirkliche Bedeutung, die dem relativierenden Tatbestandsmerkmal der unreasonability zukommt, erkannt wird, so daß insoweit m. E. die Entscheidung *Cronin v. J.B.E. Olson Corp.* keineswegs einen weiteren Markstein in der Entwicklung der strict liability in tort darstellt. Allerdings ist hierbei nicht zu verkennen, daß die Entscheidung *Glass v. Ford Motor Company*[19] des Superior Court of New Jersey bereits (ohne es zu erkennen) über die Entscheidung *Cronin v. J.B.E. Olson Corp.* hinausgeht, indem sie von vornherein davon ausgeht, daß das einschränkende Tatbestandsmerkmal der unreasonability völlig fallengelassen sei. Auch in dieser Entscheidung wird herausgestellt, daß dem relativierenden Tatbestandsmerkmal keine praktische Bedeutung zukomme und es deshalb fallengelassen werden könnte. Da letztlich die Fälle, in denen das einschränkende Tatbestandsmerkmal der unreasonability rechtlich relevant wird, relativ selten sind, ist nicht auszuschließen, daß vom Wortlaut her noch weitere Entscheidungen auf der Grundlage der Entscheidung *Cronin v. J.B.E. Olson Corp.* ergehen werden, ohne daß aber letztlich das Rechtsproblem damit erfaßt wird. Insoweit ist es durchaus wahrscheinlich, daß dieser Punkt in der kommenden Zeit noch sehr diskutiert werden wird.

268 Mit Ausnahme der zitierten Entscheidungen gehen die us-amerikanischen Gerichte ganz überwiegend davon aus, daß der Produktgeschädigte nachweisen muß, daß das Produkt (unter den Umständen des Falles) unnötig gefährlich

19 *Glass v. Ford Motor Co.:* (1973) Superior Court of New Jersey.

war[20]. Liegt der Schadensfall innerhalb des Bereichs des bestimmungsgemäßen Gebrauchs, genügt es, wenn der Produktgeschädigte ein nicht ordnungsgemäßes Funktionieren nachweist[21]. Dies stellt aber nur eine scheinbare Ausnahme dar: Da der bestimmungsgemäße Gebrauch den Kernbereich von Verwendungszwecken bzw. Gebrauchssituationen umschreibt, für die das Produkt keine unnötigen Gefahren aufweisen darf, ist praktisch nicht nur der abstrakte Produktfehler, sondern auch die unnötige Gefährlichkeit dargelegt: Sie ist lediglich problemlos und wird deshalb nicht als besondere Darlegungs- und Beweisthema bewußt.

269 Da die strict liability in tort keine reine Kausalhaftung (liability of an insurer) beinhaltet, sondern voraussetzt, daß das Produkt im Zeitpunkt des Inverkehrbringens unnötig gefährlich ist, kann der Produktgeschädigte diesen Gefährlichkeitsnachweis dadurch erbringen, daß er auf verfügbare Sicherheitsvorkehrungen hinweist, bei deren Einsatz das Produkt sicher gewesen und nicht zur Schadensursache geworden wäre[22]. Der Hersteller ist verpflichtet,

> to adopt any and all safety devices the absence of which render his product unreasonably dangerous[23].

Insoweit ist also der direkte Weg zur Erbringung des Nachweises der unnötigen Gefährlichkeit der Nachweis, daß das Produkt bei Anwendung der objektiv zur Verfügung stehenden Sicherheitsvorkehrungen sicherer gewesen wäre.

270 Die konkrete Fehlerursache braucht nicht nachgewiesen zu werden[24]. Wenn die Möglichkeiten (a) einer unsachgemäßen Benutzung oder (b) sonstiger kon-

---

20 *Kohler v. Ford Motor Co.:* (1971) 191 NW2d 601; *Suvada v. White Motor Co.:* (1965) 210 NE2d 182, 188, *Schipper v. Lovitt & Sons:* (1965) 207 A2d 314, 326; *Santiago v. Package Machinery Co.:* (1970) 260 NE2d 89, 93; *Weber v. Fidelity and Casualty Ins. Co.:* (1971) 250 So2d 754, 755 f.; *Welch v. Outboard Marine Corp.:* (1973) US Court of Appeals.

21 *Frankel v. Lull Engineering Co.:* (1971) 334 FSup 913.

22 *Rivera v. Rockford Machine & Tool Co.:* (1971) 274 NE2d 828.

23 a. a. O.

24 *MacDougall v. Ford Motor Co.:* (1969) 257 A2d 676; *Frank v. J. C. Penney Co.:* (1970) Pennsylvania Court of Common Pleas; *Brownell v. White:* (1971) 490 P2d 184, 187; *Summers v. Interstate Tractor Co.:* (1972); a. a. O.; *Codling v. Paglia:* (1972) 38 AD2d 154; *Bell Aerospace Corp. v. Anderson:* (1972) 478 SW2d 191.

kret möglicher Ursachen (reasonable secondary causes) ausgeschaltet werden[25] und bei objektiver Beurteilung lediglich noch ein Produktfehler als Schadensursache in Betracht kommt, kann davon ausgegangen werden, daß der Produktschaden durch einen Produktfehler verursacht wurde, ohne daß dieser konkret dargelegt zu werden brauchte. Eine durch ein Haarwaschmittel geschädigte Friseur-Kundin braucht also insoweit nicht konkret darzulegen, welches chemische Bestandteil den Schaden verursacht hat[26]. Ein Pkw-Fahrer braucht nicht konkret nachzuweisen, was Unfallursache war, wenn der Wagen unmittelbar nach Betätigung des Starters in Flammen aufging[27]. Weiterhin genügt es gegebenenfalls, wenn die Behauptung, das gelieferte Speiseeis sei verdorben gewesen, nur mittelbar dadurch belegt wird, daß eine Vielzahl von Kunden des betreffenden Restaurants nach dem Genuß von Speiseeis die gleichen Krankheitssymptome aufwiesen[28]. Wird nachgewiesen, daß das Produkt einerseits nicht verändert wurde, daß es aber andererseits nicht den begründeten Sicherheitserwartungen des Benutzers entsprach, obwohl dieser es unter Bedingungen benutzte, für die es bestimmt war und obwohl weitere Unfallursachen nicht konkret in Betracht kommen (z. B. Blockieren der Lenkung) dann kann davon ausgegangen werden, daß das Produkt fehlerhaft war, ohne daß der Fehler im einzelnen ermittelt zu werden brauchte[29].

271 Da eine konkrete Darlegung des Produktfehlers nicht unbedingt erforderlich ist, kann die Tatsache eines Produktfehlers mittels Rückschlusses von der Schadensursache her ermittelt werden (arguing a posteriori)[30]. Eine absolute Gewißheit über die Unfallursache ist nicht erforderlich. Vielmehr genügt es, wenn von mehreren denkbaren Ursachen eine als die wahrscheinlichere bzw.

---

25 *Frank v. J. C. Penney Co.*, a. a. O.

26 *Frank v. J. C. Penney Co.*, a. a. O.

27 *Sellers v. Sharon-Chrysler-Plymouth Inc.*, zitiert nach *Frank v. J. C. Penney Co.*, a. a. O.

28 *Herbert v. Loveless:* (1971) 474 SW2d 732.

29 *Mac Dougall v. Ford Motor Co.:* (1969) 257 A2d 676; *Summers v. Interstate Tractor Co.:* (1972) US Court of Appeals; *Burchill v. Kearney-National Corp.:* (1972) US Court of Appeals. Siehe auch *Brownell v. White Motor Corp.:* (1971) 490 P2d 184, 187.

30 *Lifritz v. Sears, Roebruck & Co.:* (1971) 472 SW2d 28.

wahrscheinlichste ermittelt wird[31]. Umgekehrt ist es aber auch erforderlich, daß sämtliche denkbaren Unfallursachen im Verantwortungsbereich des Herstellers liegen, weil nur dann die Frage nach der konkret gegebenen dahingestellt bleiben kann. Bei mehreren potentiellen Unfallursachen müssen also jedenfalls diejenigen aufgrund von Indizien ausgeschaltet werden, die außerhalb des Verantwortungsbereichs des Herstellers liegen[32], weil nur dann mit ausreichender Sicherheit feststeht, daß die Unfallursache in seinem Bereich gesetzt wurde und die Frage der konkreten Unfallursache dahingestellt bleiben kann.

272 Allerdings darf diese Ausschaltung lediglich hypothetischer, im konkreten Fall aber unwahrscheinlicher Ursachen nicht lediglich das Ergebnis von Vermutungen sein, sondern muß die Ermittlung der wahrscheinlichen Unfallursache auf nachgewiesene Tatsachen gestützt sein[33]. Kann der Schaden durch eine Materialschwäche oder durch eine Überbelastung (und damit durch einen Benutzungsfehler) bedingt sein, muß sich aus konkreten Indizien ergeben, daß wahrscheinlich eine Materialschwäche vorlag[34]. Kann der Schaden z. B. durch Bedienungsfehler oder durch Materialfehler ausgelöst sein, kann das Gericht von letzterem ausgehen, wenn nach Lage der Dinge ein Bedienungsfehler unwahrscheinlich ist[35]. Kann der durch ein Kraftfahrzeug ausgelöste Schaden durch schlechte Straßenverhältnisse, durch einen Fahrfehler oder durch einen Produktfehler verursacht sein, kann das Gericht vom Vorliegen eines Produktfehlers ausgehen, wenn keine Anhaltspunkte für das Vorliegen einer der beiden erstgenannten Alternativen gegeben sind[36]. Entfallen alle Anhaltspunkte für

---

31 *Henningsen v. Bloomfield Motors Corp.:* (1960) 161 A2d 69, 98; *Lifritz v. Sears, Roebruck & Co.*, a. a. O.; *Sabloff v. Yamaha Motor Co.:* (1971) 273 A2d 606; *Spotz v. Up-Right, Inc.:* (1972) 280 NE2d 23.

32 *Bell Aerospace Corp. v. Anderson:* (1972) 478 SW2d 191; *Corbin v. Coca Cola Bottling Co.:* (1972) 290 A2d 441; *Gatlin v. Cooper Tire & Rubber Co.:* (1972) 252 Ark. 61.

33 *Finnie v. Ford Motor Co.:* (1971) 331 FSup 321; *Lifritz v. Sears, Roebruck & Co.*, a. a. O.; *Bell Aerospace Corp. v. Anderson*, a. a. O.; *Meli v. General Motors Corp.:* (1972) 195 NW2d 85.

34 *Lifritz v. Sears. Roebruck & Co.*, a. a. O.

35 *Bell Aerospace Corp. v. Anderson*, a. a. O.; *Brownell v. White:* (1971) 490 P2d 184, 187.

36 *Sabloff v. Yahama Motor Co.*, a. a. O.

ein fahrerisches Fehlverhalten oder eine zwischen der Auslieferung des Wagens und dem 10 Tage später erfolgten Unfall gesetzte weitere Ursache, kann bei einem auf trockener Straße erfolgenden heftigen Ausschlagen des Steuerrades auf einen durch den Hersteller verursachten Fabrikationsfehler geschlossen werden[37]. Ist es dagegen möglich, daß außer einem Produktfehler auch ein Bedienungsfehler den Schaden verursacht haben könnte, ohne daß diese Alternative aufgrund konkreter Anhaltspunkte ausgeschlossen werden kann, so ist der Nachweis, daß der Schaden durch einen Produktfehler verursacht wurde, nicht erbracht[38].

273 Handelt es sich um einen schadhaften Flaschenkarton, durch den der Kunde eines Supermarktes einen Schaden erlitten hat, so kann das Gericht aus einer hohen Umschlagziffer des Ladens ableiten, daß der Karton offensichtlich nur kurze Zeit in dem betreffenden Lager gelagert war: Da aber Produkte so verpackt sein müssen, daß sie bei normaler Handhabung nicht beschädigt werden, kann das Gericht aus der nachgewiesenen Tatsache, daß der Karton nicht sehr widerstandsfähig war, ableiten, daß nicht eventuelle Handlungen von Kunden, sondern ein Materialfehler die Ursache für ein Herausfallen des Bodens war und kann die bloße Möglichkeit, daß der Karton zwischen der Anlieferung an den Supermarkt und dem Unfall durch Angestellte des Supermarktes oder durch Kunden beschädigt wurde, ausgeschaltet werden[39]. Die relative Materialschwäche ergibt also die Rechtfertigung dafür, die Möglichkeit einer im Bereich des Supermarktes eingetretenen Beschädigung auszuschließen. Im Fall eines normalerweise ausreichenden Materials würde dagegen dieser Anhaltspunkt entfallen: Damit bliebe die Alternative Produktfehler oder Herstellungsfehler ungeklärt und hätte der Produktgeschädigte nicht die Wahrscheinlichkeit eines im Herstellerbereich verursachten Produktfehlers dargelegt.

274 In den Fällen, in denen es auf den generellen Verwendungszweck des Produkts ankommt, braucht dem Hersteller nicht nachgewiesen zu werden, daß er den generellen Verwendungszweck vorhersah[40]. Dies erklärt sich daraus, daß das

---

37 *Henningsen v. Bloomfield Motor Inc.:* (1960) 161 A2d 69, 97 f.

38 *Jacubowski v. Minnesota Mining and Mfg. Co.:* (1964) 199 A2d 826, 829 f. Siehe auch *Meli v. General Motors Corp.*, a. a. O.

39 *Corbin v. Camden Coca Cola Bottling Co.:* (1972) 290 A2d 441.

40 *Lewis v. American Hoist & Derrick Co.:* (1971) 20 Cal. App. 3rd 570.

Kriterium der Vorhersehbarkeit gerade den Bereich des bestimmungsgemäßen Gebrauchs und damit den Kernbereich der Situationen umgrenzt, in denen das Produkt benutzt wird. Andererseits erklärt es sich daraus, daß der Hersteller vorhersehen muß, daß sein Produkt zu den Verwendungszwecken benutzt wird, für die es objektiv geeignet und bestimmt ist. Letztlich wird also insoweit aus der objektiven Eignung bzw. Bestimmung die Vorhersehbarkeit der der Eignung bzw. Bestimmung entsprechenden Benutzungsarten abgeleitet. Kommt es dagegen auf den individuellen Verwendungszweck an, muß dem Hersteller die Kenntnis des individuellen Verwendungszwecks nachgewiesen werden[41]. Da sich hier die unnötige Gefährlichkeit ausschließlich aus den konkreten Umständen des Einzelfalles ergibt, tritt eine Haftung nur ein, wenn dem Hersteller diese Umstände bekannt waren.

275 Der Produktgeschädigte muß nachweisen, daß die unnötige Gefährlichkeit in dem Zeitpunkt vorlag, in dem es der Anspruchsgegner in den Verkehr brachte[42]. Handelt es sich um Speiseeis, das in jederzeit zu öffnenden Behältern geliefert wurde, muß das Restaurant dem Eishersteller nachweisen, daß das Eis bereits im Zeitpunkt der Auslieferung verdorben war, d. h. muß es die Möglichkeit ausschalten, daß die Ursache in der Zeit zwischen der Anlieferung und der Ausgabe an die Kunden des Restaurants gesetzt wurde[43]. Wurden die Bremsen des Kraftfahrzeuges mehrfach in der Zeit zwischen der Auslieferung und dem Unfall repariert, muß der Produktgeschädigte nachweisen, daß dadurch hinsichtlich der schadensbegründenden Eigenschaften der ursprüngliche Zustand nicht verändert wurde[44]. Dasgleiche gilt, wenn im konkreten Fall nicht auszuschließen ist, daß das betreffende Einzelteil durch Benutzungseinflüsse verändert wurde (z. B. Erschütterungen des Pkw im Straßenverkehr)[45].

Handelt es sich dagegen um eine von außen nicht zugängliche funktionelle Einheit (sealed container), so ist der Fehlernachweis erbracht, wenn keine

---

41 *Lewis v. American Hoist & Derrick Co.,* a. a. O.

42 *Carroll v. Ford Motor Co.:* (1970) 462 SW2d 57; *Kirkland v. General Motors Corp.:* (1974) Oklahoma Supreme Court.

43 *Herbert v. Loveless:* (1971) 474 SW2d 732.

44 *Carroll v. Ford Motor Co.,* a. a. O.

45 *Grady v. Kenny Ross Chevrolet Co.:* (1971) 332 FSup 689.

Anhaltspunkte dafür vorliegen, daß die funktionelle Einheit in der Zeit zwischen der Auslieferung und dem Unfall geöffnet wurde[46].

276 Strittig ist, ob der Produktgeschädigte nachweisen muß, daß

- ihm der Produktfehler unbekannt war[47]
- er das Produkt bestimmungsgemäß[48] bzw. ordnungsgemäß[49] benutzt hat.

Die neuere Rechtsprechung tendiert aber eindeutig dahin, daß diese Beweise nicht erforderlich sind.

277 Die Voraussetzung einer assumption of risk dagegen hat der Anspruchsgegner des Produktgeschädigten darzulegen[50], weil es sich um einen anspruchsvernichtenden Einwand handelt[51].

278 Der Produktgeschädigte braucht nicht nachzuweisen, daß den Hersteller an dem Produktfehler ein Verschulden trifft[52]. Angesichts der Tatsache, daß die ganz überwiegende Rechtsprechung aber die strict liability in tort hinsichtlich der Entwicklungslücken und der Entwicklungsgefahren auf den Zeitpunkt des

---

46 *McKisson v. Sales Affiliates Inc.:* (1967) 416 SW2d 787, 792; *Sharp v. Chrysler Corp.:* (1968) 432 SW2d 131.

47 Bejahend *Downey v. Moore's Time-Saving Equipment:* (1970) 432 F2d 1088, 1093; *Kohler v. Ford Motor Co.:* (1971) 191 NW2d 601. Ablehnend *Luque v. McLear:* (1972) 501 P2d 1163. *Smith v. Dhy-Dinamic Co.:* (1973) 107 Cal. 907.

48 Bejahend: *Thomas v. General Motors Corp.:* (1970) 91 Cal. 301; *Hawkeye Security Inc. Co. v. Ford Motor Co.:* (1972) Iowa Supreme Court.

49 Bejahend *People v. Bua:* (1967) 226 NE2d 6, 16; *Magnuson v. Rupp Mfg. Inc.:* (1969) 171 NW2d 201, 206 und 208. Ablehnend *Williams v. Brown Mfg. Co.:* (1970) 261 NE2d 305, 310.

50 *Henrich v. Cutler Hammer Co.:* (1972) US Court of Appeals; *Luque v. McLean:* (1972) 501 P2d 1163; *Smith v. Dhy-Dinamic Co.:* (1973) 107 Cal. 907.

51 *Luque v. McLean,* a. a. O.

52 *Weber v. Fidelity and Casualty Ins. Co.:* (1971) So2d 745, 755 f.; *Howes v. Hansen:* (1972) Wisconsin Supreme Court; *Jackson v. The City of Biloxi:* (1973) Supreme Court of Mississippi.

Inverkehrbringens begrenzt[53], liegt hier funktionell eine Verschuldenshaftung vor. Demzufolge tritt hier also bei Vorliegen des Fehler- und Kausalitätsnachweises zunächst einmal eine Beweislastumkehr ein.

Grundsätzlich wird allerdings dem Hersteller (sowie den übrigen der strict liability in tort unterliegenden Unternehmen) der Entlastungsbeweis verwehrt, daß sie hinsichtlich des zur Schadensursache gewordenen Produkts ein Verschulden nicht treffe[54]. Erst recht nicht kann der Assembler nachweisen, daß der Produktfehler beim Zulieferer gesetzt wurde[55], oder der Vertriebshändler, daß es sich um einen Herstellerfehler handele, für den er als bloßer Vertriebshändler nicht hafte[56]. Insoweit ist also die Verschuldensvermutung unwiderlegbar.

Hinsichtlich der Entwicklungsgefahren und -lücken dagegen ist nach überwiegender Rechtsprechung die Verschuldensvermutung widerlegbar: Der Hersteller kann den Entlastungsnachweis erbringen, daß die Gefahrenursache nach dem Stand der Erkenntnisse im Zeitpunkt des Inverkehrbringens nicht vorhersehbar war oder aber daß zwar die Gefahr bekannt war, dagegen aber keine Abwendungsmöglichkeiten bestanden.

279 Kommen nach Lage der Dinge zwei Anspruchsverpflichtete in Betracht (Fabrikationsfehler des Herstellers oder Servicefehler des Vertriebshändlers), müßte eigentlich der Produktgeschädigte nachweisen, wer von beiden für den Produktfehler verantwortlich ist. In einer Entscheidung wurde allerdings entschieden, daß eine Beweislastumkehr eintrete und der Hersteller sowie der Händler den Entlastungsbeweis erbringen müßten[57]. Hierbei wurde als entscheidender

---

53 Vgl. oben, Nr. 237 ff.

54 *Weber v. Fidelity and Casualty Ins. Co.*, a. a. O.; *Jackson v. The City of Biloxi*, a. a. O.; *McKasson v. Zimmer Mfg. Co.*: (1973) Appelate Court of Illinois.
Dafür aber *Powers v. Hunt-Wesson Foods Inc.*: (1974) Wisconsin Supreme Court.

55 Vgl. oben, Rz. 248.

56 Vgl. oben, Rz. 249.

57 *Snider v. Bob Thibodeau Ford Inc.*: (1972) 202 NW2d 727. Siehe weiterhin: *Borel v. Fibreboard Paper Products Corp.*: (1973) US Court of Appeals for Texas.

Gesichtspunkt u. a. die enge geschäftliche Verbindung zwischen dem Hersteller und dem Vertriebshändler herausgestellt. Abgesehen von dieser Entscheidung wird aber davon ausgegangen, daß bei Vorliegen von zwei Beklagten jedem gegenüber die Anspruchsvoraussetzungen der strict liability in tort nachgewiesen werden müssen[58]: Wenn der Produktgeschädigte nicht den Nachweis erbringen kann, welcher von beiden die Unfallursache gesetzt hat, habe er gegenüber keinem die Anspruchsvoraussetzungen nachgewiesen.

280 In den Fällen, in denen dem Hersteller nicht ein absoluter Produktfehler, sondern lediglich das Fehlen einer ausreichenden Warnung vorgeworfen wird, ist Haftungsvoraussetzung der Nachweis, daß eine ausreichende Warnung dem Produkt nicht beigegeben war. Allerdings wird in diesem Bereich der Gegenbeweis zugelassen[59]. Ausgangspunkt dafür, daß wegen einer ausreichenden Warnung ein per se gefährliches Produkt doch als angemessen sicher anerkannt wird, ist die Überlegung, daß der Hersteller davon ausgehen kann, daß der Benutzer die Warnung (a) liest und (b) befolgt[60]. Steht aber fest, daß der Benutzer (bzw. bei einem geschädigten Kleinkind die Mutter)[61] die Gebrauchsanleitung nicht gelesen hat, dann sind etwaige Fehler bzw. Unzulänglichkeiten der Gebrauchsanleitung für den Produktschaden nicht kausal geworden. Die Zulassung des Gegenbeweises ist keineswegs eine Ausnahme zu dem Grundsatz, daß im Bereich der strict liability in tort ein Entlastungsbeweis des Herstellers ausgeschlossen ist. Der Ausschluß des Entlastungsbeweises betrifft lediglich die Verschuldensfrage. Hier aber handelt es sich um die Kausalitätsfrage. Da der Produktgeschädigte neben dem Fehler- auch den Kausalitätsnachweis führen muß, liegt hinsichtlich der Kausalität einer unzulänglichen Instruktion lediglich eine Beweislastumkehr vor, die den Produktgeschädigten begünstigt. Da er aber grundsätzlich den Kausalitätsbeweis führen muß, muß hier konsequenterweise der Entlastungsbeweis zulässig sein.

281 Aus dem Vorstehenden ergibt sich, daß auch im Bereich der strict liability in tort dem Produktgeschädigten wegen des von ihm zu erbringenden Fehler-

---

58 *Williams v. Ford Motor Co.*: (1973) Missouri Court of Appeals; *Prosser,* 18 (1966) Hastings LJ 9, 55.

59 *Bryant v. Hercules Inc.*: (1970) 325 FSup 241; *Willeford v. Mayrath Co.*: (1972) 287 NE2d 502; *Jacobs v. Technical Chemical Co.*: (1972) Texas Supreme Court.

60 *Bryant v. Hercules Inc.*, a. a. O.

61 *Jacobs v. Technical Chemical Co.*, a. a. O.

und Kausalitätsnachweises ein beachtliches Prozeßrisiko obliegt. Obwohl die strict liability in tort eine dezidierte Maßnahme zur Verbesserung des Verbraucherschutzes war, wird diese faktische Erschwerung der Rechtsverfolgung aber bewußt in Kauf genommen[62] und wird insbesondere nicht die theoretisch in Betracht kommende Lösung anerkannt, daß der Produktgeschädigte zur Auslösung einer Haftung lediglich die Kausalität eines (abstrakten) Produktfehlers nachweisen muß und daß es Aufgabe des Herstellers sei, sich zu entlasten[63]. Die Erklärung dafür ist m. E., daß trotz aller Betonung des Verbraucherschutzes auch die berechtigten Interessen der Anspruchsgegner beachtet werden und daß zugleich die Sorgfaltspflichten des Produktgeschädigten nicht erst im Bereich der Abwägung des Mitverschuldens, sondern bereits hinsichtlich der Haftungsauslösung zur Geltung gebracht werden. Der rechtstechnische Weg dazu ist die relativierende Definition des Fehler-Begriffs, in den bereits die Abwägung der beiderseitigen Sorgfaltspflichten bzw. Verhaltenserwartungen einfließt.

m) Tatfrage und Rechtsfrage

282 Aus der Qualifikation des Tatbestandsmerkmals der unnötigen Gefährlichkeit als unbestimmter Rechtsbegriff würde nach deutscher Betrachtungsweise folgen, daß die Bejahung oder Verneinung eine Rechtsfrage ist. Das us-amerikanische Zivilprozeßrecht geht dagegen davon aus, daß dies eine Tatfrage sei[1]: Über den Begriff der angemessenen Sicherheit könnten objektive Beurteiler unterschiedlicher Meinung sein; demzufolge sei diese Frage nicht vom Richter, sondern von der Jury zu entscheiden[2].

Dasgleiche gilt hinsichtlich der Vorhersehbarkeit der Gebrauchs- und Gefahrensituation[3]. Praktisch bedeutet dies, daß die Entscheidung der Jury recht-

---

62 *Carroll v. Ford Motor Co.:* (1970) 462 SW2d 57.

63 Vgl. aber zu dieser Frage Rz. 267.

1 *Rivera v. Rockford Machine & Tool Co.:* (1971) 274 NE2d 823.

2 *Colosimo v. The May Dpt. Store Co.:* (1971) 325 FSup 609.

3 *Colosimo v. The May Dpt. Store Co.*, a. a. O.

lich nicht mehr angreifbar ist, sofern sie auf der Grundlage der gegebenen Tatsachen vertretbar ist (reasonable under the facts)[4]. Nur wenn das Endergebnis eindeutig feststeht, wird die Angelegenheit zur Rechtsfrage und kann das Gericht die Jury anweisen, in dem betreffenden Sinn zu entscheiden[5].

n) Der rechtspolitische Gehalt der strict liability in tort

283 Stellt man die Frage nach dem rechtspolitischen Gehalt der strict liability in tort, ist zunächst von der Dissenting Opinion des Richters Traynor in der Entscheidung *Escola v. Coca Cola Bottling Co. of Fresno*[1] auszugehen:

> ... I believe the manufacturer's negligence should no longer be singled out as the basis of a plaintiff's right to recover in cases like the present one. In my opinion it should now be recognized that a manufacturer incurs an absolute liability when an article that he has placed on the market, knowing that it is to be used without inspection, proves to have a defect that causes injury to human beings ...
>
> ... Even if there is no negligence, however public policy demands that responsability be fixed wherever it will most effectively reduce the hazards to life and health inherent in defective products that reach the the market. It is evident that the manufacturer can anticipate some hazards and guard against the recurrence of others, as the public cannot. Those who suffer injury from defective products are unprepared to meet its consequences. The cost of an injury and the loss of time or health may be an overwhelming misfortune to the person injured, and a needless one, for the risk of injury can be insured by the manufacturer and distributed among the public as a cost of doing business. It is to the public interest to discourage the marketing of products having defects that are a menace to the public. If such products nevertheless find their way into the market it is to the public interest to place the responsability for whatever injury they may cause upon the manufacturer, who, even if he is not negligent in the manufacture of the product, is responsible for its reaching the market. However intermittently such injuries may occur and however hazardly they may strike, the risk of their occurence is

---

4 *Spotz v. Up-Right Inc.:* (1972) 280 NE2d 23.

5 *Snider v. Bob Thibodeau Ford Inc.:* (1972) 202 NW2d 727.

1 (1944) 150 P2d 436, 440 ff.

> a constant risk and a general one. Against such a risk there should be general and constant protection and the manufacturer is best situated to afford such protection ...
>
> ... The injury from a defective product does not become a matter of indifference because the defect arises from causes other than the negligence of the manufacturer, such a negligence of a submanufacturer of a component part whose defects could not be revealed by inspection ... or unknown causes that even by the device of res ipsa loquitur cannot be classified as negligence of the manufacturer. The inference of negligence may be dispelled by an affirmative showing of proper care. If the evidence against the fact inferred is "clear, positive, uncontradicted, and of such a nature that it can not rationally be disbelieved, the court must instruct the jury that the nonexistence of the fact has been established as a matter of law ...
>
> ... An injured person, however, is not ordinarily in a position to refute such evidence or identify the cause of the defect, for he can hardly be familiar with the manufacturing process as the manufacturer himself is. In leaving it to the jury to decide whether the inference has been dispelled, regardless of the evidence against it, the negligence rule approaches the rule of strict liability. It is needlessly circuitous to make negligence the basis of recovery and impose what is in reality liability without negligence. If public policy demands that a manufacturer of goods be responsible for their quality regardless of negligence there is no reason not to fix that responsability openly.

In der grundlegenden Entscheidung des Supreme Court of California *Greenman v. Yuba Power Products Inc.*, die die strict liability anerkannte, formulierte Traynor den neuen Rechtssatz folgendermaßen:[2]

> A manufacturer is strictly liable in tort when an article he places on the market ... proves to have a defect that causes injury to a human being ... The purpose of such liability is to insure that the costs of injuries resulting from defective products are borne by the manufacturers that put such products on the market rather than by the injured persons who are powerless to protect themselves.

2 (1962) 377 P2d 897, 900 f.

In der bewußt als Fortschreibung der Greenman-Entscheidung hingestellten Entscheidung *Cronin v. J.B.E. Olson Corp.* betonte der Supreme Court of California[3]:

> the very purpose of our pioneering efforts in this field was to relieve the plaintiff from problems of proof inherent in pursuing negligence . . . and thereby to insure that the costs of injuries resulting from defective products are borne by the manufacturers.

In einigen Entscheidungen wird der Gedanke der relativen finanziellen Belastbarkeit betont:

> of two innocent parties the producer is more able to provide for the loss than the individual who is damaged[4]
>
> the purpose is to insure that the costs of injuries resulting from defective products are borne by the manufacturers that put such products on the market rather than by the injured persons who are powerless to protect themselves[5]
>
> strict liability more adequatly meets the public policy need to protect consumers from the unevitable risks of bodily harm created by mass production and complex marketing conditions[6]
>
> The liability is restricted to those who are engaged in the business of selling because they are in a position to spread the risk while others are not[7]. To impose this economic burden on the manufacturer should encourage safety in design and production and the diffusion of this cost in the purchase prize of individual units should be acceptable to the user if thereby he is given added assurance of his own protection[8].

---

3 (1972) 501 P2d 1153.

4 *Reilly v. King County Central Blood Bank, Inc.:* (1971) 492 P2d 246. Siehe auch *Palmer v. Massey-Ferguson, Inc.:* (1970) 476 P2d 713, 718.

5 *Luque v. McLean:* (1972) 501 P2d 1163.

6 *Farr v. Armstrong Rubber Co.:* (1970) 179 NW2d 64, 71.

7 *Markle v. Mulholland's Inc.:* (1973) Supreme Court of Oregon.

8 *Codling v. Paglia:* (1973) New York Court of Appeals.

Die Entscheidung *Schipper v. Levitt & Sons Inc.* knüpft dagegen an das Produkt an:

> when a manufacturer presents his products for sale to the public he accompanies them with an implied representation that they are reasonably fit for the intended use, and he is subject to an enterprise liability, the purpose of which is to insure that the cost of injury or damage resulting from defective products "is borne by the makers of the products who put them in the channels of trade, rather than by the injured or damaged persons who ordinarily are powerless to protect themselves"[9].

In anderen Entscheidungen bleibt ausdrücklich die gedankliche Verbindung zur Fahrlässigkeitshaftung erhalten[10]:

> strict liability in tort is grounded in negligence and amounts to a finding of negligence per se[11].
>
> The action is different from negligence mainly in the element of scienter[12]. Plaintiff will not need to prove either that defendant negligently created the unsafe condition of the product or that he was aware of it[13].
>
> The thrust of Greenman was to relieve the plaintiff of the burden of proving that the defect in design or manufacture resulted from the negligence of the defendant[14].

---

9 (1965) 207 A2d 314, 325. Siehe auch *Markle v. Mulholland's Inc.*, a. a. O.

10 Ausdrücklich ablehnend die in ihrer Schärfe vereinzelt gebliebene Entscheidung *Cunningham v. MacNeal Memorial Hospital:* (1970) 266 NE2d 897, 902.

11 *Dippel v. Sciano:* (1967) 155 NW2d 55; siehe auch *Howes v. Hansen:* (1973) 201 NW2d 825.

12 *Balido v. Improved Machinery Inc.:* (1973) California Court of Appeal: *Jackson v. The City or Biloxi:* (1973) Supreme Court of Mississippi.

13 *Jackson v. The City of Biloxi*, a. a. O.

14 *Ritter v. Narragansett Electric Co.:* (1971) 283 A2d 255, 262; *Cronin v. J. B. E. Olson Corp.:* (1972) 501 P2d 1153; *Glass v. Ford Motor Co.:* (1973) Superior Court of New Jersey.

> Injuries from knowable risks are a cost of production for the industry to bear; they are passed on to consumers. (On the other hand) the manufacturer is not an insurer against the unknowable[15].

Zum Beispiel wird die Erstreckung der strict liability auf Vermieter und Verpächter damit begründet

> the lessor can recover the cost of the protection of the injured plaintiff by charging for it in his business[16]

Die Erstreckung der strict liability auf Vertriebshändler begründete der Supreme Court of California folgendermaßen:

> retailers like manufacturers are engaged in the business of distributing goods to the public. They are an integral part of the overall producing and marketing enterprise that should bear the cost of injuries resulting from defective products[17].
>
> The retailer's strict liability thus serves as an added incentive to safety. Strict liability on the manufacturer and retailer alike affords maximum protection to the injured plaintiff and works no injustice to the defendants for they can adjust the costs of such protection between them in the course of their continuing business relationship[18].

Weiterhin wird der Gesichtspunkt betont, daß der durchschnittliche Verbraucher die Wirkungsvoraussetzungen und die Nützlichkeit des Produkts oft nicht beurteilen könne und daß dazu oft nur der Hersteller in der Lage sei[19].[20]

---

15 *Lartigue v. R. J. Reynolds Tobacco Co.:* (1963) 317 F2d 19, 36 und 40.

16 *McClaflin v. Bayshore Equipment Rental Co.:* (1969) 79 Cal. Rp. 357, 340.

17 *Vandermark v. Ford Motor Co.:* (1964) 391 P2d 168, 171; siehe auch *Farr v. Armstrong Rubber Co.:* (1970) 179 NW2d 64, 72.

18 *Vandermark v. Ford Motor Co.,* a. a. O. Ebenso *Elmore v. American Motors Corp.:* (1969) 451 P2d 84, 89.

19 *Codling v. Paglia:* (1973) New York Court of Appeals.

20 Vgl. weiterhin *Brandenburger v. Toyota Motor Sales:* (1973) 513 P2d 268.

284 Die rechtspolitische Grundlage der strict liability in tort wird also (teilweise alternativ, teilweise kumulativ) in mehreren grundverschiedenen Gedankengängen gesehen:

- Vorrangigkeit des Schutzes von Leben und Gesundheit der Produktgeschädigten
- Mangelnde Fähigkeit des durchschnittlichen Verbrauchers, die Eigenschaften bzw. Gefahren eines Produkts genau einzuschätzen
- Nähe des Herstellers zur Schadensursache und damit zur Schadensverhütung
- Versicherbarkeit des Produktrisikos
- Abschreckungsfunktion gegenüber dem Marketing fehlerhafter Produkte
- Methodenehrlichkeit, weil unter dem Deckmantel der Fahrlässigkeitshaftung mittels der Beweislastregel res ipsa loquitur praktisch eine verschuldensunabhängige Haftung auferlegt werde
- Mangelnde Möglichkeiten der Produktgeschädigten, sich gegen Produktfehler und -schäden zu schützen
- Beweisschwierigkeiten im Bereich der Fahrlässigkeitshaftung
- Erklärung des Herstellers an die Öffentlichkeit, daß seine Produkte für den bestimmungsgemäßen Verwendungszweck angemessen sicher seien
- Nutzen/Risiko-Argument, d. h. der Hersteller, der den finanziellen Nutzen von der Veräußerung hat, müsse auch das damit verbundene Risiko tragen
- Idealtypisch höhere finanzielle Belastbarkeit des Herstellers im Vergleich zum Produktgeschädigten
- Verteilbarkeit des Produktrisikos über den Verkaufspreis.

Die Erstreckung der strict liability auf Vertriebshändler wird dagegen damit begründet, daß der Vertriebshändler gegen den Hersteller Rückgriff nehmen kann und daß beide den Schaden im Lauf der andauernden Geschäftsverbindung entsprechend der Sachlage auffangen bzw. regulieren können.

285 Analysiert man diese Motivationen auf ihren sachlichen Aussagewert sowie auf ihre tatsächliche Bedeutung für das Verständnis der strict liability in tort ergibt sich folgendes:

Die Begründung der strict liability in tort mit dem hohen Stellenwert, der dem Leben und der Gesundheit in der Gesellschaft zukommt, mag seinerzeit ein Motiv für ihre rechtliche Anerkennung ergeben haben. Die Entwicklung der Rechtsprechung zur strict liability in tort ist jedenfalls in der Zwischenzeit darüber hinweggegangen, denn zweifelsfrei sind auch Sachschäden Gegenstand der strict liability in tort, während dies hinsichtlich unmittelbarer Vermögensschäden noch umstritten ist[21].

Der Gesichtspunkt, daß der Produktgeschädigte kaum Möglichkeiten habe, sich gegen Produktschäden zu schützen, hat in der Rechtsprechung zur strict liability in tort keine tatbestandlich relevante Funktion, d. h. er ist weder anspruchsbegründendes noch anspruchsvernichtendes Tatbestandsmerkmal.

Ebensowenig berücksichtigt die amerikanische Rechtsprechung die idealtypisch höhere finanzielle Belastbarkeit des Herstellers. Dieser Gesichtspunkt ist tatbestandlich für die Frage der Geltung der strict liability in tort völlig unerheblich, was sich insbesondere bei den Regreßklagen sowie bei strict liability in tort-Ansprüchen gewerblicher Abnehmer zeigt.

Die Versicherbarkeit des Produktrisikos und seine Verteilbarkeit über den Preis sind lediglich makroökonomische Schlagworte. Hinsichtlich der Preisgestaltung hängt es vom Markt ab, ob die Verteilung möglich ist. Hinsichtlich der Versicherbarkeit ist klarzustellen, daß jede Produkthaftpflichtversicherung entscheidende Grenzen aufweist;

- sie ist vom Schadenereignis her begrenzt, indem viele, wirtschaftlich für das Betriebsergebnis des Herstellers sehr wichtige Schadensgruppen vom Deckungsschutz ausgeschlossen sind (z. B. Rückrufkosten)
- sie ist von der Deckungssumme her begrenzt
- es steht hinsichtlich des gesamten Produktionsprogramms die Deckungssumme in der Regel nur zwei-, eventuell dreimal pro Versicherungsjahr zur Verfügung (sog. Maximierung)
- durch die sog. Serienklausel werden sämtliche Schadensfälle, die auf die gleiche Ursache zurückzuführen sind, versicherungstechnisch als ein Schaden behandelt: Dies hat zur Folge, daß die Deckungssumme nicht für jeden einzelnen Schadensfall zur Verfügung steht, sondern nur ein einziges Mal für die betreffende Schadensgruppe in Betracht kommt.

---

21 Vgl. oben, Rz. 257.

Abgesehen von der Frage, ob überhaupt für alle betroffenen Hersteller auf dem Versicherungsmarkt eine Deckung erhältlich ist, ist die Überlegung, daß das mit der Produkthaftung verbundene finanzielle Risiko durch Abschluß einer Produkthaftpflichtversicherung abgefangen und mittels Umlegung der Versicherungsprämie auf die Gesamtheit der Benutzer verteilt werden könne, also eine vereinfachende Argumentation, die der Risikoexponierung der Unternehmen und den vom Versicherungsmarkt her gegebenen Abdeckungsmöglichkeiten nicht gerecht wird.

Der Hinweis auf die Nähe des Herstellers zur Schadensursache, auf die Abschreckungsfunktion der strict liability in tort sowie auf das Nutzen/Risiko-Argument führt auf das Problem der Beherrschbarkeit der Warenherstellung zurück. Hat allerdings der Hersteller alles Mögliche und ihm Zumutbare getan, um Produktfehler zu erkennen und zu vermeiden, kann ihm kein Vorwurf gemacht werden und läuft jedenfalls die Abschreckungsfunktion der strict liability in tort leer (weil ein Mehr nicht möglich bzw. nicht zu verlangen war). Auch die Nähe des Herstellers zur Schadensursache kann nur diejenigen Fälle umfassen, in denen das Produkt vorwerfbar gefährlicher ist als es nach dem jeweiligen Stand der Wissenschaft und der Erfahrungen sein könnte, weil nur in diesem Rahmen eine Schadensverhütung möglich und deshalb die Unterlassung der Schadensverhütung als Grundlage für die Auferlegung des Risikos verwertbar ist.

Das Nutzen/Risiko-Argument dagegen enthält zwei Bewertungsfaktoren. Einerseits ist es unter dem Aspekt zu sehen, daß der Hersteller ein Produkt verkauft, obwohl es unnötig gefährlich ist. Sein „Nutzen“ besteht hier darin, daß er das Produkt nicht angemessen sicher gestaltet und den normalerweise mit zusätzlichen Maßnahmen verbundenen finanziellen Mehraufwand spart: Um niedrigere Gestehungskosten zu erreichen, nimmt er also unnötige Produktfehler in Kauf. Insoweit ist es gerechtfertigt, dem Hersteller im Fall einer Verwirklichung des in Kauf genommenen Risikos den Schaden aufzuerlegen, zumal er theoretisch den Kaufpreis so festsetzen kann, daß er gegebenenfalls Schadenersatz leisten kann. Andererseits ist aber das Nutzen/Risiko-Argument unter dem Aspekt zu sehen, daß der Hersteller alles getan hat, um potentiell gefährliche Eigenschaften des Produkts zu erkennen bzw. erkannte gefährliche Eigenschaften zu beseitigen bzw. in ihrer Gefährlichkeit zu mindern oder zu neutralisieren. Hier hat der Hersteller kein unnötiges Risiko in Kauf genommen. Es bleibt also nur das Argument, daß er vom Verkauf an sich, d.h. in Höhe des Unterschieds zwischen den Gestehungskosten und dem Verkaufspreis einen „Nutzen" hatte. Das Gegenargument ist hier aber, daß der Hersteller-Verkäufer mit der Herstellung und Lieferung des Produkts eine Nachfrage aus der Gesellschaft befriedigt und daß der Benutzer seinerseits einen „Nutzen" erhält, nämlich ein nach dem jeweiligen Stand der Wissenschaft und der Erfahrungen für den betreffenden Verwendungszweck angemessen sicheres Produkt: Wenn der Hersteller nicht erkennen kann, daß das Produkt fehlerhaft ist bzw. wenn nach dem jeweiligen Stand der Wissenschaft keine ausreichenden Möglichkeiten zur Verhinderung bestimmter Produktfehler bestehen, kann es nicht gerechtfertigt sein, ihm insoweit mit dem Nutzen-Argument das Risiko aufzuerlegen, zumal er das Risiko nicht kalkulieren und über den Preis auffangen kann.

Der Gesichtspunkt der Methodenehrlichkeit ist insoweit unzutreffend, als der Satz res ipsa loquitur und der Anscheinsbeweis stets die Möglichkeit des Gegenbeweises offenlassen. Wegen dieser Möglichkeit ist eine mit Beweislastumkehrungen gekoppelte Verschuldenshaftung gerade keine verschuldensunabhängige Haftung und ist die strict liability in tort keine „methodenehrliche" Formulierung dieser zivilprozessualen Flankierung des materiellen Rechts. Vielmehr stellt sie ein echtes aliud dar, was sich besonders in den Bereichen zeigt, in denen sie tatsächlichen Nichtherstellern eine Quasi-Herstellerhaftung auferlegt[22]. Dasgleiche gilt für das Argument der Beweisschwierigkeiten. Würde entsprechend dem deutschen Recht ein Verschulden des Herstellers vermutet, wären dem Produktgeschädigten die Beweisschwierigkeiten genommen. Andererseits müßte dem Hersteller aber die Möglichkeit des Gegenbeweises offenbleiben, so daß der zwingende bzw. prozessual abschließende Charakter der strict liability in tort nicht gerechtfertigt ist.

286 Zusammenfassend ist also festzuhalten, daß die vielen für die strict liability in tort gegebenen Begründungen (a) entweder nicht zutreffen, weil die Rechtsprechung nicht die sich daraus ergebenden Konsequenzen für den Umfang und die Anwendungsvoraussetzungen dieser Haftung zieht oder (b) sachlich nicht schlüssig sind. Methodologisch ist dies nur auf den ersten Blick überraschend. Es ist hier zu beachten, daß gerade bei einer richterrechtlich gebildeten Rechtsnorm in der Anfangszeit, in der der neue Rechtssatz anhand von Einzelfällen formuliert und präzisiert wird, oft eine Vielfalt von Überlegungen, Ableitungszusammenhängen, usw. zum Tragen kommt: Erst nach länge-

22 Vgl. dazu im folgenden Rz. 287 ff.

rer Zeit fallen diese zeitgebundenen Eierschalen ab und schält sich die wirkliche Aussage und die rechtspolitische Funktion des neuen Rechtssatzes heraus. Im Unterschied zur gesetzgeberischen Festlegung einer neuen Norm muß deshalb bei richterrechtlich gesetzten Normen anstelle der genetischen Interpretation eine analytische, von den formalen Begründungen abstrahierende treten. Dies ist je eher und mit umso sichereren Aussagen möglich, je umfangreicher das vorliegende Entscheidungsmaterial ist.

o) Die dogmatisch-analytische Einordnung der strict liability in tort

287 Bei einer derartigen analytischen Betrachtung des über die strict liability in tort vorliegenden Entscheidungsmaterials ergibt sich, daß es sich dabei um eine Hersteller- bzw. Quasi-Hersteller-Verschuldenshaftung mit grundsätzlich unwiderlegbar vermutetem Verschulden handelt. Dieses Ergebnis folgt aus einer von den Haftungssubjekten ausgehenden Analyse der Rechtsprechung.

oa) Die Herstellerhaftung

288 Hat ein Unternehmen das Produkt in vollem Umfang selbst, d. h. ohne Einschaltung von Zulieferern oder Auftragsunternehmen hergestellt, haftet es in vollem Umfang als Hersteller. Tatbestandlich wird diese Herstellerhaftung durch die einschränkenden Tatbestandsmerkmale (a) der Vorhersehbarkeit des Schadens (b) der objektiven Möglichkeit von Vorsorgemaßnahmen begrenzt[1]. Deshalb ist die Herstellerhaftung keine Kausal- oder Garantiehaftung. Das Verschulden braucht aber der Produktgeschädigte nicht nachzuweisen. Daraus folgt, daß es sich bei der strict liability in tort hinsichtlich der Haftung des tatsächlichen Herstellers um eine Verschuldenshaftung mit vermutetem Verschulden handelt.

Dem Hersteller ist andererseits eine Widerlegung der Verschuldensvermutung verwehrt. Er kann lediglich geltend machen, daß (a) die betreffende Gefahr nach dem Stand der Wissenschaft und der Erfahrungen nicht voraussehbar war bzw. daß (b) trotz Bekanntseins der Gefahr im entscheidenden Zeitpunkt keine Gefahrabwendungsmöglichkeiten bekannt waren[2]. Nur insoweit ist eine Widerlegung der Verschuldensvermutung zulässig. Im übrigen, d. h. hinsicht-

---

1 Vgl. oben, Rz. 237 ff.

2 Vgl. oben, Rz. 237 ff. und 278.

lich der bekannten Gefahren und der objektiv möglichen Gefahrabwendungsmaßnahmen dagegen kann der Hersteller nicht den Entlastungsbeweis antreten, daß er alles aus seiner Sicht Mögliche und Zumutbare getan hat. Demzufolge handelt es sich bei der strict liability in tort des tatsächlichen Herstellers um eine Hersteller-Verschuldenshaftung mit grundsätzlich unwiderlegbar vermutetem Verschulden; nur ausnahmsweise ist das vermutete Verschulden hinsichtlich der fehlenden Vorhersehbarkeit der Gefahr bzw. hinsichtlich der fehlenden Gefahrabwendungsmaßnahmen widerlegbar.

ob) Die Haftung der in die Warenherstellung eingeschalteten Unternehmen hinsichtlich fremdproduzierter Erzeugnisse

289 Hat ein Unternehmen das Produkt nicht in vollem Umfang selbst gefertigt, sondern zugelieferte fremdproduzierte Einzelteile verwertet oder die Konstruktion und/oder die Fabrikation an Auftragsunternehmen übertragen, war es (insoweit) tatsächlich nicht „Hersteller". Im Rahmen einer Verschuldenshaftung würde es deshalb keiner Herstellerhaftung unterliegen. Es würde lediglich als Assembler bzw. als delegierendes Unternehmen haften. Demzufolge würden ihm nur Kontrollpflichten obliegen, deren Umfang allerdings unterschiedlich gestaltet ist[3]. Die strict liability in tort beinhaltet dagegen, daß jedes Herstellerunternehmen in vollem Umfang für Fehler anderer in die Produktherstellung vorgeschalteter Unternehmen haftet. Der Nachweis, daß den Assembler bzw. daß das beauftragende Unternehmen an der im Bereich des Zulieferers bzw. Auftragunternehmens gesetzten Schadensursache kein Verschulden treffe, ist dabei ausgeschlossen[4]. Hinsichtlich dieser außerhalb des eigenen Risiko- bzw. Verantwortungsbereichs gesetzten Schadensursachen handelt es sich also um eine Quasi-Hersteller-Verschuldenshaftung mit unwiderlegbar vermutetem Quasi-Hersteller-Verschulden.

oc) Die Haftung der in den Warenvertrieb eingeschalteten Unternehmen

290 Weiterhin haften auch Vertriebshändler, Vermieter, Verpächter, Generalunternehmer usw. für die im Herstellerbereich gesetzten Schadensursachen. Auch hier ist der Entlastungsbeweis, daß den Vertriebshändler, usw. ein Verschulden an den Herstellerfehlern nicht treffe, nicht zulässig. Auch hier handelt es sich um eine Quasi-Hersteller-Verschuldenshaftung mit unwiderlegbar vermutetem Quasi-Hersteller-Verschulden.

---

3 Vgl. *Schmidt-Salzer*, Produkthaftung, 1972, Rz. 145 ff. und 151 ff.

4 Vgl. oben, Rz. 248 und 278.

XI. Rechtsvergleichende Analyse und rechtspolitische Folgerungen

1. Das Erfordernis einer grundsätzlichen Gleichschaltung des Vertrags- und des Deliktsrechts

291 Als Ergebnis der rechtsvergleichenden Analyse ist folgendes festzuhalten:

Jedenfalls das deutsche Kaufvertragsrecht erkennt hinsichtlich der Haftung aus Eigenschaftszusicherungen eine verschuldensunabhängige Garantiehaftung des Hersteller- sowie des Händler-Verkäufers an. Die Haftung gemäß § 463 BGB beruht aber auf einer rechtlichen Wertung des Verhaltens der Parteien beim Vertragsabschluß und ist damit immer von den Umständen des jeweiligen Einzelfalles abhängig. Als generelles Vorbild für rechtspolitische Überlegungen kommt sie deshalb nicht in Betracht.

Das französische Recht hingegen unterscheidet nicht wie zum Beispiel das deutsche Recht zwischen Verkaufs- und Werkverträgen, sondern ordnet auch Werkverträge dem Kaufvertragsrecht unter. Der professionelle Verkäufer unterliegt einer Hersteller- bzw. Quasi-Hersteller-Haftung, die durch Freizeichnungsverbote flankiert wird und als verschuldensunabhängige Garantiehaftung zu qualifizieren ist[1]. M. E. entscheidender Einwand gegen eine Heranziehung der französischen Lösung als Vorbild rechtspolitisch zu diskutierender Problemlösungen ist zunächst einmal, daß diese Lösung wegen der Anknüpfung an den verdeckten Fehler[2] den Bereich der offensichtlichen Fehler nicht umfaßt. Gerade die neuere us-amerikanische Entwicklung, die zur Aufgabe der latent/patent-rule geführt hat[3], belegt aber, daß auch bei

1 Vgl. oben, Rz. 26.

2 Vgl. oben, Rz. 24 und 30.

3 Vgl. oben, Rz. 241.

offensichtlichen Fehlern grundsätzlich eine Haftung bestehen kann und daß die angemessene Lösung im Bereich einer Schadensteilung mittels Verantwortlichkeitsabwägung gefunden werden muß. Noch gewichtiger aber ist der zweite Einwand, daß die französische Rechtsprechung auf eine Regelung des Käuferschutzes beschränkt ist; das Problem der geschädigten außenstehenden Dritten dagegen wird nicht erfaßt. Außerhalb des Vertrages stehende Dritte sind (vorbehaltlich einer Ausweitung der Gardien-Haftung auf die Produkthaftungsproblematik) auf den deliktsrechtlichen Schadensersatzanspruch angewiesen und müssen in diesem Rahmen in vollem Umfang dessen Voraussetzungen (also auch das Verschulden des Anspruchsgegners) nachweisen. Das Problem der fehlerhaften Produkte ist aber kein isoliertes Problem des Vertragsrechts. Es ist ein Problem, das sowohl den Vertragspartner als auch Dritte angeht. Deshalb darf der rechtspolitisch zu gewährende Schutz nicht auf den Vertragspartner beschränkt bleiben, sondern muß er auch die außerhalb der vertraglichen Beziehungen stehenden Dritten umfassen. Rechtsvergleichend gesehen begeht hier die französische Rechtsprechung mit der so unterschiedlichen Behandlung einerseits des Vertragspartners, andererseits der außenstehenden Dritten wenn auch nicht so radikal so doch im Prinzip letztlich den gleichen Fehler wie die ältere anglo-amerikanische Rechtsprechung mit dem inzwischen überholten Abstellen auf die privity of contract.

Die us-amerikanische Rechtsprechung sowie die deutsche Rechtsprechung zur Haftung (a) aus positiver Vertragsverletzung und (b) aus Delikt dagegen vermeiden diesen Fehler eines Auseinanderfallens der rechtlich geschützten Positionen. Die us-amerikanische Rechtsprechung tut dies, indem sie die strict liability in tort unabhängig vom Vertragsrecht und von vertragsrechtlich relevanten Haftungsfreizeichnungen sowohl gegenüber dem Vertragspartner als auch gegenüber dem geschädigten außenstehenden Dritten anwendet. Die deutsche Rechtsprechung erreicht jenes Ziel, indem das Deliktsrecht hinsichtlich der prozessualen Lage parallel zum Vertragsrecht weiterentwickelt wurde.

Da es sich um ein einheitliches tatsächliches Problem handelt, muß auch eine einheitliche Problemlösung erreicht werden: Grundsätzlich muß innerhalb vertragsrechtlicher Beziehungen der gleiche Schutz bestehen wie außerhalb vertragsrechtlicher Kontakte. Die Bedeutung des durch den Vertrag vermittelten engeren sozialen Kontakts kann allenfalls darin bestehen, daß gegebenenfalls Haftungsfreizeichnungen zulässig sind.

2. Der Fehler-Begriff

292 Die Schlüsselfrage dieses Problemkomplexes ist m. E. das Problem der Definition des Produktfehlers. Die us-amerikanische Rechtsprechung vermittelt eindeutig eine äußerst wichtige Erkenntnis: Eine generelle Definition des Produktfehlers ist nicht möglich[1]. Den "Produktfehler" als solchen gibt es nicht, weil kein Produkt absolut fehlerhaft oder absolut fehlerfrei ist und z. B. ein Bleistift äußerst gefährlich sein kann, wenn er als Angriffswaffe benutzt wird. Es gibt vielmehr nur eine relative Fehlerhaftigkeit unter den gegebenen Umständen. Im Kern handelt es sich hier um eine Abgrenzung der einerseits dem Hersteller, andererseits dem Benutzer obliegenden Sorgfaltspflichten[2]. Der Herstellerverantwortung steht die Anwenderverantwortung gegenüber. Zweifelsfrei gebührt dem Produktgeschädigten kein absoluter Schutz vor Produktfehlern, sondern kann und muß man auch von ihm eine gewisse Sorgfalt verlangen. Diese Abwägung kann nicht erst auf der Ebene des Mitverschuldens erfolgen, sondern sie muß von vornherein tatbestandlich die Verantwortung des Herstellers begrenzen. Demzufolge müssen die dem Hersteller obliegenden Sorgfaltspflichten das Ergebnis einer generalisierenden Abwägung der beiderseitigen Sorgfaltspflichten und Verhaltenserwartungen sein und bestehen Wechselwirkungen zwischen Herstellerverantwortung und Anwendungsschutz bzw. Anwenderverantwortung und Herstellerschutz (vor einer Überziehung seiner Verantwortung).

Die us-amerikanische Rechtsprechung hat diese Zusammenhänge klar herausgearbeitet. Die Folge dieser Erkenntnis ist, daß die us-amerikanische Rechtsprechung nicht die ursprüngliche Formulierung der Greenman-Entscheidung aufrecht erhalten hat, in der noch einschränkungslos von einem "defect in design and manufacture" gesprochen wurde, sondern daß die Gerichte sehr schnell und einhellig den Produktfehler als unreasonable dangerousness[3], d. h. als *unter den konkreten Umständen unnötige* Gefährlichkeit definierten. Die Erklärung dafür ist, daß es sich hier nur vordergründig um die Umgrenzung der Sorgfaltspflichten handelt, die dem Warenhersteller obliegen.

---

1 Vgl. oben, Rz. 219 ff.

2 Vgl. Rz. 246 ff. und 221.

3 Vgl. oben, Rz. 219 ff., aber auch Rz. 267.

Seine Sorgfaltspflichten sind (etwa wie kommuniszierende Röhren) untrennbar mit den Sorgfaltspflichten und Verhaltenserwartungen des idealtypischen durchschnittlichen Benutzers verbunden, wobei es hinsichtlich der generellen Sorgfaltspflichten auf den idealtypischen durchschnittlichen Benutzer, hinsichtlich der konkret im Einzelfall eventuell entstehenden Sorgfaltspflichten auf den konkreten Benutzer ankommt[4]: Je mehr der Benutzer eines Schutzes vor Produktfehlern bedarf, umso strenger sind die Sorgfaltspflichten des Warenherstellers; je weniger der Benutzer des Schutzes bedarf, umso niedriger sind die Sorgfaltspflichten des Warenherstellers anzusetzen. Deshalb kann die Fehlerhaftigkeit nicht abstrakt im leeren Raum bestimmt werden. Vielmehr muß auf die für das betreffende Produkt im Hinblick auf seine Zweckbestimmung, die Qualifikation sowie die Anforderungen seiner potentiellen Benutzer gegebene Sachlage abgestellt werden. Dies umfaßt nicht nur den durchschnittlichen Benutzer, sondern auch atypische, individuelle Situationen, weil ein generell für die normalen Gebrauchssituationen eines durchschnittlichen Benutzers fehlerfreies Produkt konkret in einer atypischen Situation gefährliche Eigenschaften aufweisen kann, wie das Bleistift-Beispiel belegt.

Die us-amerikanische Rechtsprechung belegt eindeutig, daß für dieses Abstellen auf die konkrete Sachlage das Kriterium der Vorhersehbarkeit des Produktschadens unverzichtbar ist. Es ermöglicht es tatbestandlich, den typischen Einsatzbereich des Produkts zu erfassen. Darüberhinaus ermöglicht es aber auch, den Warenhersteller bei atypischen individuellen Situationen rechtlich zum Handeln zu verpflichten. „Produktfehler" kann stets nur bedeuten, daß der Warenhersteller nicht alles das getan hat, was er hinsichtlich seines Produkts angesichts der aus seiner Perspektive überschaubaren Gebrauchs- und Gefahrensituationen, in denen sein Produkt zum Einsatz kommt, hätte tun müssen, und daß er für dieses Wenigertun haftet.

3. Verschuldenshaftung oder Gefährdungshaftung?

293 a) Die Grundlagen der Gefährdungshaftung

„Gefährdungshaftung" bedeutet nicht, daß aus der Tatsache der eingetretenen Rechtsgüterverletzung auf das Bestehen einer Gefahr zurückgeschlossen wird, die dann die Gefährdungshaftung auslöst[1]. Wäre dies der Fall, würde es sich

---

4 Dazu siehe oben, Rz. 222 ff.

1 *Deutsch,* VersR 1971 S. 1, 5.

um eine reine Kausalhaftung handeln und wäre die Bezeichnung als *Gefährdungs*haftung irreführend. Vielmehr kommt dem Hinweis auf die Rechtsgüter*gefährdung* die rechtstechnische Bedeutung zu, daß dadurch auf den Zurechnungsgrund verwiesen wird: Die Gefährdungshaftung ist also einerseits enger als eine reine Kausalhaftung, weil sie über die Kausalität hinaus eine zurechenbare Handlung (nämlich die Schaffung des Schadensrisikos durch ein tatbestandsmäßiges Verhalten) voraussetzt; andererseits ist die Gefährdungshaftung weiter als eine Verschuldenshaftung, weil die tatbestandsmäßige Eröffnung der Gefahrenquelle genügt und ein schadenbezogenes Verschulden nicht erforderlich ist.

Rechtspolitische Grundlage der Gefährdungshaftung ist, daß dem Beherrscher der Gefahrenquelle das Risiko für die gegenständlich verkörperten, nicht voll beherrschbaren Gefahren auferlegt wird[2], d. h., daß die Eröffnung der Gefahrenquelle nur unter der Voraussetzung zugelassen wird, daß der Betreffende auch verschuldensunabhängig die damit verbundenen Risiken übernimmt[3]. Von entscheidender Bedeutung ist dabei unter anderem die Überlegung, daß sich in den Fällen der Gefährdungshaftung die potentiell Gefährdeten der Risikoexponierung nicht entziehen können[4]. Paradebeispiel für Fälle der Gefährdungshaftung sind die sog. gefährlichen Anlagen[5] (z. B. Atomreaktoren) sowie der Betrieb von Kraft- und Luftfahrzeugen.

294 Rechtspolitisch steht hinter den Fällen der Gefährdungshaftung, daß bestimmte Tätigkeiten bzw. Sachen als so „gefährlich“, d. h. als so sehr mit der Wahrscheinlichkeit des Eintritts von Schäden verbunden, bewertet werden, daß ihre Vornahme bzw. Schaffung, Inbetriebsetzung usw. als Auslösung eines relativ ungewöhnlichen Risikos angesehen wird. Aus diesem Grund wird in derartigen Fällen an die Auslösung des betreffenden Risikos eine Gefährdungshaftung angeknüpft und insoweit in Durchbrechung des Verschuldensprinzips

---

2 *Esser,* Grundlagen und Entwicklung der Gefährdungshaftung 2. Aufl. 1969, S. 72 f., 90 f. und 103 f. sowie S. VI; *von Caemmerer,* Reform der Gefährdungshaftung, 1971, S. 15 f. und 24 f.; *Kötz,* AcP 170 (1970) 1, 21; *Deutsch,* VersR 1971, S. 1, 5.

3 *Von Caemmerer,* a. a. O., S. 15.

4 Vgl. *Esser,* a. a. O., S. 90 f.

5 Dazu siehe *Zweigert-Kötz,* Die Haftung für gefährliche Anlagen in den EWG-Ländern sowie in England und in den Vereinigten Staaten von Amerika, 1966.

eine rechtliche Sonderregelung über die Zuordnung der bei Verwirklichung des Risikos entstehenden Schäden getroffen.

295 Diese Form der partiellen Sonderzuordnung bestimmter Risiken ist in allen modernen Industriestaaten festzustellen. Allerdings zeigt die Erfahrung aller Länder, daß eine tatbestandlich ausreichend klare und präzise Generalklausel für die Fälle, die Gegenstand einer Gefährdungshaftung sein sollen, nicht formuliert werden kann[6]. Es kann zwar von einer „gefährlichen" Sache gesprochen werden. Eine juristisch greifbare, für die Rechtsanwendung verwertbare Definition ist aber nicht möglich. Demzufolge kann nicht allgemein festgelegt werden, daß für gefährliche Sachen, gefährliche Anlagen, u. ä. eine Gefährdungshaftung gelte. Vielmehr muß aufgrund einer rechtspolitischen Dezision jeweils konkret beurteilt werden, welche Sachen einer Gefährdungshaftung unterliegen sollen. Einschließlich des Common Law wird diese Entscheidung grundsätzlich als Aufgabe nicht der Rechtsprechung, sondern des Gesetzgebers angesehen, weil eine Klärung durch die Rechtsprechung zu unerträglichen Rechtsunsicherheiten führen würde. Dabei wird es als unvermeidlich in Kauf genommen[7], daß jene rechtspolitischen Dezisionen des Gesetzgebers stets kasuistisch bleiben müssen und damit der Gefahr einerseits der Lückenhaftigkeit, andererseits der zeitlichen Überholung unterliegen. Rechtstechnisch ist dies aber nicht vermeidbar. Allenfalls kommt eine Generalklausel in Betracht, die mittels einer nur beispielhaften Aufzählung exemplifiziert wird, wobei m. E. aber auch hier außerhalb des Katalogs jene Gefahr der Rechtsunsicherheit besteht und der Rechtsprechung eine Aufgabe zugeschoben wird, die wegen der hier erforderlichen generellen, eine Rechtseinheit ermöglichenden Entscheidungen dem Gesetzgeber obliegt: Auch bei Anerkennung der konkretisierenden Aufgabe der Rechtsprechung liegt hier m. E. mehr als die unvermeidbare tatsächliche Schwankungsbreite der Rechtsanwendung vor.

b) Die Unterschiede zwischen den Fällen der Gefährdungshaftung und dem Produktrisiko

6 Vgl. vor allem die Länderberichte „Les choses dangereuses", Travaux de l'Association Henri Capitant, Bd. XIX, 1967, insb. *Tunc*, S. 57. Anderer Ansicht vor allem *Klötz*, a. a. O., sowie *Deutsch*, a. a. O.

7 Dagegen vor allem *Klötz* sowie *Deutsch*, a. a. O.

296 Das Produktrisiko gehört weder von der Sachlage noch von der rechtlichen Wertigkeit her zum Bereich der Gefährdungshaftung

297 Zunächst einmal setzt eine Gefährdungshaftung eine Gefährlichkeit der Tätigkeit, Sache, Anlage, usw. voraus. Bei der Inbetriebnahme eines Atomreaktors, eines Kraft- oder eines Luftfahrzeugs entstehen spezifische Risiken, so daß hier diese objektive Anknüpfungsvoraussetzung vorliegt. Bei Produkten dagegen ist diese Sachlage allenfalls bei einigen wenigen, ihrer Natur nach objektiv gefährlichen Produkten (inherently dangerous products) gegeben (z. B. Dynamit). Mit dieser Ausnahme ist es nicht so, daß der Warenhersteller ganz allgemein mit dem Inverkehrbringen eines Produktes eine untrennbar damit verbundene Gefahrenquelle eröffnen würde, der jedermann ausgesetzt sein kann. Vielmehr kann jede, aber auch jede Sache unter den konkreten Umständen „gefährlich" werden (Bleistift als Waffe) und kann genau genommen auch ein „an sich", d. h. normalerweise gefährliches Produkt unter den konkreten Umständen ungefährlich sein (z. B. unter den Explosionspunkt gefrorenes Dynamit). Die Gefährlichkeit eines Produkts ist also keine abstrakte Eigenschaft, sondern eine Funktion ihrer Einordnung in konkrete Umweltbedingungen.

Weiterhin kann ein Produkt objektive Fabrikationsfehler aufweisen: Wenn diese aber für den Verwendungszweck, für den das Produkt bestimmt ist, unerheblich sind, ist das Produkt fehlerhaft, ohne zugleich gefährlich zu sein. Andererseits kann auch ein an sich fehlerfreies Produkt bei Verwendung in bestimmten Situationen gefährlich werden, indem es dann zur Ursache von Personen- oder Sachschäden wird. Da also Produkten eine abstrakte Gefährlichkeit jeweils nur unter den konkreten Umständen ergeben kann, liegt hier eine ganz andere Sachlage vor als z. B. bei einem Atomreaktor: Derartige Anlagen sind stets potentiell gefährlich, so daß es gerechtfertigt ist, vorbeugend eine Gefährdungshaftung des dafür Verantwortlichen festzulegen. Produkte dagegen sind nicht immer und überall, sondern nur unter jeweils konkreten Umständen gefährlich. Es liegt folglich bei ihnen nicht die die Fälle der Gefährdungshaftung kennzeichnende abstrakte Gefährlichkeit vor, so daß sie bereits vom objektiven Sachverhalt her nicht dem Gefährdungshaftungsbereich zuzuordnen sind[1].

---

1 *Von Caemmerer*, a. a. O., S. 24, *Esser*, a. a. O., S. VII. Anderer Ansicht *Pfretzschner* in: Gerechtigkeit in der Industriegesellschaft 1972, S. 107 ff. unter nicht gerechtfertigter Berufung auf die Arbeiten von *Esser* und *Kötz*.

298 Weiterhin ist die Beziehung des konkreten in die Warenherstellung oder in den Warenvertrieb eingeschalteten Unternehmens zu dem Produkt zu beachten. Im Fall der Gefährdungshaftung besteht immer die Verantwortlichkeit des Schuldners aufgrund der Eröffnung der betreffenden Gefahrenquelle, also z. B. die Inbetriebnahme eines Atomreaktors durch ein Unternehmen: An eine bestimmte, tatbestandlich festgelegte Handlung ist die Rechtsfolge der Auslösung einer Gefährdungshaftung geknüpft. Hinsichtlich der in die Warenherstellung und in den Warenvertrieb eingeschalteten Unternehmen dagegen besteht eine andersartige Sachlage. Ob sie eine rechtlich relevante Gefährdung geschützter Rechtsgüter verursacht haben oder nicht, kann lediglich für typische Fallgruppen (bestimmungsgemäßer Gebrauch für den durchschnittlichen Benutzer) oder für bestimmte Einzelsituationen entschieden werden (atypische Verwendung durch einen individuellen Abnehmer). „Das Produkt", das (Mit-) Ursache eines Schadens geworden ist, hat im allgemeinen bereits bei der Herstellung mehrere Unternehmen durchlaufen, die in der einen oder anderen Weise daran beteiligt waren (Konstruktionsbüro, Auftragsfertiger, Zulieferer, Assembler des Zwischenprodukts, Assembler des Endprodukts, make ready-Service und Garantiearbeiten des örtlichen Vertragshändlers, usw.). Weiterhin sind im allgemeinen mehrere Vertriebshändler in den Warenabsatz eingeschaltet (Importeure, Großhändler, Zwischenhändler, Detaillisten, usw.). Darüberhinaus bleibt „das Produkt" gerade nicht in der Herrschaftssphäre eines der an der Warenherstellung oder am Warenvertrieb beteiligten Unternehmen, sondern wird es in den Verkehr gebracht, d. h. unterliegt es Einflüssen aus der Benutzersphäre bzw. aus den erst und nur durch den Benutzer bestimmten äußeren Bedingungen seiner Verwendung. In den Fällen der Gefährdungshaftung liegt im allgemeinen stets ein in sich abgeschlossener Sachverhalt vor, der Gegenstand der Haftungsanknüpfung ist (z. B. Betrieb eines Kraftfahrzeugs, Inbetriebnahme eines Atomreaktors usw.). Der Produkthaftungsbereich dagegen wird entscheidend durch die tatsächliche Arbeitsteilung geprägt. Es liegt hier idealtypischerweise ein gestreckter, vielstufiger bzw. vielschichtiger Sachverhalt vor, an dem eine Vielzahl von potentiellen Risikozuordnungssubjekten beteiligt ist und bei dem eine Vielzahl äußerst unterschiedlicher tatsächlicher Einwirkungen denkbar ist (z. B. fehlerhafte Konstruktion bzw. Fabrikation im Herstellerbereich, falsche Beratung über die Verwertung eines an sich ordnungsgemäßen Produkts durch den Vertriebshändler, falsche Benutzung eines an sich ordnungsgemäßen, mit den erforderlichen Instruktionen versehenen Produkts durch den Benutzer). Da das Risiko hier anders als in den typischen Fällen der Gefährdungshaftung gerade nicht objektiv bzw. abstrakt lokalisierbar ist, kann es nicht willkürlich einer bestimmten Gruppe

auferlegt werden. Vielmehr ist rechtspolitisch und rechtstechnisch eine Anknüpfung erforderlich, mittels derer ermittelt wird, welchem bzw. welchen Beteiligten das Risiko zurechenbar ist, das zu dem konkreten Produktschaden führte. Da eine Gefährdungshaftung neben einem objektiven Anknüpfungspunkt zugleich auch die Möglichkeit einer klaren personellen Zuordnung des Risikos voraussetzt, fehlt es auch insoweit an der tatsächlichen Grundlage für eine Einordnung der Produktrisiken unter die Fälle der Gefährdungshaftung.

299 Im übrigen ist hinsichtlich des Produktrisikos auch nicht die die Fälle der Gefährdungshaftung kennzeichnende Unvermeidbarkeit der Risikoexponierung gegeben: Nach dem Inverkehrbringen beherrscht nicht mehr der Hersteller das Produkt. Vielmehr ist es in die Herrschaftssphäre des Benutzers übergegangen, so daß er sich einerseits durch den Erwerb des Produkts freiwillig den damit verbundenen (außerhalb des Verschuldensbereichs liegenden) Produktrisiken exponiert hat; andererseits bestimmt erst der Benutzer den konkreten Einsatz des Produkts. Wird das Produkt zur Schadensursache, dann hat sich nicht ein Risiko verwirklicht, dem der Benutzer mehr oder minder unentrinnbar ausgesetzt war, sondern hat er wesentlich dazu beigetragen, daß das Produkt zur Schadensursache wurde. Soweit der Schaden nicht bei dem Benutzer, sondern bei einem außenstehenden Dritten eingetreten ist, kann für diesen zwar die Unentrinnbarkeit der Risikoexponierung gegeben gewesen sein. Verursacht wurde dies aber weniger durch den Hersteller als vielmehr durch den Benutzer. Für beide Fälle ist deshalb zusammenfassend festzuhalten, daß auch bei einem Abstellen auf den Geschädigten das Produktrisiko nicht die Voraussetzungen erfüllt, an die die Gefährdungshaftung anknüpft.

300 Als Ergebnis ist also festzuhalten, daß das Produktrisiko weder von seiner tatsächlichen Wertigkeit noch von der Position der potentiellen Schuldner noch von der Position des Geschädigten her die Merkmale aufweist, die normalerweise in den Fällen der Gefährdungshaftung gegeben sind. Im Ergebnis werden die vorstehenden Ausführungen durch die Entwicklung des us-amerikanischen Rechts belegt: Obwohl die amerikanischen Richter seinerzeit die Entwicklung in die Richtung einer allgemeinen Gefährdungshaftung aller an der Warenherstellung und am Warenvertrieb Beteiligten hätten drängen können, haben sie dies nicht getan. Unter der sozialen Verantwortung stehend, gerechte, nicht nur die Interessen der Geschädigten, sondern auch die berechtigten Belange des Anspruchsgegners berücksichtigende Entscheidungen treffen zu müssen, haben sie vielmehr durch die Relativierung des Fehlerbegriffs der rechtstatsächlich vorgegebenen Sachlage Rechnung getragen, daß im Produkthaftungsbereich wegen der ihn kennzeichnenden tatsächlichen Arbeitsteilung eine abstrakte Haftungsanknüpfung nicht sachgerecht ist, die jedes Unternehmen der Haftung unterwirft, das irgendwann während der Warenherstellung oder des Warenvertriebs einmal mit dem Produkt in Berührung gekommen ist. Erkennt man an, daß nicht schon allein aufgrund der tatsächlichen Einschaltung in den Warenherstellungs- bzw. Warenvertriebsprozeß eine haftungsrechtliche Verantwortung für die durch das Produkt ausgelösten Schäden entstehen kann, sondern daß zwischen den als Zuordnungssubjekten der Haftung in Betracht kommenden Unternehmen und den übrigen differenziert werden muß, dann ist rechtstechnisch eine Gefährdungshaftung für Produktfehler nicht durchführbar. Ob eine Anlage gefährlich ist oder nicht und ob sie den Tatbestand der ausnahmsweise einer Gefährdungshaftung festlegenden Norm erfüllt, ist einer objektiven Prüfung zugänglich. Da es aber eine abstrakte Gefährlichkeit von Produkten nicht gibt, kann eine Haftung erst dann einsetzen, wenn das Produkt unnötig gefährlich ist. Ob dies aber der Fall ist, kann vom Zulieferer her anders zu beurteilen sein als vom Assembler her (wenn z. B. dem Zulieferer die vom Assembler vorgenommene funktionswidrige Verwendung von Fensterglas zur Herstellung von vorfabrizierten Türen nicht bekannt ist) und wieder anders vom Vertriebshändler her. Untrennbarer Bestandteil des nur relativen Fehlerbegriffs ist das Abstellen auf die Vorhersehbarkeit der Gefahr aus der Sicht des potentiellen Schuldners. Dies aber ist tatbestandlich kein Element eines Gefährdungstatbestandes, sondern ein typisches Tatbestandsmerkmal eines Verschuldenstatbestandes. Deshalb ergibt sich m. E. auch aus der Relativität des Fehlerbegriffs zwingend, daß die Produkthaftung nicht als Gefährdungshaftung strukturiert werden kann, sondern als Verschuldenshaftung aufgebaut werden muß.

4. Echte Verschuldenshaftung oder Quasi-Herstellerhaftung?

301 Sowohl vom Fehlerbegriff und den sich daraus ergebenden rechtstechnischen Folgerungen als auch vom Problem der Betriebsorganisation her gelangt man also zu dem Ergebnis, daß die Haftung der in den Warenherstellungs- und in den Warenvertriebsprozeß eingeschalteten Unternehmen grundsätzlich eine Verschuldenshaftung sein muß. Rechtstechnisch könnte allerdings diese Verschuldenshaftung als Quasi-Verschuldenshaftung strukturiert werden, indem

nach dem Muster des us-amerikanischen Rechts allen an der Warenherstellung bzw. am Warenvertrieb Beteiligten für fremdproduzierte Erzeugnisse eine Quasi-Hersteller-Verschuldenshaftung auferlegt wird, d. h. daß z. B. auch der Assembler hinsichtlich fremdproduzierter Einzelteile oder der Vertriebshändler hinsichtlich fremdproduzierter Erzeugnisse einer Hersteller-Verschuldenshaftung unterlägen. Eine derartige Lösung wirft aber elementare Fragen auf, die bei der hier erforderlichen wirtschaftlichen Betrachtung m. E. unbedingt bei der rechtspolitischen Entscheidung zu beachten sind.

a) Der Zusammenhang zwischen einer Quasi-Hersteller-Haftung und den Grenzen vertraglichen Haftungsfreizeichnungen

302 Die in archaischer Zeit typische einstufige Warenherstellung und -verteilung ist in der modernen Wirtschaft ersetzt durch eine Arbeits- und Funktionsaufteilung auf eine mehr oder minder große Zahl von Unternehmen. Damit muß zunächst verbunden sein, daß jedes Unternehmen die Verantwortung für seinen Bereich (einschließlich der davon ausgehenden Auswirkungen auf vor- oder nachgeschaltete Unternehmen) zu tragen hat. Andererseits muß aber diese Verantwortung von vornherein oder zumindest im Ergebnis hierauf beschränkt bleiben. Wenn aus Gründen des Verbraucherschutzes extern eine Mithaftung für Fremdunternehmen festgelegt wird, dann muß diese Mithaftung mittels effektiv realisierbarer Regreßansprüche so flankiert werden, daß im wirtschaftlichen Ergebnis normalerweise die Haftung auf den Eigenbereich begrenzt bleibt, damit dem Nichthersteller allenfalls das Solvenzrisiko, nicht aber auch aufgrund von Beweisschwierigkeiten das Haftungsrisiko selbst verbleibt.

Die französische und die us-amerikanische Rechtsprechung belegen, daß mit jeder Quasi-Hersteller-Haftung der in die Warenherstellung oder in den Warenvertrieb eingeschalteten Unternehmen zunächst einmal die Unwirksamkeit von Haftungsfreizeichnungen innerhalb der Warenherstellungs- bzw. Vertriebskette verbunden sein muß: Erfolgt dies nicht, könnte sonst mittels Freizeichnungsklauseln das Ergebnis eintreten, daß der Hersteller sich letztlich doch von der Verantwortung für Produktrisiken freihält und daß z. B. Vertriebshändler die Haftung für Herstellerfehler zu tragen haben. Das Ziel jeder Regelung muß aber sein, daß eine als Begünstigung des Produktgeschädigten gedachte eventuelle Erweiterung des Kreises der Haftenden nicht zu einer Begünstigung desjenigen führt, der für den Schaden verantwortlich ist. Deshalb muß es dem

Hersteller verwehrt sein, sich hinsichtlich von Herstellungsfehlern gegenüber nachgeschalteten Herstellern und/oder Vertriebshändlern von der (Regreß-) Haftung freizuzeichnen.

b) Die wirtschaftlichen Dimensionen einer Quasi-Hersteller-Haftung

303 Die zweite Schlüsselfrage betrifft den Problemkreis, ob überhaupt den in die Warenherstellung bzw. in den Warenvertrieb eingeschalteten Unternehmen hinsichtlich fremdproduzierter Erzeugnisse eine Quasi-Hersteller-Haftung auferlegt werden soll. Vergleicht man die Rechtslage nach der strict liability in tort und nach dem deutschen Deliktsrecht, ergibt sich als Übereinstimmung, daß beide tatbestandlich auf einer Verschuldenshaftung mit Verschuldensvermutung aufbauen. Die Divergenzen bestehen darin, daß hinsichtlich der Herstellerhaftung im us-amerikanischen Recht hinsichtlich von Ausreißern ein individueller Entlastungsbeweis unzulässig ist, während er nur bei Entwicklungsgefahren in Betracht kommt. Das deutsche Recht dagegen läßt in beiden Fallgruppen den Entlastungsbeweis zu. Hinsichtlich der Haftung für fremdproduzierte Erzeugnisse dagegen unterscheiden sich die beiden Rechtsordnungen grundlegend. Das us-amerikanische Recht erkennt eine Quasi-Hersteller-Haftung an. Das deutsche Recht dagegen geht von dem individuellen Verschulden aus. Dies führt zur Verneinung einer Herstellerhaftung und hat lediglich eine Bezieher- bzw. Vertriebshändlerhaftung zur Folge. Gegenüber den in die Warenherstellung eingeschalteten Unternehmen wird zwar das Verschulden vermutet. Gegenstand des Entlastungsbeweises ist hier aber nicht die Aufdeckung der Produktherstellung selbst, sondern lediglich der Nachweis, daß das betreffende Unternehmen seinen Bezieher- bzw. Delegationspflichten entsprochen hat. Es haftet also nicht dafür, daß der tatsächliche Hersteller seinen Betrieb ordnungsgemäß organisiert hat, sondern nur dafür, daß es die ihm hinsichtlich fremdproduzierter Einzelteile obliegenden Sorgfaltspflichten erfüllt.

Zweifellos begünstigt die Auferlegung einer Quasi-Hersteller-Haftung an alle an der Warenherstellung und am Warenvertrieb Beteiligten die Produktgeschädigten, weil gerade die Arbeitsteilung dazu führt, daß ein Außenstehender oft nur schwer erkennen kann, welches Unternehmen den Produktfehler verursacht hat. Grundlage einer Entscheidung dafür, den Vertriebshändlern im Interesse des Produktgeschädigten eine Quasi-Hersteller-Haftung aufzuerlegen ist aber die Überlegung, daß der Vertriebshändler seinerseits die Haftung auf die Hersteller zurückverlagern[1] bzw. daß er sich zumindest dagegen versichern kann. Das Rückverlagerungsargument ist nur in den Fällen gegeben, in denen zwischen dem Hersteller und dem Vertriebshändler eine laufende Geschäftsverbindung besteht. Es trifft jedenfalls dann nicht zu, wenn weitere Vertriebshändler zwischengeschaltet sind. Im übrigen ist es nach meiner Beobachtung ein Problem der wirtschaftlichen Bedeutung, die dem Vertriebshändler zukommt. Nur wenn der Vertriebshändler so bedeutend für den Umsatz des Herstellers ist, daß dieser auf ihn angewiesen ist, findet das gedanklich vorausgesetzte "adjustment in the course of the continuing business relationship" statt. Außerhalb dieses Bereichs steht dies weitgehend auf dem Papier.

304 Hinsichtlich des Versicherungsarguments ist auf einen m. E. entscheidenden Umstand hinzuweisen. Haften auch die Vertriebshändler dem Produktgeschädigten als Quasi-Hersteller, können sie sich nicht mit einer Vertriebshändler-Haftpflichtversicherung für die in ihrem Bereich gesetzten Fehlerquellen begnügen, sondern benötigen sie eine Hersteller-Haftpflichtversicherung. Gegenstand dieser Hersteller-Haftpflichtversicherung müßten aber sämtliche von ihnen vertriebenen fremdproduzierten Produkte ihrer sämtlichen Lieferanten sein, so daß vor allem das gerade im Produkthaftpflichtversicherungsbereich so wesentliche subjektive Risiko kaum noch faßbar ist. Angesichts der Schwierigkeiten, die bereits für Hersteller im Produkthaftpflichtversicherungsbereich bestehen, ist das Problem einer Hersteller-Haftpflichtversicherung für Vertriebshändler m. E. zur Zeit noch ungelöst. Es wirft äußerst schwierige versicherungstechnische und prämienmäßige Fragen auf, die es als fraglich erscheinen lassen, ob gegebenenfalls der Versicherungsmarkt eine angemessene Deckung zu wirtschaftlich tragbaren Prämien bereitstellen kann.

305 Im übrigen ist zu berücksichtigen, daß hinter der Produkthaftung das generalpräventive Bestreben steht, die Beteiligten zu einer bestmöglichen Organisation ihres Risiko- und Verantwortungsbereichs anzuhalten. Wird den in den Warenherstellungs- bzw. Warenvertriebsprozeß eingeschalteten Unternehmen hinsichtlich fremdproduzierter Erzeugnisse eine Quasi-Hersteller-Haftung auferlegt, betrifft die Ursachensetzung nicht ihren eigenen Bereich, sondern den des tatsächlichen Herstellers. Sie haben deshalb nicht die Möglichkeit, durch betriebsorganisatorische Maßnahmen die Wahrscheinlichkeit des Eintritts von

[1] Vgl. oben, Rz. 283.

Schadensfällen zu reduzieren. Praktisch können sie nur hoffen, entweder von Haftungsfällen verschont zu bleiben oder zumindest einen Regreßanspruch durchsetzen zu können. Unterliegen sie dagegen einer Verschuldenshaftung, so ist damit verbunden, daß sie zur Vermeidung einer derartigen Haftung ihren eigenen Bereich ordnungsgemäß organisieren müssen. Welche Pflichten ihnen innerhalb ihres Bereichs obliegen, muß dabei jeweils im einzelnen ermittelt werden. Einem Importeur z. B. obligen intensivere Sorgfaltspflichten als einem Detaillisten, weil er ein im Ausland produziertes Erzeugnis auf den inländischen Markt bringt und sich davon überzeugen muß, ob das Produkt angemessen sicher ist bzw. ob z. B. die Produktfertigung und die Qualitätskontrolle ausreichend organisiert sind[2]. Weiterhin obliegen einem Unternehmen, das z. B. die Produktfertigung auf ein drittes, rechtlich selbständiges Unternehmen delegiert, intensivere Sorgfaltspflichten als einem weiterverarbeitenden Abnehmer oder einem Handelshaus, das fremdproduzierte Erzeugnisse mit seiner Handelsmarke versieht, intensivere Sorgfaltspflichten als dem fremdproduzierte Zusatzteile verwendenden Assembler[3]. Die unterschiedliche Ausgestaltung der idealtypischerweise bestehenden Sorgfaltspflichten ergibt sich daraus, daß die vorstehenden Unternehmen unterschiedliche Aufgaben im Warenherstellungs- bzw. Verteilungsprozeß übernommen haben: Da sie im Rahmen einer Verschuldenshaftung für ihren Tätigkeitsbereich einstehen müssen, ergibt sich daraus zwingend, daß entsprechend dem unterschiedlichen Tätigkeitsbereich auch die Rechtspflichten unterschiedlich gestaltet sind. Im Hinblick auf die generalpräventive Aufgabe des Haftungsrechts folgt aus dieser differenzierten inhaltlichen Präzisierung der den einzelnen Beteiligten obliegenden Sorgfaltspflichten, daß jeder von ihnen angehalten wird, die im Rahmen seines Tätigkeitsbereichs erforderlichen Vorsorgemaßnahmen zu treffen, d. h. daß mit den Mitteln des Rechts dafür Sorge getragen wird, daß die einzelnen Tätigkeitsbereiche ordnungsgemäß organisiert sind. Eine Quasi-Hersteller-Haftung dagegen würde dies nicht erreichen.

c) Die systematische Abstimmung mit der Haftung für Dienstleistungen

306 In rechtstatsächlicher Sicht ist ebenfalls zu beachten, daß die Produkthaftung keineswegs nur ein Problem der Warenherstellung und des Warenvertriebs ist.

---

2 Vgl. *Schmidt-Salzer,* Produkthaftung, 1972, Rz. 173, 285 und 341.

3 Vgl. *Schmidt-Salzer,* a. a. O., Rz. 157–163 und 145 ff.

Im Gegenteil ist m. E. davon auszugehen, daß gerade die Warenherstellung in vielen Wirtschaftsbereichen relativ gut organisiert ist und daß hier wahrscheinlich in den nächsten Jahren mit der zunehmenden Verbreitung des Bewußtseins vom Bestehen der Produkthaftung und der sich daraus ergebenden verstärkten Inanspruchnahme der Hersteller durch Produktgeschädigte mehr und mehr getan wird. Eine sozialpolitische Gefährdungsquelle erster Art dagegen liegt m. E. im produktbezogenen Dienstleistungsbereich, nämlich im Bereich der sog. Garantiearbeiten und der Reparaturarbeiten. In diesen Bereichen ist es unbestritten, daß dort keine Gefährdungshaftung gilt, sondern daß es bei der bestehenden Verschuldenshaftung bleiben soll[1]. Da von der rechtstatsächlichen und rechtspolitischen Problemstellung her auch in diesem Bereich das Problem eines Schutzes der Gesellschaft vor fehlerhaften Produkten besteht, muß m. E. auch dieser Bereich in die rechtspolitischen Überlegungen einbezogen werden, so daß insoweit die in der us-amerikanischen Rechtsprechung erkennbar werdenden Ansätze[2] sachlich zutreffend sind. Eine Gefährdungshaftung ist hier bereits rechtstechnisch nicht durchführbar. Entscheidet man sich umgekehrt dafür, das Problem der Produkthaftung mittels einer Verschuldenshaftung mit widerlegbar vermutetem Verschulden zu lösen, ist damit auch der Bereich der an den Warenvertrieb anschließenden Dienstleistungen erfaßbar und die Harmonie der Haftungsregeln sichergestellt.

5. Beweislastfragen

307 Geht man von dem in allen Rechtsordnungen anerkannten Beweislastsatz aus, daß der Kläger sämtliche tatsächlichen Voraussetzungen des geltend gemachten Rechtsanspruchs darlegen und beweisen muß, dann stellt jede Beweislastumkehr eine praktisch bedeutsame Haftungsverschärfung dar[1], weil sie die Wahrscheinlichkeit erhöht, daß ein rechtlich an sich gegebener Anspruch nicht

---

1 Dies gilt auch in der neueren us-amerikanischen Rechtsprechung: das Reparaturunternehmen unterliegt nicht der strict liability in tort, sondern nur der negligence-Haftung: vgl. *Lewis v. Travelers Ins. Co.:* (1971) 247 So2d 635, 642.

2 Vgl. oben, Rz. 254.

1 Vgl. auch *von Caemmerer,* Reform der Gefährdungshaftung, S. 14.

aus Beweisgründen scheitert. Rechtspolitisch gesehen stellt sich deshalb die Frage eventueller Beweislast-Vergünstigungen zugunsten der Produktgeschädigten in dem Sinn, ob es (1) erforderlich oder (2) vertretbar ist, in Durchbrechung jenes Prinzips dem Produktgeschädigten die Durchsetzung von Schadensersatzansprüchen zu erleichtern.

a) Die Beweislast beim Fehler- und beim Kausalitätsnachweis

308 Konsequenz der Relativität dieses Fehlerbegriffs ist, daß nicht schon vom Vorliegen eines Produktschadens auf das Vorliegen eines Produktfehlers geschlossen werden kann[2], sondern daß über die gefährliche Eigenschaft des Produkts hinaus Gewißheit darüber bestehen muß, daß der Produktfehler aus der Perspektive des Anspruchsgegners eine unnötige gefährliche Eigenschaft des Produkts darstellte. In der us-amerikanischen Rechtsprechung ist die Entscheidung Cronin v. J.B.E. Olson Corp. isoliert geblieben, aufgrund derer der Produktgeschädigte nur das Vorliegen eines (gewissermaßen abstrakten) Produktfehlers nachweisen muß und es Sache des Herstellers ist, den Nachweis zu erbringen, daß der betreffende Produktfehler das Produkt nicht unnötig gefährlich machte. Mit dieser Ausnahme gehen die us-amerikanischen Gerichte davon aus, daß der Produktgeschädigte die unreasonable dangerousness sowie deren Kausalität für den Schadenseintritt nachweisen muß[3]. Dies ist m. E. auch die gerechtere Lösung. Die rechtliche und tatsächliche Besonderheit der Produkthaftung besteht darin, daß die Sache zwischen dem Inverkehrbringen durch den Hersteller und dem Schadenseintritt stets für eine mehr oder minder lange Zeit Dritt- oder Umwelteinflüssen unterliegt, die der Hersteller nicht überblickt und erst recht nicht beherrscht. Aus diesen dem Inverkehrbringen nachfolgenden Einwirkungen kann sich ergeben, daß sich das ursprüngliche Produkt verändert hat und daß die zur Schadensursache gewordenen Eigenschaften nicht im Herstellerbereich, sondern erst nach Inverkehrbringen gesetzt wurden. Da aber die Herstellerhaftung legitimerweise auf Herstellungsfehler beschränkt bleiben muß, liegt es in der Natur der Sache, daß der Fehler- und der Kausalitätsnachweis durch den Produktgeschädigten geführt werden müssen. Eine Fehler- und Kausalitätsvermutung ist angesichts der nicht mehr vom Hersteller beherrschbaren Zeitspanne und

2 Siehe oben, Rz. 265.

3 Vgl. oben, Rz. 268.

Einwirkungsexponierung des Produkts zwischen dem Inverkehrbringen durch den Hersteller und dem Schadenseintritt nicht gerechtfertigt. Die Tatsache, daß die us-amerikanischen Gerichte trotz der manifest von ihnen verfolgten Tendenz der Verbesserung des Verbraucherschutzes mit einer einzigen Ausnahme von dem Produktgeschädigten die Erbringung des Fehler- und des Kausalitätsnachweises verlangen, belegt m. E. die Richtigkeit dieser Überlegung. Rechtspolitisch ist also aufgrund der typischerweise gegebenen Sachlage hinsichtlich des Fehler- und des Kausalitätsnachweises die Beweislast dem Produktgeschädigten aufzuerlegen.

309 Es bleiben allerdings die Fälle, in denen das Vorliegen eines Produktfehlers zweifelsfrei zu bejahen ist, es aber ungeklärt ist, welchem Herstellerunternehmen er zurechenbar ist (Fabrikationsfehler des Zulieferers oder Bearbeitungsfehler des weiterbearbeitenden Abnehmers). Die us-amerikanische Rechtsprechung verlangt hier, daß bei Verklagung beider Unternehmen jedem die Kausalität seines Handelns für den Produktfehler nachgewiesen wird[4], was im Ergebnis zu einer Befreiung beider Unternehmen von der Haftung führt, obwohl zweifelsfrei eines von ihnen oder eventuell beide zusammen dafür haften müßten. Der letztere Fall ist z. B. gegeben, wenn ein an sich geringfügiger Fabrikationsfehler durch einen hinzutretenden Bearbeitungsfehler zur Gefahrenquelle wird, z. B. wenn das zu bearbeitende Gußteil versehentlich übermäßig abgespant wird, während bei normaler Abspanung die nicht ganz ausreichende Wandstärke folgenlos geblieben wäre. Diese Problematik kann sich insbesondere bei attributiven Methoden der Qualitätskontrolle ergeben, mittels derer auch Produkte, die gerade noch innerhalb der zulässigen Randbereiche liegen, akzeptiert werden. In derartigen, aber nur in derartigen Fällen käme m. E. eine Haftungsauferlegung entsprechend dem Regelungsmodell des § 22 WasserhaushaltungsG in Betracht, weil es gerade die tatsächliche Arbeitsteilung ist, die dem Produktgeschädigten den Kausalitätsnachweis praktisch unmöglich macht. Voraussetzung dafür müßte aber der Nachweis sein, daß die Schadensursache durch eines der beiden Unternehmen gesetzt wurde. Kann eine ernsthaft in Betracht zu ziehende dritte Schadensquelle nicht ausgeschlossen werden, steht nicht fest, daß jedenfalls eines der beiden Unternehmen haften müßte und entfällt damit die tatsächliche Grundlage für die ausnahmsweise erfolgende Befreiung des Produktgeschädigten von dem Risiko des Kausalitätsnachweises.

---

4 Vgl. oben, Rz. 279.

b) Die Beweislast beim Verschuldensnachweis

ba) Das Erfordernis einer Beweislastumkehr

310 Nach allgemeinen Beweislastregeln müßte der Produktgeschädigte dem Anspruchsgegner auch das Verschulden nachweisen. Dies würde aber bedeuten, daß der Produktgeschädigte praktisch die Organisation des Anspruchsgegners aufdecken und nachweisen muß, inwieweit das Unternehmen fehlerhaft organisiert war. Angesichts der idealtypischen Kompliziertheit heutiger Produkte sowie der entsprechenden Vielschichtigkeit und Unüberschaubarkeit der Produktionsphasen ist dieser Nachweis sehr oft für einen Außenstehenden praktisch nicht zu führen, so daß die tatsächliche Durchsetzung eines an sich gegebenen Schadensersatzanspruchs daran scheitern würde, was eine faktische Aushöhlung der repressiven Aufgabe des Haftungsrechts zur Folge haben würde. Der Anspruchsgegner dagegen muß seinen Betrieb kennen. Hat er ihn ordnungsgemäß organisiert, muß es für ihn relativ problemlos sein, hinsichtlich des betreffenden Produktfehlers seine Betriebsorganisation aufzudecken und nachzuweisen, daß sie ordnungsgemäß war und daß ihm infolgedessen ein Verschulden nicht trifft. Hinsichtlich der Beweislastregeln muß man sich vor Augen halten, daß sie auf Zweckmäßigkeits- und Billigkeitserwägungen beruhen. Infolgedessen ist es legitim und erforderlich, typischen Beweislastschwierigkeiten des Klägers dann Rechnung zu tragen, wenn nach Lage der Dinge der Beklagte entweder schuldhaft die ihm obliegenden Pflichten verletzt hat oder aber unschwer die Erfüllung seiner Pflichten nachweisen kann. Im ersten Fall sorgt die Beweislastumkehr dafür, daß der Anspruchsgegner auch tatsächlich für sein Verschulden einstehen muß. Im zweiten Fall dagegen bedeutet die Beweislastumkehr keine wirkliche Belastung. Deshalb ist rechtspolitisch die im deutschen Recht sowie im usamerikanischen Recht anerkannte Beweislastumkehr hinsichtlich des Verschuldens als angemessene, der Verwirklichung der repressiven Aufgabe des Haftungsrechts dienende Problemlösung zu bzeichnen.

311 Es bleibt die Frage, ob dies nur für den Hersteller (wie bislang im deutschen Recht) oder auch für Vertriebshändler gelten soll. Die Beweislage des Produktgeschädigten gegenüber dem Vertriebshändler entspricht der gegenüber dem Hersteller bestehenden. Der Produktgeschädigte muß dem Vertriebshändler zunächst einen Vertriebsfehler nachweisen (z. B. also falsche Lagerung oder falsche Instruktionen über die Verwendungsmöglichkeiten bzw. Gefahrabwendungsmaßnahmen). Ist gegenüber dem Vertriebs-

händler der Nachweis des Vertriebsfehlers und seiner Kausalität für den Produktschaden erbracht, befindet sich der Produktgeschädigte ebenfalls in der Lage, daß er die Vertriebsorganisation des Anspruchsgegners aufdecken muß. Andererseits muß aber der Vertriebshändler seine Organisation im Griff haben, so daß es ihm in den Fällen einer ordnungsgemäßen Organisation nicht schwer fallen müßte, den Entlastungsbeweis zu erbringen. In konsequenter Fortschreibung des Hühnerpest-Urteils des Bundesgerichtshofs[1] ist deshalb m. E. das Verschulden des Vertriebshändlers zu vermuten und muß dieser nachweisen, daß ihn hinsichtlich des Vertriebsfehlers kein Verschulden trifft.

bb) Die Zulassung des Entlastungsbeweises

312 Die nächste Frage ist, ob bzw. in welchem Umfang ein Entlastungsbeweis zulässig sein soll. Hinsichtlich der Entwicklungsgefahren (noch nicht bekannte Gefahren) und der Entwicklungslücken (bekannte Gefahren, aber noch nicht bekannte Vorsorgemaßnahmen) decken sich das deutsche und das us-amerikanische Recht, indem beide den Entlastungsbeweis zulassen. Hinsichtlich der Ausreißer unterscheiden sie sich, indem nach us-amerikanischem Recht innerhalb der objektiv aus der Sicht des Herstellers erkennbaren und/oder objektiv möglichen und zumutbaren Gefahrabwendungsmaßnahmen das Verschulden unwiderlegbar vermutet wird (was auch für das französische Vertragsrecht gilt). Dies scheint eine „verbraucherfreundliche" Lösung zu sein. Sie ist es aber nur soweit, wie man den konkreten Einzelfall sieht, so daß sie lediglich unter dem Gesichtspunkt des Individualschutzes rechtspolitisch zu befürworten ist. Das Haftungsrecht verfolgt aber nicht nur die Aufgabe des individuellen Schadensausgleichs, sondern zugleich auch generalpräventive Zwecke: Die für den Einzelfall angeordnete Haftung soll neben dem repressiven Schadensausgleich zugleich generalpräventiv die Mitglieder der Rechtsgemeinschaft anhalten, derartige Schäden durch ordnungsgemäßes Verhalten zu vermeiden. Demzufolge muß bei einer rechtspolitischen Beurteilung außer dem Denkmodell des hypothetischen Einzelfalles auch die sozialpsychologische, generelle Ausstrahlung berücksichtigt werden. Aus meiner eigenen Beratungstätigkeit auf dem Gebiet der Produkthaftung und

---

[1] Nach dem derzeitigen Stand der Rechtsprechung und vor allem im Hinblick auf die scharfe Trennung zwischen Kauf- und Werkvertragsrecht im deutschen Recht sind die Voraussetzungen für eine Erstrechnung der Verschuldensvermutung auf Händler-Verkäufer noch nicht gegeben.

der präventiven, betriebsorganisatorischen Bewältigung des Produktrisikos kann ich aber nur die Schlußfolgerung ziehen, daß der generalpräventive Zweck der Verschuldenshaftung sowie der Verschuldensvermutung ausgehöhlt wird, wenn eine Widerlegung der Verschuldensvermutung ausgeschlossen wird. Die Unternehmen betrachten in diesem Fall die Produkthaftung als ein unvermeidbares und unentrinnbares Übel und hoffen, eventuelle Produktschäden einzelner Produkte und Serien mittels einer Mischkalkulation im Gesamtergebnis aufzufangen. Betriebsintern werden Verbesserungsvorschläge mit dem Kosteneinwand und mit dem Hinweis darauf, daß sie letztlich doch nicht von der Haftung befreien würden, torpediert. An die Stelle einer gezielten Betriebsorganisation tritt bestenfalls eine unsystematische, punktuelle Korrektur erkannter Fehlerquellen. Die Erfahrungen und die Beobachtungen in französischen Unternehmen belegen, daß diese Einstellung nicht nur ein Übergangsphänomen ist, das lediglich in der Anfangsphase der Einführung einer im praktischen Endergebnis nicht vermeidbaren Haftung auftritt: Obwohl in Frankreich im vertragsrechtlichen Bereich die Schadensersatzhaftung seit Ende des vorigen Jahrhunderts von erheblicher Bedeutung ist und betriebsintern einen gefürchteten Kostenfaktor darstellt, werden Ansätze zu einer gezielten Verbesserung der Betriebsorganisation durch eine quasi-fatalistische Einstellung erschwert. Dasgleiche gilt weitgehend im us-amerikanischen Bereich, wo zwar das Problem der Schadensprävention grundsätzlich erkannt ist, aber nach meinen Informationen nicht so gezielt angegangen wird, wie es ein rechtspolitischer Wink mit dem Entlastungsbeweis zur Folge hätte.

313 Ist dagegen die Verschuldensvermutung widerlegbar, gewinnt innerbetrieblich das Thema der Betriebsorganisation eine ganz andere Dynamik. Hinter jedem Gespräch steht das Argument, daß mittels einer konsequenten Steuerung und Kontrolle der Betriebsabläufe die Produkthaftung entscheidend begrenzt und damit die Kostenexponierung des betreffenden Unternehmens reduziert werden kann: Da Verbesserungen der Produkte meist (a) zu einer mittelbaren Reduzierung der Produktionskosten (z. B. weniger Schwundmengen), (b) zu einer qualitativen Verbesserung der Produkte und damit zu einer Senkung der Nachbesserungs- bzw. Ersatzlieferungs- und Schadenbearbeitungskosten sowie (c) zu einer Verbesserung des Marktimages führen, lassen sich mit der Peitsche der Produkthaftung und dem Zuckerbrot der Widerlegbarkeit der Verschuldensvermutung betriebsorganisatorische Anforderungen gegenüber Geschäftsleitungen und innerhalb der Abteilungen durchsetzen, die bei einer strikten, unwiderlegbar vermuteten Verschuldenshaftung wegen des dadurch erzeugten Fatalismus nicht annähernd realisierbar sind.

314 Eine derartige Verbesserung der Betriebsorganisation führt zu einem erheblichen Abbau der Wahrscheinlichkeit, daß die in dem Unternehmen gefertigten Produkte fehlerhaft sind. Dies wiederum reduziert die Wahrscheinlichkeit von Produktschäden. Zugegebenermaßen kann zwar im Einzelfall ein Produktgeschädigter hinsichtlich eines Ausgleichs seines Schadens leer ausgehen, wenn dem Produzenten der Entlastungsnachweis gelingt. Faktisch werden aber an den Entlastungsbeweis so hohe Anforderungen gestellt, daß nach meiner Beobachtung wohl kaum ein Unternehmen dazu in der Lage ist (weil gerade die gezielte Vorbereitung, Analyse, Straffung und Dokumentation der Betriebsorganisation fehlt). Rechtstatsächlich kommt deshalb eine Verschuldenshaftung mit vermutetem Verschulden wegen der allenfalls in Ausnahmefällen gegebenen tatsächlichen Widerlegbarkeit einer rechtlich unwiderlegbaren Verschuldensvermutung gleich. Gelingt dagegen dem Produzenten im Einzelfall dieser Entlastungsbeweis, dann steht damit zugleich fest, daß sein Betrieb optimal organisiert war und daß das Auftreten des betreffenden Produktfehlers weder vorhersehbar noch vermeidbar war. Generell gesehen ist mit einer derartigen Betriebsorganisation mehr für die Gesellschaft (als Summe der potentiell gefährdeten Individuen) getan als mit einem Schadensausgleich im Einzelfall, weil von vornherein die Wahrscheinlichkeit der Schadensfälle erheblich reduziert wird, was praktisch einen Schutz vieler potentiell Betroffener bedeutet. Die „Schutzlosigkeit" des konkreten Produktgeschädigten im Einzelfall ist insoweit der Preis für die Erreichung des generalpräventiven Ziels, das über dem Denkmodell des hypothetischen Einzelfalls nicht aus den Augen verloren werden darf: Für die Gesellschaft ist es besser, daß von vornherein die Zahl der Schadensfälle reduziert wird, auch wenn dies um den Preis erfolgt, daß im Einzelfall die vermutete Haftung entfällt, als wenn zwar eine totale Haftung erreicht, aber sozialpsychologisch wenig für eine Bekämpfung der Ursachen gewonnen wird. Im Hinblick auf die generalpräventive Aufgabe des Haftungsrechts ist also der Entlastungsbeweis m. E. zuzulassen, so daß der Hersteller weder für Ausreißer noch für Entwicklungsgefahren[1] bzw. Entwicklungslücken haftet.

---

1 Dazu siehe auch *Lorenz* in: Die Haftung des Warenherstellers 1966, S. 53.

6. Das Problem des Mitverschuldens

a) Einfache Fahrlässigkeit und bewußte Risikoübernahme

315 Aufgrund der Unterscheidung zwischen einfacher Fahrlässigkeit und bewußter Risikoübernahme (assumption of risk) kommen die us-amerikanischen Gerichte ganz überwiegend zu einer Alles-oder-Nichts-Lösung[2]. Die französischen Gerichte dagegen nehmen auch im Bereich der Schadensersatzhaftung eines professionellen Verkäufers eine Risikoabwägung vor, indem sie gegebenenfalls dem Produktgeschädigten eine bestimmte Quote des eingetretenen Schadens auferlegen[3]. In diesem Zusammenhang ist weiterhin die deutsche Rechtsprechung zu § 254 BGB zu erwähnen: In den Fällen, in denen die eine Partei sich eine Gefährdungshaftung zurechnen lassen muß, wird diese Gefährdungshaftung dem Verschulden der anderen Partei gegenübergestellt und eine die Umstände des konkreten Einzelfalles berücksichtigende Haftungsabwicklung vorgenommen[4].

Die französische und die deutsche Rechtsprechung belegen, daß eine Berücksichtigung des Mitverschuldens des Geschädigten auch in den Fällen möglich ist, in denen tatbestandlich ein Verschulden nicht vorliegt bzw. nicht geprüft wird. Die grundsätzliche Abgrenzung der Risiko- und Verantwortungsbereiche des Herstellers einerseits, des Benutzers andererseits muß zwar bereits im Zusammenhang mit der Frage erfolgen, ob das Produkt fehlerhaft war oder nicht. Ergibt sich danach, daß das Produkt fehlerhaft war, kann dies für den Produktgeschädigten keinen Freibrief für ein nachlässiges Verhalten bedeuten, weil anderenfalls die Risikosphäre des Herstellers ungebührlich und unnötig erweitert würde. Vielmehr muß auch der Produktgeschädigte grundsätzlich verpflichtet sein, die nach Lage der Dinge erforderliche Sorgfalt bei der Benutzung des Produkts aufzuwenden. Haftet er nur dafür, daß er sich nicht bewußt einem konkret erkannten Risiko aussetzen darf, kann er sich praktisch sanktionslos fahrlässig verhalten. Da dieses Ergebnis nicht gerechtfertigt

---

2 Vgl. oben, Rz. 242.

3 Vgl. oben, Rz. 43.

4 *BGH,* 25. 6. 51, BGHZ 2 S. 355; *BGH,* 23. 6. 52, BGHZ 6 S. 319, S. 320–324; *BGH,* 20. 1. 54, BGHZ 12 S. 124, 128; *BGH,* 13. 4. 56, BGHZ 20 S. 259, 261 f.; *BGH,* 18. 3. 69, VersR 1969 S. 571, 572; *RG,* 29. 6. 70, VersR 1970, S. 909 f.

ist, muß entgegen der us-amerikanischen Rechtsprechung auch bereits die einfache Fahrlässigkeit rechtlich im Sinn einer Anspruchsbegrenzung relevant sein. Die französische und die deutsche Rechtsprechung belegen, daß auch im Bereich einer Verschuldenshaftung mit Verschuldensvermutung und sogar im Bereich einer Gefährdungshaftung eine derartige Haftungsabwägung möglich und erforderlich ist.

Andererseits sind aber auch Fälle denkbar, in denen trotz Vorliegens einer bewußten Risikoübernahme durch den Benutzer den Hersteller ein so hohes Verschulden trifft, daß er nicht völlig von der Schadensersatzhaftung freigestellt werden kann. Die assumption of risk-Doktrin, die zu einer völligen Anspruchsvernichtung führt, schießt insoweit über das Ziel hinaus.

Im Endergebnis ist also die dem us-amerikanischen Recht zugrunde liegende Alles-oder-Nichts-Lösung sachlich nicht gerechtfertigt und abzulehnen. Vielmehr ist entsprechend der deutschen und der französischen Rechtsprechung eine Haftungsabwägung entsprechend der beiderseitigen Verursachung des Produktschadens vorzunehmen.

b) Die Offensichtlichkeit des Produktfehlers

316 Das an die Verdecktheit des Fehlers anknüpfende französische Vertragsrecht sowie die ältere us-amerikanische Rechtsprechung gehen bzw. gingen davon aus, daß die Offensichtlichkeit des Produktfehlers ein anspruchshemmender bzw. anspruchsvernichtender Einwand sei[1]. Die neuere us-amerikanische Entwicklung[2] belegt, daß dies eine unzulängliche Alles-oder-Nichts-Lösung darstellt. Es ist nicht Aufgabe des Rechts, den Hersteller offensichtlich fehlerhafter Produkte von der Haftung freizustellen. Vielmehr muß das Recht die Hersteller dazu anhalten, keine offensichtlich fehlerhaften Produkte in den Verkehr zu bringen. Der Weg dazu ist, auch bei Vorliegen eines offensichtlichen Produktfehlers grundsätzlich eine Haftung des Herstellers anzunehmen und die Offensichtlichkeit lediglich als einen bei der Prüfung des Mitverschuldens und der Haftungsabwägung zu beurteilenden Bewertungsfaktor in Betracht zu ziehen.

---

1 Vgl. oben, Rz. 24 und 30 sowie Rz. 241.

2 Vgl. oben, Rz. 241.

XII. Grundsatzfragen einer internationalen Vereinbarung über die Vereinheitlichung des Produkthaftungsrechts

317 Im Rahmen des Europarates ist eine Kommission einberufen, die die Fragen (1) einer rechtspolitischen Lösung des Problems der Produkthaftung sowie (2) der Möglichkeit einer Rechtsvereinheitlichung mittels Abschlusses einer zwischenstaatlichen Vereinbarung überprüft.

1. Die systematische Vereinbarkeit mit den Rechtsordnungen der Einzelstaaten

318 Eine m. E. entscheidende Frage betrifft das Problem, wie eine eventuelle internationale Vereinbarung mit den Rechtsordnungen der Einzelstaaten abstimmbar ist. Rechtsvergleichend gesehen sind das deutsche, das französische und das us-amerikanische Recht als relativ progressiv zu bezeichnen. In den übrigen Staaten besteht zwar grundsätzlich eine Hersteller-Verschuldenshaftung. Beweiserleichterungen etwa im Sinn des deutschen Deliktsrechts oder gar unmittelbare materielle Haftungsverschärfungen im Sinn des französischen Vertragsrechts und der us-amerikanischen strict liability in tort sind in den übrigen Staaten unbekannt. Würde eine internationale Vereinbarung zur Folge haben, daß eine Gefährdungshaftung oder eine Verschuldenshaftung mit unwiderlegbar vermutetem Verschulden der in die Warenherstellung bzw. in den Warenvertrieb eingeschalteten Unternehmen festgelegt wird, dann wäre dies zweifellos im Rahmen der einzelstaatlichen Rechtsordnungen ein Fremdkörper, so daß sich die Frage stellt, ob dies in Kauf genommen werden kann. Die Analyse des französischen und des us-amerikanischen Rechts belegt, welche enorme Bedeutung bei Festlegung einer strict products liability einerseits der Frage der Unwirksamkeit von Haftungsfreizeichnungen, andererseits den Regreßansprüchen der vom Produktgeschädigten in Anspruch genommenen Unternehmen zukommt. Die beiden Rechtsordnungen belegen klar, daß eine strict products liability ohne damit gekoppelte Unwirksamkeit von Haftungs-

freizeichnungen innerhalb der Herstellungs- bzw. Vertriebskette nicht denkbar ist. Weiterhin belegen sie, daß der als erster vom Produktgeschädigten in Anspruch Genommene die Möglichkeit haben muß, unter den gleichen Voraussetzungen, unter denen er dem Produktgeschädigten haftet, seinerseits einerseits einen Regreßanspruch gegen seine Vordermänner geltend machen zu können: Nur dies schafft die Voraussetzung dafür, daß die individual-präventive Aufgabe des Haftungsrechts verwirklicht wird, indem derjenige, der tatsächlich den Produktfehler verursacht hat, auch im wirtschaftlichen Endergebnis die Haftung dafür trägt und er aufgrund dieser Haftung angehalten wird, in der Zukunft derartige Situationen zu vermeiden. Wird dagegen eine der eigenen Haftungsexponierung entsprechende Regreßmöglichkeit nicht geschaffen, besteht die akute Gefahr, daß der Produktschaden bei einem Unternehmen hängen bleibt, das letztlich dafür nicht verantwortlich ist und das auch keine Möglichkeit hat, mittels einer verbesserten Organisation für eine Vermeidung derartiger Schäden Sorge zu tragen. Dieses Ergebnis verletzt sowohl die individual-präventiven als auch die general-präventiven Aufgaben des Haftungsrechts. Selbst wenn man davon ausgeht, daß eine Erstrekkung der Herstellerhaftung auf die übrigen an der Warenherstellung und am Warenvertrieb beteiligten Unternehmen eine Maßnahme des Geschädigtenschutzes ist, so findet diese Betonung des individual-repressiven Zwecks der Haftungsnormen doch ihre Grenze an den übrigen ordnungspolitischen Aufgaben des Haftungsrechts. Die erforderliche Abstimmung mit den übrigen ordnungspolitischen Aufgaben des Haftungsrechts verlangt zwingend entsprechend der in der französischen und in der us-amerikanischen Rechtsprechung verkörperten Erfahrung die Koppelung einer eventuellen strict products liability mit Haftungsfreizeichnungsverboten innerhalb der Herstellungs- und Vertriebskette sowie mit entsprechenden Regreßansprüchen.

2. Die funktionelle Einheitlichkeit der durch die Produkthaftung aufgeworfenen Sachprobleme

319 Bei der Produkthaftung handelt es sich um ein einheitliches Sachproblem, das sich gleichermaßen bei einem unmittelbaren sozialen Kontakt zwischen Hersteller und Benutzer wie bei Zwischenschaltung eines oder mehrerer weiterer Hersteller- oder Vertriebshändlerunternehmen stellt. Ob das erste oder das zweite der Fall ist, ändert nichts an dem Sachproblem, das hinter der Produkt-

haftung steht, sondern ist mehr oder minder zufällig. Deshalb kann demjenigen, der das Produkt unmittelbar vom Hersteller bezogen hat, nicht der Schutz einer generell festzulegenden Produkthaftung des Herstellers entzogen werden und geht es folglich nicht an, unter Ausklammerung des Vertragsrechts nur die deliktsrechtlichen Ansprüche festzulegen.

3. Konsequenzen für eine internationale Vereinbarung über die Einführung einer strict products liability

320 Aus den vorstehenden Erkenntnissen ergeben sich eminent wichtige Folgerungen für eine eventuelle internationale Vereinbarung. Für den Bereich des materiellen Produkthaftungsrechts ist das Grundkonzept, das dem Entwurf für ein kollisionsrechtliches Abkommen über das in Produkthaftungsfällen anwendbare Recht zugrunde liegt, nicht akzeptabel. Dieser Entwurf beruht darauf, daß das Vertragsrecht ausgeklammert und lediglich das Deliktrecht erfaßt wird, wobei allerdings zu betonen ist, daß dieser Entwurf noch nicht Gegenstand eines internationalen Übereinkommens geworden ist und sich vor allem noch nicht praktisch bewährt hat. Wendet man aber den Denkansatz, der diesem Entwurf zugrundeliegt, auf das materielle Produkthaftungsrecht an, dann führt dies m. E. zu zwei Folgerungen:

- im Verhältnis zwischen dem Produktgeschädigten und denjenigen Unternehmen, die ihm gegenüber haften sollen, wird eine unabhängig vom Vertragsrecht bestehende strict products liability festgelegt
- die Frage eventueller Regreßansprüche zwischen den Schuldnern dieser strict products liability wird ebenso wie die Frage einer eventuellen Unwirksamkeit vertraglicher Haftungsfreizeichnungen den einzelstaatlichen Rechtsordnungen überlassen.

Aus den vorstehend dargelegten Gründen ist dieses System aber nicht zu rechtfertigen. Im Hinblick auf die Tatsache, daß im heutigen Wirtschaftsleben die Arbeitsteilung mehr und mehr die Grenzen überschreitet, führt es hinsichtlich der Haftungsexponierung zu einer Art Roulette: Der Produktgeschädigte kann sich aussuchen, welchen der Beteiligten er aufgrund einer strict products liability in Anspruch nimmt; der Betreffende haftet zwar extern gegenüber dem Produktgeschädigten aufgrund einer strict products liability: Wenn aber seine Regreßansprüche durch die einzelstaatlichen Rechtsordnungen bestimmt werden, hätte er nach dem derzeitigen Stand lediglich gegenüber einem französischen Vertragspartner die Möglichkeit eines gleichwertigen Regreßanspruchs, während er hinsichtlich der übrigen Beteiligten auf Ersatzansprüche begrenzt wäre, die durch eine Verschuldenshaftung bestimmt werden. Dieses System ist schlichtweg untragbar.

a) Soll tatsächlich aus rechtspolitischen Erwägungen mittels einer überstaatlichen Vereinbarung eine strict products liability eingeführt werden, dann muß auch das Regreßproblem mitgeregelt werden. Dies ist nicht nur eine wirtschaftliche Frage, sondern auch eine durch die individualpräventive Aufgabe des Haftungsrechts vorgezeichnete Notwendigkeit. Eine mittels einer internationalen Vereinbarung erfolgende Einführung einer strict products liability muß also zwingend mit einem Eingriff in die Rechtsordnungen der Einzelstaaten verbunden sein, indem vertragliche Haftungsfreizeichnungen jedenfalls im Regreßprozeß für unwirksam erklärt werden müssen.

b) Angesichts der Tatsache, daß es sich bei der Produkthaftung um ein einheitliches Sachproblem handelt und daß deshalb auch im Vertragsrecht ein entsprechender Schutz der Produktgeschädigten sichergestellt werden muß, ist es rechtspolitisch nicht vertretbar, lediglich im deliktsrechtlichen Bereich die derzeitige Regelung der einzelstaatlichen strict products liability einzuführen, während im vertragsrechtlichen Rechtsordnungen aufrecht erhalten bleibt. Die us-amerikanische Rechtsprechung, die von einem grundsätzlichen Nebeneinander der strict products liability und der vertragsrechtlichen Rechte ausgeht, belegt, daß hier eine einheitliche Sachlösung erforderlich ist. Insbesondere die Lösung des französischen Vertragsrechts, daß tatbestandlich an sich gegebene deliktsrechtliche Ersatzansprüche nicht neben vertragsrechtlichen Ansprüchen in Betracht kommen[1], ist deshalb sachlich nicht gerechtfertigt. Allenfalls kann das Vertragsrecht dazu führen, daß z. B. die im Deliktsrecht gegebene Haftung für grobe und einfache Fahrlässigkeit vertraglich begrenzt werden kann auf eine Haftung für grobe Fahrlässigkeit. Diese Möglichkeit besteht aber lediglich im Rahmen einer Verschuldenshaftung. Im Rahmen einer strict products liability dagegen kommt dies nicht in Betracht. Vielmehr bleibt hier entsprechend der us-amerikanischen Erfahrung nur die Alternative, die strict products liability einer vertraglichen

1 Siehe oben, Rz. 55.

Einschränkung zu entziehen und ihre Geltung auch unabhängig vom Vertragsrecht der Einzelstaaten festzulegen, was letztlich in der praktischen Wirkung bedeutet, daß das Vertragsrecht der Einzelstaaten faktisch im Haftungsbereich außer Kraft gesetzt wird.

4. Die Integrierbarkeit einer Produktverschuldenshaftung

321 Wird dagegen einer internationalen Vereinbarung anstelle einer strict products liability lediglich eine Produkt-Verschuldenshaftung zugrunde gelegt, dann stellen sich die vorstehenden Fragen nicht. Vielmehr sind grundsätzlich die Voraussetzungen für eine Einfügbarkeit in die einzelstaatlichen Rechtsordnungen gegeben. In allen modernen Industriestaaten ist das mit einem Verschuldenstatbestand gekoppelte neminem laedere-Prinzip anerkannt. Auch wenn die rechtstechnische Ausgestaltung unterschiedlich erfolgt ist, besteht doch im Ergebnis eine deliktsrechtliche Verschuldenshaftung für Personen- und Sachschäden. Lediglich hinsichtlich von Vermögensschäden besteht eine unterschiedliche Sachlage. Geht man aber davon aus, daß im Rahmen der Produkthaftung die Vermögensschäden eine sekundäre Rolle spielen und daß das rechts- und sozialpolitische Hauptproblem im Bereich der Personen- und der Sachschäden liegt, dann kann dieser Divergenzbereich ausgeklammert werden. Das aber bedeutet, daß bereits jetzt die Voraussetzungen für die ausdrückliche internationale Festschreibung einer auf Personen- und Sachschäden bezogenen Produkt-Verschuldenshaftung gegeben sind.

Mit Ausnahme des deutschen Rechts würde allerdings die hier vorgeschlagene Beweislastumkehr hinsichtlich des Verschuldensnachweises in den übrigen Staaten des Europarates eine Rechtsfortbildung beinhalten. Aus den im einzelnen bereits angeführten Gründen[1] ist eine derartige Rechtsfortbildung aber m. E. erforderlich und sachlich gerechtfertigt. Da es sich keineswegs um eine grundsätzliche Änderung des bisherigen Systems, sondern um eine nur punktuelle Veränderung handelt, bestehen sehr viel bessere Aussichten für eine tatsächliche politische Durchsetzbarkeit. Der Vorteil einer im Wege einer internationalen Vereinbarung erfolgenden Festschreibung der Rechtslage wäre, daß sie innerhalb der einzelnen Staaten gewissermaßen einen innenpolitischen

---

[1] Vgl. oben, Rz. 310–314.

Markstein darstellt, mittels dessen die Existenz der Produkthaftung in das Bewußtsein gerückt wird. In diesem Zusammenhang darf nicht verkannt werden, daß es nicht schon genügt, wenn die Rechtsprechung eines Landes in einer mehr oder minder offenen Fortbildung bzw. Konkretisierung des geschriebenen Rechts aus einer allgemeinen Generalklausel Grundsätze für die Haftung der an der Warenherstellung und an dem Warenvertrieb beteiligten Unternehmen entwickelt hat. Vielmehr muß die Existenz dieser Produkthaftung und damit die grundsätzliche Möglichkeit, Produkthaftungsansprüche durchzusetzen in das Anspruchsbewußtsein (claims consciousness) der potentiell Betroffenen sowie der Anwaltschaft und der Richter übergehen. Der nachdrücklichste Weg dafür ist zweifelsfrei eine unmittelbare gesetzgeberische Festschreibung oder zumindest eine mittelbare, im Wege der internationalen Vereinbarung erfolgende Festschreibung, die in der innerstaatlichen Aussage einem Gesetzgebungsakt gleichkommt. Eine derartige Intensivierung des Anspruchsbewußtseins bedeutet eine erhebliche Verbesserung der sozialen Bedeutung der Produkthaftung. Dies wiederum erhöht ihre individualpräventive und ihre generalpräventive Wirkung. Obwohl es sich also materiellrechtlich nur um eine punktuelle Korrektur handelt, sind die mit ihr über das Medium des Anspruchsbewußtseins verbundenen rechtstatsächlichen Auswirkungen von erheblicher Bedeutung, so daß mit der hier vorgeschlagenen Regelung in weitem Umfang die Ziele der Reformarbeiten verwirklicht werden, aber doch zugleich auch ein Ausgleich der hier in Konflikt geratenden Interessen der verschiedenen Beteiligten erreicht wird.

XIII. Leitsätze

322 Das Haftungsrecht verfolgt neben der repressiven Aufgabe des Schadensausgleichs individualpräventive sowie generalpräventive Zwecke. Das Problem der Produkthaftung kann nicht ausschließlich vom Denkmodell eines individuellen Produktgeschädigten her gesehen werden[1]. Neben diesem repressivem Aspekt des Produkthaftungsrechts muß seine individualpräventive[2] sowie seine generalpräventive[3] Aufgabe im Auge behalten werden. Anliegen des Produkthaftungsrechts muß neben der Aufgabe des individuellen Schadensausgleichs sein, die Gesellschaft (als Summe der potentiell betroffenen Individuen) vor Produktschäden zu schützen. Beide Ordnungsaufgaben des Haftungsrechts müssen in den aufzustellenden Normen erfaßt und aufeinander abgestimmt werden.

Die tatsächlichen Voraussetzungen für eine Gefährdungshaftung sind hinsichtlich des Produktrisikos nicht gegeben, weil hier eine Vielzahl von potentiellen Risikoträgern in Betracht kommt[4]. Einerseits ergibt sich dies aus der Arbeitsteiligkeit der Warenherstellung und des Warenvertriebs. Andererseits ergibt sich dies daraus, daß nicht die in die Warenherstellung und den Warenvertrieb eingeschalteten Unternehmen, sondern die Benutzer die konkrete Art und Weise der Verwendung des Produkts bestimmen. Dadurch entfällt die objektive bzw. abstrakte Lokalisierbarkeit des Produktrisikos. Haftungsrechtlich muß deshalb die Möglichkeit eröffnet werden, diejenigen Risikoträger zu ermitteln und verantwortlich zu machen, die für den konkreten Produktschaden eine (Mit-)Ursache gesetzt haben.

---

1 Rz. 310.

2 Rz. 312–314.

3 Rz. 305 und 312.

4 Rz. 293 ff., insb. 297–300.

Es gibt weder einen abstrakten Produktfehler noch eine abstrakte Gefährlichkeit eines Produkts. Vielmehr gibt es nur eine relative Fehlerhaftigkeit unter den Umständen des konkreten Falles[5]. Das aber bedeutet, daß für jedes in die Warenherstellung bzw. in den Warenvertrieb eingeschaltete Unternehmen die Frage gesondert zu prüfen ist, ob es ein fehlerhaftes Produkt in den Verkehr gebracht hat und daß hier notwendigerweise individualisierende Momente auftreten.

Hinter der Produkthaftung steht das Problem, eine Abgrenzung zwischen den Sorgfaltspflichten und Verhaltenserwartungen des Herstellers einerseits, des Benutzers andererseits zu finden[6]. Diese Entscheidung kann nicht erst auf der Ebene des Mitverschuldens getroffen werden. Vielmehr ist eine tatbestandliche Begrenzung der dem Hersteller obliegenden Pflichten erforderlich.

Der rechtstechnische Weg dafür, (a) für jeden potentiellen Risikoträger zu ermitteln, ob ihm ein konkreter Produktschaden zurechenbar ist und (b) die benötigte Abgrenzung zwischen den Sorgfaltspflichten einerseits des Herstellers, andererseits des Benutzers zu gewinnen, ist, die Produkthaftung vom Vorliegen einer *unnötigen* Gefährlichkeit des Produkts abhängig zu machen[7]. Ob diese Voraussetzungen gegeben sind, ist anhand der Umstände des konkreten Einzelfalles zu beurteilen: Der Hersteller eines Produkts haftet dafür, daß aus seiner Sicht das Produkt angemessen sicher ist, d.h. daß bekannte Gefahren beseitigt bzw. im Rahmen des nach dem jeweiligen Stand der Technik, Wissenschaft usw. Möglichen begrenzt sind.

Die Haftung des Herstellers muß strukturell vor allem wegen der Relativität des Fehler-Begriffs eine Verschuldenshaftung sein[8]. Der Produktgeschädigte hat den Fehler- und den Kausalitätsnachweis zu erbringen[9]. Dagegen wird bei Erbringung dieser beiden Nachweise im Hinblick auf die repressive Aufgabe des Haftungsrechts zu seinen Gunsten das Verschulden des Herstellers

5 Rz. 292.

6 Rz. 292.

7 Rz. 292.

8 Rz. 301.

9 Rz. 308.

vermutet[10]. Im Hinblick auf die generalpräventive Aufgabe des Haftungsrechts ist allerdings der Entlastungsbeweis zuzulassen[11].

Eine Quasi-Hersteller-Haftung der in die Warenherstellung eingeschalteten Unternehmen für die von vorgeschalteten Unternehmen gesetzten Schadensursachen oder der Vertriebshändler für fremdproduzierte Erzeugnisse ist dagegen nicht gerechtfertigt[12]. Diese Unternehmen haften nur im Rahmen ihrer tatsächlichen Berührung mit dem Produkt. Diese Verschuldenshaftung ist flexibel genug, um gegebenenfalls dem Importeur intensivere Sorgfaltspflichten aufzuerlegen als dem Detaillisten oder dem Fertigungsarbeiten deligierenden Unternehmen intensivere als dem weiterverarbeitenden Abnehmer bzw. dem Handelshaus, das fremdproduzierte Erzeugnisse mit seiner Handelsmarke versieht, intensivere als dem fremdproduzierte Zusatzteile verwendenden Assembler[13].

Auch hinsichtlich der Verschuldenshaftung für fremdproduzierte Einzelteile muß der Produktgeschädigte den Fehler- und den Kausalitätsnachweis erbringen. Gegenstand des Fehlernachweises ist der Nachweis, daß hinsichtlich des Vertriebshändlers ein Vertriebsfehler (z. B. falsche Beratung oder falsche Lagerung), hinsichtlich des in die Herstellung eingeschalteten Unternehmens ein Herstellungsfehler vorlag. Im Rahmen des Entlastungsnachweises kann dann der Hersteller nachweisen, daß die Fehlerursache bei einem anderen Herstellerunternehmen gesetzt wurde. Wenn und soweit dieses Drittunternehmen aber Zulieferer, Auftragsfertiger, o. ä. war, muß weiterhin der Entlastungsnachweis erbracht werden, daß auch ein Lieferantenauswahl- bzw. Kontrollverschulden nicht vorliegt.

Hat der Hersteller ein fehlerhaftes Produkt in den Verkehr gebracht, ist ein im Einzelfall auftretendes Mitverschulden des Produktgeschädigten zugunsten des Herstellers haftungsmindernd zu berücksichtigen[14].

---

10 Rz. 310.

11 Rz. 312–314.

12 Rz. 301–307 und 311.

13 Rz. 305.

14 Rz. 315.

Die Verschuldenshaftung der potentiell als Schuldner einer Produkthaftung in Betracht kommenden Unternehmen kann normativ folgendermaßen formuliert werden:

(1) Die in die Warenherstellung, in den Warenvertrieb bzw. in den Warenservice eingeschalteten Unternehmen haften dafür, daß nicht in ihrem Verantwortungsbereich Ursachen für eine Personen- oder Sachschädigung Dritter gesetzt werden. Eine vorsätzliche oder fahrlässige Verletzung dieser Sorgfaltspflicht verpflichtet zum Schadensersatz.

(2) Der Produktgeschädigte hat nachzuweisen, daß der Anspruchsgegner ein unter den Umständen des konkreten Falles unnötig gefährliches Produkt in den Verkehr gebracht hat und daß der Produktschaden dadurch ausgelöst wurde. Sind diese Nachweise erbracht, wird das Verschulden des Anspruchsgegners vermutet. Der Anspruchsgegner kann den Entlastungsbeweis erbringen, daß ihn hinsichtlich des konkreten Produktschadens ein Verschulden nicht trifft.

(3) Ob ein Produkt unter den Umständen des konkreten Einzelfalles unnötig gefährlich ist, ist vor allem unter Beachtung der aus der Sicht des Schuldners bei Anwendung der im Verkehr erforderlichen Sorgfalt voraussehbaren Gefahren unter Abwägung mit der von dem Benutzer des Produkts aufzuwendenden Sorgfalt zu bestimmen.

(4) Hat der Produktgeschädigte bei der Entstehung des Schadens in zurechenbarer Weise mitgewirkt, so hängt der Umfang der Verpflichtung zum Schadensersatz davon ab, inwieweit der Schaden vorwiegend von dem Schuldner oder von dem Produktgeschädigten verursacht wurde.

Eine strict poducts liability kann nicht mittels einer zwischenstaatlichen Vereinbarung festgelegt und unter Ausklammerung des Vertragsrechts, der Regreßansprüche und der Frage einer Unwirksamkeit von vertraglichen Haftungsfreizeichnungen in die Zivilrechte der Beitrittsstaaten eingefügt werden[15]. Vielmehr müssen diese Fragen gegebenenfalls mitgeregelt werden.

---

15 Rz. 318.

Eine Produktverschuldenshaftung im Sinn der oben formulierten normativen Fassung kann dagegen ohne wesentliche rechtstechnische oder rechtsdogmatische Schwierigkeiten in die Zivilrechte der Beitrittsstaaten eingefügt werden[16]. Da sie mit Ausnahme der Beweislastumkehr hinsichtlich des Verschuldensnachweises im wesentlichen nur eine Festschreibung der im praktischen Ergebnis in allen Beitrittsstaaten bereits bestehenden Produkthaftung beinhaltet, dürften ihr keine unüberwindbaren innenpolitischen Probleme entgegenstehen. Andererseits würde eine derartige, zu einer Ergänzung des geschriebenen Rechts der Beitrittsstaaten führende Festschreibung das Bestehen der Produkthaftung in das Bewußtsein der Gerichte sowie Anwälte und des Publikums führen. Diese Verbesserung und Intensivierung des Anspruchsbewußtseins stellt in ihrer sozialpsychologischen Bedeutung eine Intensivierung der Wirksamkeit des Produkthaftungsrechts und damit eine wesentliche Unterstützung seiner individualpräventiven und generalpräventiven Aufgaben dar.

16 Rz. 319.

Kolibri 360 GmbH
Ferdinand-Jühlke-Straße 7
99095 Erfurt, Deutschland
produktsicherheit@kolibri360.de